Manfred Schwarz

go!Das Einsteigerbuch

Microsoft Windows Millennium Edition

8 Kapitel 1

Blickkontakt: *erstes Kennenlernen von Windows Me*

10 Startklar für Windows Millennium Edition
11 Windows Me starten und sich anmelden
12 Der Desktop
13 Die Taskleiste
14 Das Startmenü
15 Programme starten: die Windows Millennium Edition-Vorschau
16 Me: lebendiger, einfacher, bequemer
17 Digitale Medien
18 Heimnetzwerk
19 Das Internet intensiver erleben
20 Benutzerfreundlichkeit
21 Programme beenden
22 Sich von Windows abmelden
23 So beenden Sie Windows

24 Kapitel 2

Im Schnelldurchlauf: *die wichtigsten Grundlagen*

26 Bekanntes und Neues
27 Die Tastatur
28 Sondertasten und Navigationstasten
29 Klicken, Doppelklicken und Ziehen mit der Maus
30 Mehrere Objekte markieren
31 Der Arbeitsplatz von Windows
32 Den Desktop anzeigen
33 Der Windows-Explorer
34 Fenster öffnen und schließen
35 Fenster verschieben
36 Die Fenstergröße verändern
37 In Fenstern „blättern“
38 Anzeigeoptionen für Fenster I
39 Anzeigeoptionen für Fenster II
40 Arbeiten mit Menüs
41 Verknüpfungen erstellen
42 Die Taskleiste im Detail
43 Umschalten zwischen Programmen
44 Neu starten und abgestürzte Programme beenden
45 Hilfe und Support I
46 Hilfe und Support II
47 Die Direkthilfe

48 Kapitel 3

Den Überblick behalten: *Laufwerke, Dateien und Ordner*

50 Ihr elektronisches Archiv
51 Laufwerksinhalte anzeigen
52 Die Laufwerkseigenschaften anzeigen
53 Eine Diskette formatieren
54 Eine Diskette kopieren
55 Einen neuen Ordner anlegen
56 Ordner und Dateien umbenennen
57 Eine neue Datei erzeugen
58 Inhalte per Drag-und-Drop kopieren
59 Dateien per Drag-und-Drop kopieren
60 Dateien per Aktenkoffer synchronisieren
61 Ordner und Dateien löschen
62 Gelöschte Objekte aus dem Papierkorb zurückholen
63 Den Papierkorb leeren
64 Suchen nach Ordnern und Dateien
65 Dateien öffnen

66 Kapitel 4

Schreib das auf: *Text eingeben, importieren und bearbeiten*

68 Ihr Einstieg in die Textverarbeitung
69 Arbeiten mit WordPad
70 Ein neues WordPad-Dokument anlegen
71 Ein WordPad-Dokument speichern
72 WordPad-Dokumente öffnen
73 Die Einfügemarke positionieren und Text markieren
74 Textformatierung mit WordPad I
75 Textformatierung mit WordPad II
76 Im Dokument navigieren
77 Textelemente suchen
78 Textelemente ersetzen
79 Ausschneiden, Kopieren, Einfügen
80 Dokumente drucken
81 Dokumente faxen

82 Kapitel 5

Punkt, Punkt, Komma, Strich: *Malen und Zeichnen*

84 Das Arbeiten mit Bildern
85 Farbtiefe und Grafikformate
86 Mit Paint arbeiten
87 Die Werkzeugleiste von Paint
88 Farben auswählen und bearbeiten
89 Zeichnen mit Paint I
90 Zeichnen mit Paint II
91 Bildteile markieren und übertragen

92 Kapitel 6

Kunterbunt und laut: *Audio, Video & Co.*

94 Hier wird Multimedia groß geschrieben
95 Windows Media Player I
96 Windows Media Player II
97 Windows Media Player III
98 Der Audiorecorder I
99 Der Audiorecorder II
100 Der Windows Movie Maker I
101 Der Windows Movie Maker II
102 Der Windows Movie Maker III
103 Scanner und Kameras
104 Spiele unter Windows I
105 Spiele unter Windows II

106 Kapitel 7

Come together: *Windows im Netzwerk*

108 Auf gute Zusammenarbeit!
109 Voraussetzungen für ein Heimnetzwerk
110 Den Assistenten für das Heimnetzwerk starten
111 Internetverbindung einrichten
112 Computer- und Arbeitsgruppennamen
113 Dateien und Drucker freigeben
114 Installation beenden
115 Andere Rechner für das Netzwerk einrichten I
116 Andere Rechner für das Netzwerk einrichten II
117 Die Netzwerkanmeldung einstellen
118 Weitere Ordner freigeben
119 Netzwerkrechner suchen

120 Kapitel 8

Ab ins Datenmeer: *mit dem Internet Explorer ins Web*

122 Startklar für den Sprung ins Datenmeer
123 Voraussetzungen fürs Surfen: Hardware und Zugang
124 Voraussetzungen fürs Surfen: der Internet Explorer
125 Den Internetzugang einrichten I
126 Den Internetzugang einrichten II
127 Die Internetverbindung herstellen und trennen
128 Die Software für MSN Easysurfer herunterladen und installieren
129 Mit MSN Easysurfer ins Web
130 Outlook Express starten
131 Der Outlook Express-Bildschirm
132 Ein Hotmail-Konto einrichten
133 Der MSN Messenger Service

134 Kapitel 9

Wartung muss sein: *Festplatten- und Systempflege*

136 Fit sein – und fit bleiben
137 Mit ScanDisk die Festplatte überprüfen
138 Mit Datenträgerbereinigung Speicherplatz freigeben
139 Datenträger defragmentieren
140 Die Systemwiederherstellung I
141 Die Systemwiederherstellung II
142 Der Wartungs-Assistent
143 Backups: auf Nummer Sicher

144 Kapitel 10

Me for you: *Windows an eigene Anforderungen anpassen*

146 Ihr ganz persönliches Windows
147 Den Desktop anpassen I
148 Den Desktop anpassen II
149 Den Desktop anpassen III
150 Der Active Desktop
151 Bildschirmschoner nutzen
152 Desktopeffekte gestalten
153 Desktopsymbole anpassen
154 Den Ordner Eigene Dateien anpassen
155 Eigenschaften von Anzeige
156 Die Taskleiste konfigurieren
157 Symbolleisten konfigurieren
158 Benutzerprofile einsetzen
159 Energieoptionen einstellen
160 Neue Hardware installieren
161 Neue Software installieren
162 Windows-Komponenten hinzufügen oder entfernen
163 Aktualisieren von Windows

ME!

Willkommen in der Welt von Windows Millennium Edition!

Sie haben sich gerade das Upgrade auf Microsoft Windows Millennium Edition (Me) angeschafft? Oder gleich einen neuen PC mit Windows Me an Bord?

Gratulation! Mit Windows Me sind Sie bestens gerüstet, um alle aktuellen PC-Funktionen zu nutzen: Multimedia und Spiele, Netzwerk und Internet, „Klassiker" wie Text- und Bildverarbeitung und, und, und.

go!Das Einsteigerbuch, die neue Buchreihe von Microsoft Press, wurde eigens für Ein- und Aufsteiger gemacht, die sich nicht lange mit komplizierten Erklärungen abgeben wollen. Für Anwender, die möglichst schnell die grundlegenden Funktionen beherrschen möchten, um ihre persönlichen Aufgaben erledigen zu können.

go!Das Einsteigerbuch gibt Ihnen eine schnelle Orientierung – ganz gleich, ob Sie als Einsteiger erstmals mit einem Windows-Computer arbeiten oder ob Sie als erfahrener Anwender auf Microsoft Millennium Edition um- bzw. aufsteigen.

Deshalb benötigen Sie für die Lektüre und „Arbeit" mit diesem Buch wenige Vorkenntnisse. In den Kapiteln 2 und 3 können Sie sogar Ihr Basiswissen in Sachen PC und Windows auffrischen. In den anderen Kapiteln lernen Sie alles Wichtige, was Sie brauchen, um mit Windows Me zu arbeiten. Dabei finden Sie in „good to know" und „ready set ..." jeweils die Grundlagen und Voraussetzungen, um alles aus einem Kapitel herauszuholen.

Und so sehen die Stationen auf Ihrem Erkundungsweg im Einzelnen aus:

Blickkontakt: erstes Kennenlernen von Windows Me

Im Schnelldurchlauf: die wichtigsten Grundlagen

Den Überblick behalten: Laufwerke, Dateien und Ordner

Schreib das auf: Text eingeben, importieren und bearbeiten

Punkt, Punkt, Komma, Strich: Malen und Zeichnen

Kunterbunt und laut: Audio, Video & Co.

Come together: Windows im Netzwerk

Ab ins Datenmeer: mit dem Internet Explorer ins Web

Wartung muss sein: Festplatten- und Systempflege

Me for you: Windows an eigene Anforderungen anpassen.

go!Das Einsteigerbuch führt Sie Schritt für Schritt und übersichtlich in Microsoft Windows Millennium Edition ein. So behandelt jedes Kapitel ein Thema, und jedes Unterkapitel hat Platz auf einer Seite. **go!Das Einsteigerbuch** kommt schnell auf den Punkt, das heißt der Text behandelt immer nur die Funktionen, auf die es ankommt. Anleitungen und Abbildungen zeigen Ihnen, wie Sie schnell zum Ziel kommen. Praktische „tipps" sowie Verweise auf viele weiterführende Windows-Funktionen („move on") runden die Seiten ab. Fachbegriffe werden selbstverständlich „vor Ort" erläutert.

Kurzum: **go!Das Einsteigerbuch** ist ein Buch zum Lernen, Ausprobieren – und zum Durchstarten.

Viel Spaß beim Lesen, Klicken und Tippen!

tipp

Neugierig und ungeduldig? Wenn Sie bereits mit einem der Vorgänger von Windows Me vertraut sind, können Sie sich in der Vorschau einen schnellen Überblick über alle Neuerungen in Windows Me verschaffen. Wählen Sie im ***Startmenü*** *den Eintrag* ***Programme/Zubehör/ Unterhaltungsmedien/ Windows Millennium Edition-Vorschau****. Die Vorschau ist nicht nur ein guter Ausgangspunkt für Erkundungstouren, sondern auch ideal zum Aufrufen von Hilfestellungen.*

Kapitel 1

Blickkontakt: erstes Kennenlernen von Windows Me

In diesem Einstiegskapitel machen Sie erste Bekanntschaft mit Windows Millennium Edition, kurz Me. Sie lernen, wie Sie

1. **Windows Me starten**
2. **sich anmelden**
3. **Programme starten und beenden**
4. **sich mit der Windows Millennium Edition-Vorschau orientieren**
5. **Windows Me beenden und den Computer herunterfahren.**

Startklar für Windows Millennium Edition

Ganz gleich, ob Sie sich einen neuen Computer angeschafft haben oder auf Microsoft Millennium Edition um- bzw. aufsteigen – dieses erste Kapitel gibt Ihnen eine schnelle Orientierung. Sie erfahren das Wichtigste über die Hauptelemente für das Starten und Herunterfahren Ihres neuen Betriebssystems.

Außerdem erhalten Sie anhand der Windows Millennium Edition-Vorschau einen Überblick über die Neuerungen in Me. Sie werden diese Vorschau als guten Ausgangspunkt für Erkundungstouren und zum Aufrufen von Hilfestellungen kennen lernen.

Haben Sie Ihren Computer samt Monitor, Maus und Tastatur konfiguriert?

Dann kann es los gehen!

ready set ...

Sie sollten Windows Millennium Edition bereits installiert haben. Andernfalls lesen Sie bitte Kapitel 10 „Me for you: Windows an eigene Anforderungen anpassen".

tipp

Grundlagen im Überblick: Wenn Sie noch unerfahren im Umgang mit Tastatur, Fenstern und Co. sind oder Ihr Wissen auffrischen möchten, lesen Sie Kapitel 2 „Im Schnelldurchlauf: die wichtigsten Grundlagen".

Arbeitsspeicher

Meist RAM (Random Access Memory) genannt. Mit diesem Halbleiterspeicher arbeitet Ihr Computer, denn er kann vom Mikroprozessor oder anderen Hardwarebausteinen gelesen und beschrieben werden. Nach dem Ausschalten des Rechners gehen alle Daten im RAM verloren.

Betriebssystem

Diese Software stellt das Fundament aller Programme dar, und sie steuert das Arbeiten mit der Hardware des Rechners, also mit Arbeitsspeicher, Peripheriegeräten und so weiter. Zu den bekanntesten Betriebssystemen gehören Windows (unter anderem mit seinen Versionen 95/98, Millennium Edition, NT/2000), Macintosh OS und UNIX/Linux.

Peripherie

Geräte wie Drucker und Diskettenlaufwerke, die sich an einen PC anschließen lassen und durch dessen Prozessor gesteuert werden.

Windows Me starten und sich anmelden

Um mit Windows Me arbeiten zu können, müssen Sie natürlich erst einmal Ihren Rechner und dessen Peripheriegeräte, wie zum Beispiel den Monitor, einschalten. Danach übernimmt Ihr PC das Starten von Windows Me.

Sie können schnell erkennen, ob dabei alles planmäßig verläuft, denn nach wenigen Sekunden sollte auf dem Bildschirm das Windows Me-Logo erscheinen.

Oft – aber nicht immer – wird nach dem Laden des Betriebssystems ein Dialogfeld erscheinen, über das Sie sich „anmelden“ müssen (siehe auch Kapitel 10 „Me for you: Windows an eigene Anforderungen anpassen“). Windows erwartet von Ihnen, dass Sie Ihren Namen und ein Kennwort zur Identifizierung eingeben.

So melden Sie sich an

1. **Sobald das Anmeldefenster erscheint, tippen Sie Ihr Kennwort ein.**
2. **Für jeden eingetippten Buchstaben erscheint ein „*“ im betreffenden Feld.**
3. **Wird ein anderer Name im Textfeld Benutzername angezeigt, drücken Sie die Tastenkombination Umschalt+Tab (siehe auch Kapitel 2). Windows hebt jetzt das Textfeld Benutzername durch einen farbigen Hintergrund hervor.**
4. **Tippen Sie Ihren Benutzernamen ein.**
5. **Drücken Sie die Schaltfläche OK oder die Eingabetaste, um die Anmeldung abzuschließen.**

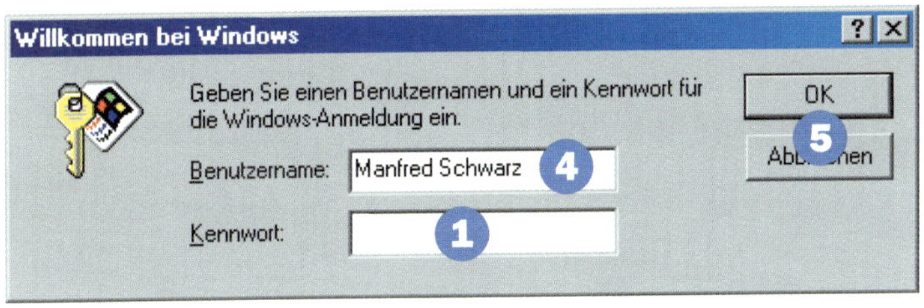

tipp

Anmeldeformalitäten: Wie Sie einen neuen Benutzer „anlegen“ und ein Kennwort für ihn vergeben, lesen Sie in Kapitel 10 „Me for you: Windows an eigene Anforderungen anpassen“.

move on

Wo ist Me? Wenn Ihr Computer nach dem Einschalten meldet, dass er kein Betriebssystem finden konnte, ist oft eine im Diskettenlaufwerk „vergessene“ Diskette der „Missetäter“. Entfernen Sie die Diskette aus dem Laufwerk, schalten Sie den Computer aus und wieder ein. Windows sollte nun reibungslos starten.

Dialogfeld
Fenster, über die Me in einen Dialog mit Ihnen tritt, das heißt Sie geben in den Textfeldern Informationen wie etwa ein Kennwort ein.

Kennwort
Eine Sicherheitsmaßnahme, die den Zugriff auf Computersysteme und/oder Dateien einschränkt. Ein Kennwort ist eine eindeutige Folge von Zeichen, die der Benutzer zur Identifikation eingeben muss.

Schaltflächen
Rechteckige Symbole, die sich per Maus anwählen lassen und eine bestimmte Reaktion auslösen, beispielsweise wird dadurch eine Benutzereingabe übernommen.

Textfeld
Die Felder, in die Sie Eingaben eintippen.

Der Desktop

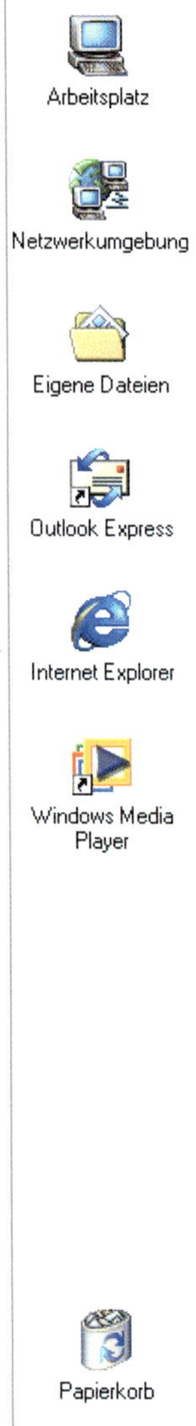

Sobald Sie Windows Me gestartet haben, erscheint auf Ihrem Monitor Ihr „Schreibtisch“ oder genauer: Ihr Desktop. Denn so heißt der Arbeitsbereich auf dem Bildschirm Ihres Windows-Computers. Der Desktop enthält diverse „Objekte“, die die Oberfläche eines Schreibtischs simulieren. Da gibt es Ordner, Dokumente, und sogar einen Papierkorb.

Sie können diese Objekte, das heißt deren Symbole, verschieben und Aufgaben – fast – in der gleichen Weise erledigen, wie an einem realen Schreibtisch. Eine Umgebung, in der Programme und Dateien durch Symbole und Menüs am Bildschirm dargestellt werden, nennt man übrigens grafische Benutzeroberfläche.

Sie können diese Objekte mit der Maus oder über die Tastatur aktivieren. Wie bei jeder guten Benutzeroberfläche gilt auch bei Windows: Jedes Element funktioniert in allen Anwendungen gleich.

Bevor Sie auf den folgenden Seiten die Details erfahren, hier ein kleiner „Rundgang“ über den abgebildeten Beispiel-Desktop (von links oben gegen den Uhrzeigersinn):

Hinter dem Computer-Symbol mit dem Namen **Arbeitsplatz** verbirgt sich die „Arbeitsumgebung“ Ihres Computer (das heißt Laufwerke, Ordner etc.).

Ist Ihr Rechner über ein Netzwerk mit anderen PCs verbunden, erscheint das Symbol **Netzwerkumgebung**. Über dieses Symbol können Sie Kontakt zu anderen Rechnern im Netzwerk herstellen.

Der Ordner **Eigene Dateien** dient zur Aufnahme der von Ihnen verfassten Dokumente (zum Beispiel Briefe, Tabellen oder Zeichnungen).

Das Symbol **Outlook Express** erlaubt Ihnen das Arbeiten mit E-Mail.

Das Symbol **Internet Explorer** ermöglicht den Zugriff auf Inhalte im Internet.

Über den **Windows Media Player** lassen sich sowohl Sound- als auch Videodateien wiedergeben.

Die Funktion des **Papierkorbs** versteht sich von selbst. Dieses Symbol erlaubt Ihnen, nicht mehr benötigte Dokumente vom PC zu entfernen.

Dann, unten links, die Schaltfläche **Start**, über die das **Startmenü** geöffnet wird. Sie gehört zur **Taskleiste** (siehe nächste Seite).

Lassen Sie sich nicht verwirren, wenn Ihr Desktop etwas anders aussieht. Da sich Windows Me individuell anpassen lässt, sind manchmal – anders als in der Abbildung – mehr Symbole vorhanden, anders angeordnet oder der Desktop besitzt einen gemusterten Hintergrund etc. Mehr dazu im Kapitel 10 „Me for you: Windows an eigene Anforderungen anpassen“.

E-Mail

Eine elektronische Textnachricht.

Internet

Die Daten und Nachrichten werden im Internet weltweit über unzählige Computersysteme weitergeleitet (siehe Kapitel 8 „Ab ins Datenmeer: mit dem Internet Explorer ins Web“).

Menü

Kleine Fenster, in denen Windows oder ein Programm Befehle zusammenfasst. Die einzelnen Befehle darin werden per Mausklick ausgewählt. Menüs lassen sich durch Anklicken bestimmter Elemente (zum Beispiel der Schaltfläche Start) öffnen.

Die Taskleiste

Weiter geht's mit unserem Streifzug über den Desktop: Am unteren Rand des Bildschirms haben Sie auf der vorherigen Seite schon den schmalen Balken mit den kleinen Symbolen gesehen. Diese **Taskleiste** ist so etwas wie die „Schaltzentrale" von Windows Me.

Per Mausklick können Sie über die so genannten **Taskschaltflächen** eine Auswahl unter den geöffneten Anwendungen, den Tasks, treffen: Windows legt für jede gestartete Anwendung eine entsprechende Schaltfläche in der Taskleiste an. In der Abbildung sind das die Programme „Photoshop" und „Flash".

In der rechten Ecke der Taskleiste – dem **Statusbereich** – wird unter anderem die aktuelle Uhrzeit angezeigt. Je nach Ausstattung des Rechners sehen Sie dort weitere Symbole für Zusatzfunktionen, etwa einen Lautstärkeregler.

Mehr zur Schaltfläche mit dem Windows-Logo und der Aufschrift **Start** finden Sie auf der nächsten Seite. Rechts neben dieser Schaltfläche enthält die Taskleiste noch die **Schnellstartleiste** mit Symbolen, um ausgewählte Programme per einfachem Mausklick zu öffnen (siehe dazu auch Kapitel 2 „Im Schnelldurchlauf: die wichtigsten Grundlagen".)

sidestep

Das Ende der Newbie-Zeit: Unter einem Newbie verstehen Computerexperten einen „blutigen" Anfänger. Wahrscheinlich leitet sich der Begriff von „new boy" (neuer Junge) ab. Aber ein Newbie sind Sie sicher schon bald nicht mehr.

Symbol

Symbole sind visuelle Gedächtnisstützen und ermöglichen es Ihnen, Aktionen zu steuern, ohne den genauen Befehl zu kennen oder Befehle über die Tastatur einzugeben. Symbole sind daher ein bedeutender Faktor für die Benutzerfreundlichkeit von grafischen Benutzeroberflächen.

Anwendung

Programm

Das Startmenü

Sobald Sie die Schaltfläche **Start** anklicken, öffnet sich das **Startmenü** mit Listen der wichtigsten Windows-Befehle und Programme. Sie können sie über dieses Menü und seine Untermenüs öffnen bzw. starten. Dazu zählen auch Grundfunktionen etwa zum Abmelden bzw. Beenden von Windows Me, zum Suchen, zum Laden von Dokumenten und so weiter.

Untermenüs erkennen Sie an einem kleinen Dreieck neben dem Menüeintrag. Sobald Sie mit der Maus auf einen dieser Einträge zeigen, hebt Windows diesen farbig hervor. Enthält ein Eintrag Untermenüs, werden diese automatisch beim Zeigen auf den Eintrag eingeblendet.

Sobald Sie in einem der Menüs den Namen eines Programms anklicken, wird dieses gestartet. Sie sehen dann in der Regel ein Fenster, in dem Sie mit den Programmfunktionen arbeiten können.

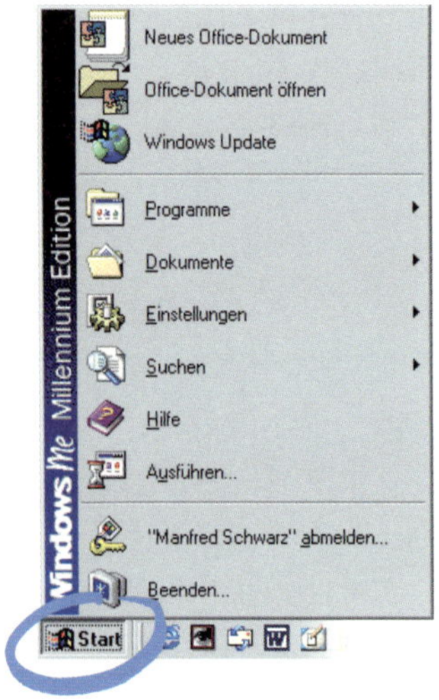

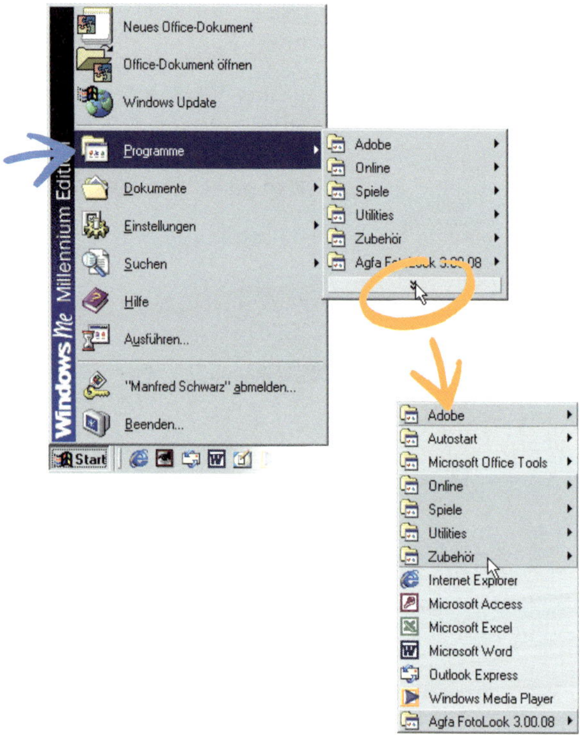

tipp

Persönlich angepasste Menüs: Windows Me passt die Menüs Ihren Gewohnheiten an. Dabei wird das Menü ***Programme*** *„bereinigt" und die Elemente, die Sie in letzter Zeit nicht verwendet haben, werden ausgeblendet. Um auf die nicht angezeigten Programme zuzugreifen, klicken Sie auf den Abwärtspfeil im unteren Bereich des Menüs. Sobald Sie auf das Symbol am unteren Rand klicken, erweitert Windows das betreffende Menü um alle Befehle (siehe auch Kapitel 10 „Me for you: Windows an eigene Anforderungen anpassen".)*

Programme starten: die Windows Millennium Edition-Vorschau

Jeder Anwender hat andere Anforderungen an seinen Computer: Briefe schrieben, Berechnungen durchführen, Grafiken erstellen, im Internet surfen, spielen und, und, und.

Windows Me bietet die Basis für all diese Anwendungen. Doch ohne zusätzliche Programme und ihre Funktionen ist ein PC nur die Hälfte wert. Sie enthalten die Anweisungen für den Rechner, was er bei bestimmten Aufgaben zu tun hat. Der gängige Weg, ein Programm unter Windows zu starten, führt über das **Startmenü**.

Als Beispiel für einen „Programm-Teststart" eignet sich die Me-Vorschau. Sie gibt Ihnen ganz nebenbei auch einen guten Einblick in die Neuheiten von Microsoft Windows Millennium Edition.

Die Windows Millennium Edition-Vorschau starten

1. **Wählen Sie im Startmenü den Eintrag Programme/ Zubehör/Unterhaltungsmedien/ Windows Millennium Edition-Vorschau.**
2. **Windows startet das Windows Me-Video.**

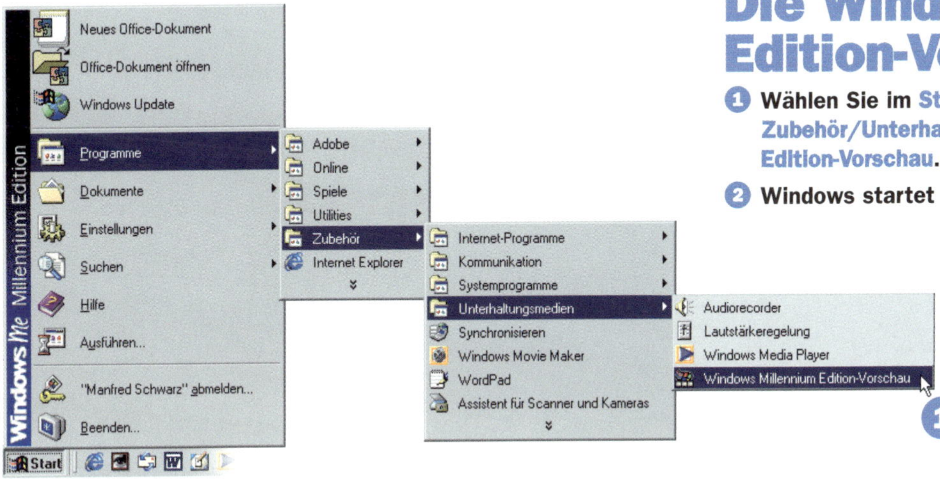

1

2

tipp

Schon gesehen? Falls Ihr Rechner neu ist bzw. Sie Windows Me neu installiert haben, startet die Windows Millennium Edition-Vorschau eventuell automatisch beim ersten Windows-Start.

Me: lebendiger, einfacher, bequemer

Die Me-Vorschau gibt Ihnen einen ersten Einblick in die neuen Möglichkeiten dieses Betriebssystems. Diese Tour ist auch besonders für diejenigen interessant, die von einer vorherigen Windows-Version „aufsteigen".

Im Wesentlichen sind in Me vier Bereiche gegenüber früheren Windows-Versionen optimiert worden, das sind:

Digitale Medien, das heißt der Einsatz von Scannern, digitalen Kameras, das Erstellen eigener Videos und weitere Funktionen rund um Multimedia;

Heimnetzwerk, das heißt die einfache Vernetzung mehrerer Windows-PCs zuhause;

Intensiveres Interneterlebnis, das heißt die volle Integration aller grundlegenden Internetfunktionen;

Benutzerfreundlichkeit, das heißt mehr Komfort beim Anschluss neuer Komponenten, mehr Sicherheit beim alltäglichen Einsatz Ihres PCs und ein völlig überarbeitetes „Hilfe und Support"-System.

Was sich hinter all dem verbirgt, davon bekommen Sie – anhand der Me-Vorschau – auf den nächsten Seiten einen ersten Eindruck. Zeigen Sie, um Details abzurufen, einfach mit der Maus auf die vier „Themenquadrate". Me zeigt Ihnen dann die Unterthemen der Vorschau an, die Sie wiederum per Mausklick aufrufen können.

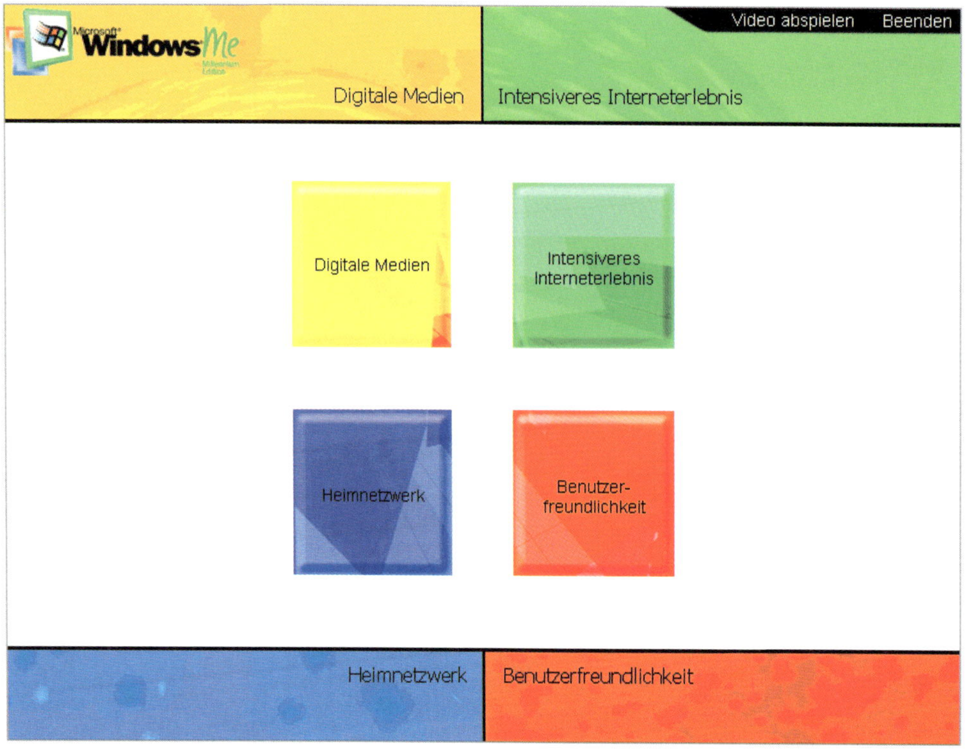

Digitale Medien
Alle Medien, die die Binärtechnik des Computers nutzen.

Binär
Das so genannte Binärsystem nutzt zur Darstellung von Werten ausschließlich die beiden Werte 0 oder 1 bzw. bei logischen Operationen den Wert „wahr" oder „falsch".

Multimedia
Die Kombination von Klang, Grafik, Animation und Video.

Assistent
Ein interaktives Hilfsprogramm, das Ihnen schrittweise Anleitungen zur Bewältigung einer bestimmten Aufgabe aufzeigt, beispielsweise um in einem Textverarbeitungsprogramm das richtige Dokumentformat für einen Geschäftsbrief zu öffnen.

Digitale Medien

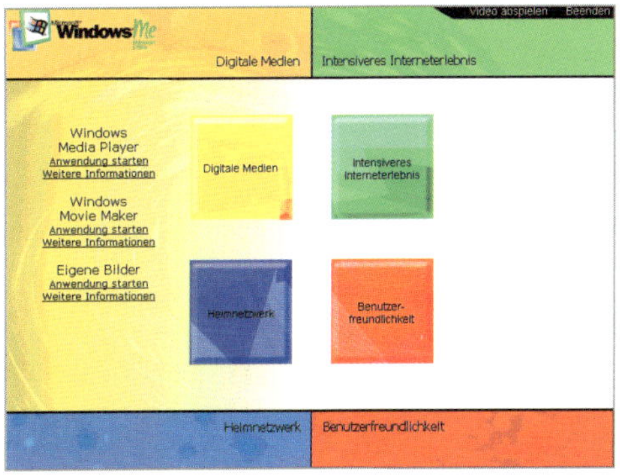

Multimedia wird immer beliebter. Wie Sie Windows Me dabei unterstützt, zeigen Ihnen ein paar Stichworte:

Windows Millennium Edition erleichtert Ihnen das Speichern und Anzeigen von Bildern aus einer Digitalkamera oder einem Scanner auf dem Computer. Sie können Ihre Bilder verwalten und sogar einen Bildschirmschoner (siehe Kapitel 10 „Me for you: Windows an eigene Anforderungen anpassen“) erstellen, in dem eigene Bilder verwendet werden.

Im neuen Ordner **Scanner und Kameras** in der Systemsteuerung können Sie digitale Bildaufnahmegeräte einfach verwalten. Mehr dazu lesen Sie in Kapitel 6 „Kunterbunt und laut: Audio, Video & Co“.

Im Ordner **Eigene Bilder** können Sie Bilder, einschließlich der mit einer Digitalkamera aufgenommenen oder aus dem Internet heruntergeladenen, zentral speichern und anzeigen. Dieser Unterordner des Ordners **Eigene Dateien** bietet eine Miniaturansicht der ausgewählten Bilder. Damit können Sie Bilder in der Vorschau anzeigen, ohne diese in einem Programm jeweils einzeln öffnen zu müssen.

Und mit Microsoft Windows Movie Maker können Sie Audio- und Videomaterial (beispielsweise mit einer herkömmlichen Kamera oder Digitalkamera erstellte Heimvideos) aufnehmen, bearbeiten und beliebig zu einem Film zusammenfügen (siehe Kapitel 6).

Die Filme können zur Vorstellung von Neuigkeiten, zur Unterhaltung, als Verkaufsunterstützung oder als unterstützende Maßnahme für Fernunterricht dienen. Oder als Videomail, das heißt als „bebilderte“ E-Mail. Außerdem besteht die Möglichkeit, Bildschirmpräsentationen aus Einzelbildern oder importierten Bildern zu erstellen.

Und das Spielen auf dem Computer wird noch spannender, weil Sie jetzt Spiele auch im Netzwerk und im Internet spielen können (siehe Kapitel 6).

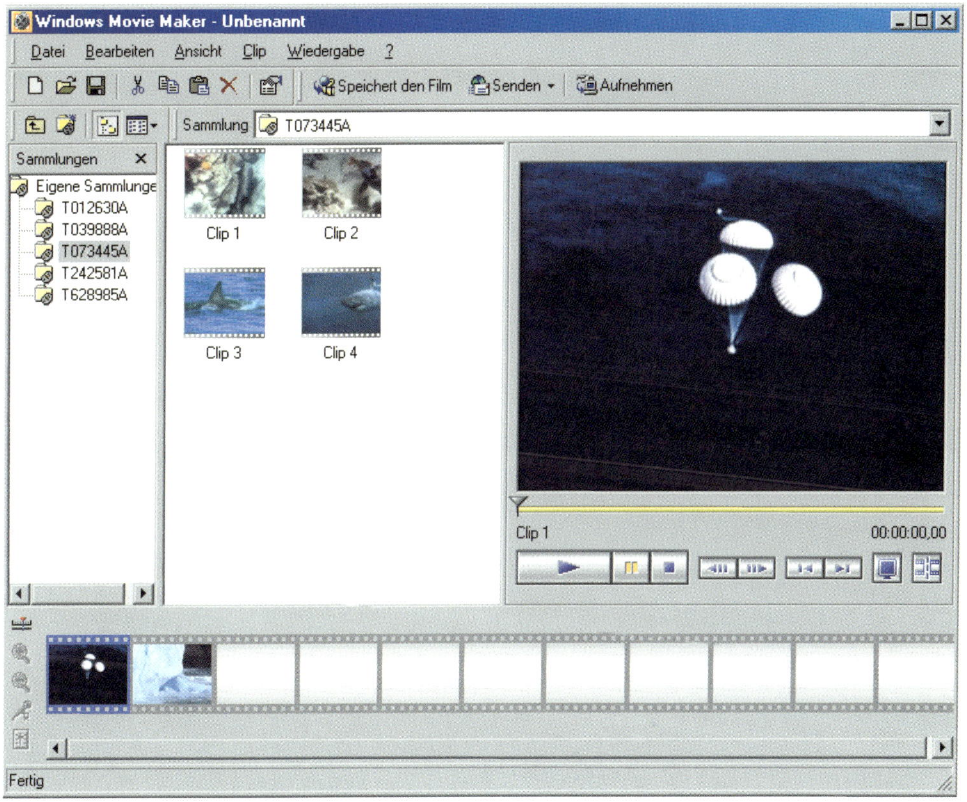

Bildschirmschoner

Ein Dienstprogramm, das den Bildschirm ausblendet oder ein Bild einblendet, wenn eine vorgegebene Zeit verstrichen ist, ohne dass die Tastatur oder die Maus betätigt wurde. Er wird durch die Berührung einer Taste oder durch die Bewegung der Maus deaktiviert.

Scanner

Ein optisches Eingabegerät, das ein gedrucktes in ein digitalisiertes Bild umwandelt. Dieses Bild kann anschließend beispielsweise durch Grafikprogramme bearbeitet werden.

Systemsteuerung

Ein Systemprogramm, mit dem sich das Betriebssystem und die Hardware konfigurieren lässt. Unter anderem können Zeit und Datum, Tastatur sowie die Maus eingestellt werden.

Heimnetzwerk

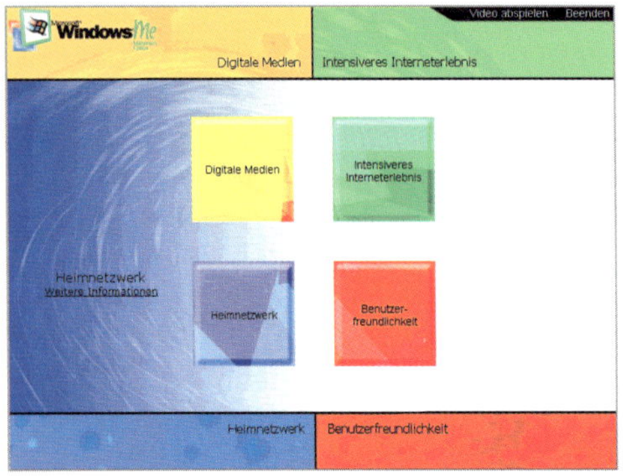

Sie haben zwei oder mehr Computer zu Hause? Dann können Sie jetzt ein Heimnetzwerk einrichten.

Das spart Geld – etwa wenn Sie mit allen Rechnern über einen einzigen Internetzugang surfen können.

Das sorgt für Sicherheit – etwa indem Sie wichtige Dateien jeweils als Backup auf den anderen Netz-PCs ablegen. Selbst wenn Sie Ihre Daten auf einem Rechner verlieren, haben Sie im Netz jederzeit Zugriff auf Ihr Backup.

Das macht Spaß – etwa beim Spielen von netzwerkfähigen Computerspielen für Strategie und Wettkampf.

Das ist praktisch – schließlich müssen Sie zum Drucken keine Disketten mehr zwischen Computern hin- und hertragen.

Mit Windows Millennium Edition lässt sich schnell und einfach ein Heimnetzwerk installieren. Dabei fungiert der Computer, der unter Windows Me läuft, als Server. Der Assistent für das Heimnetzwerk stellt sicher, dass der Computer netzwerkfähig ist, und richtet das Netzwerk nach Ihren Bedürfnissen ein. Mehr dazu im Kapitel 7 „Come together: Windows im Netzwerk“.

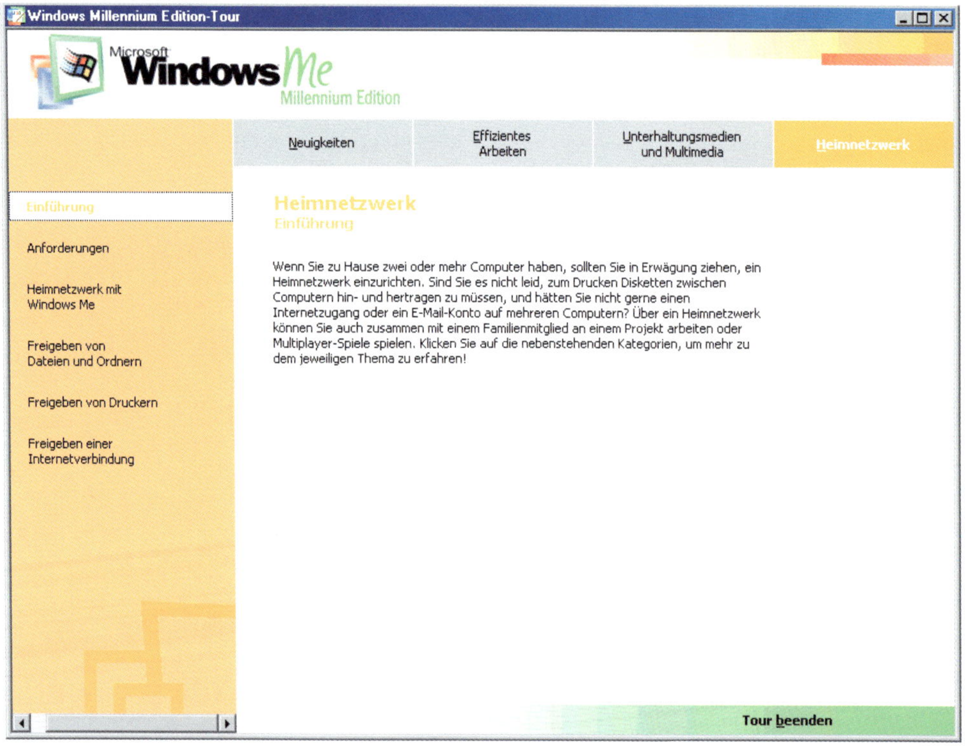

tipp

Werden Disketten überflüssig? Über die so genannte Druckerfreigabe können Sie Dokumente von einem Computer aus auf einem Drucker ausgeben, der an einen anderen Computer im Heimnetzwerk angeschlossen ist. So müssen Dateien vor dem Drucken nicht mehr von einem Computer auf einen anderen übertragen werden. Disketten werden also – zumindest hierfür – überflüssig.

move on

Eine für alle: Über die Internetverbindungsfreigabe (siehe Kapitel 7 „Come together: Windows im Netzwerk“) können Sie für alle Computer bei sich zu Hause eine einzige Internetverbindung gemeinsam nutzen. Damit ist der Zugriff auf Ihre Internet- und E-Mail-Konten von jedem Computer aus möglich, ohne dass dafür jeweils eine eigene Verbindung benötigt wird.

Backup

Datensicherung

Chat

Unterhaltung mit anderen Benutzern über PCs. Die Unterhaltung verläuft dabei live. Geben Teilnehmer eine Textzeile ein, erscheint die Zeile wenige Augenblicke danach auf den Bildschirmen der anderen, die darauf antworten können.

Das Internet intensiver erleben

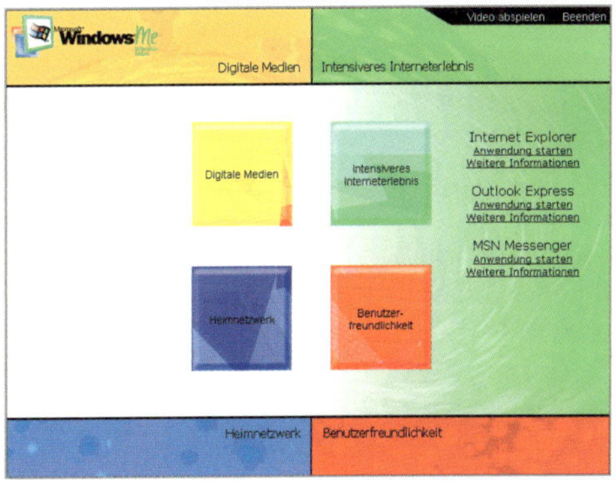

Microsoft Windows Millennium Edition bietet Ihnen alle wichtigen Funktionen des World Wide Web. Dazu zählen vor allem der Internet Explorer zum Surfen und Outlook Express zur E-Mail-Kommunikation.

Der integrierte MSN Messenger Service zeigt Ihnen, wenn Ihre Freunde oder Bekannten mit dem Internet verbunden sind. So können Sie sofort Nachrichten austauschen oder mit mehreren Personen gleichzeitig chatten, eine Einladung zur Teilnahme an einem Spiel über das Internet verschicken oder eine audiovisuelle Konferenz mithilfe von NetMeeting abhalten.

Außerdem benachrichtigt Sie der MSN Messenger Service, wenn in Ihrem Hotmail-Posteingang eine neue E-Mail-Nachricht eingetroffen ist.

Mehr zum Einsatz von Internet Explorer und Outlook Express lesen Sie in Kapitel 8 „Ab ins Datenmeer: mit dem Internet Explorer ins Web“.

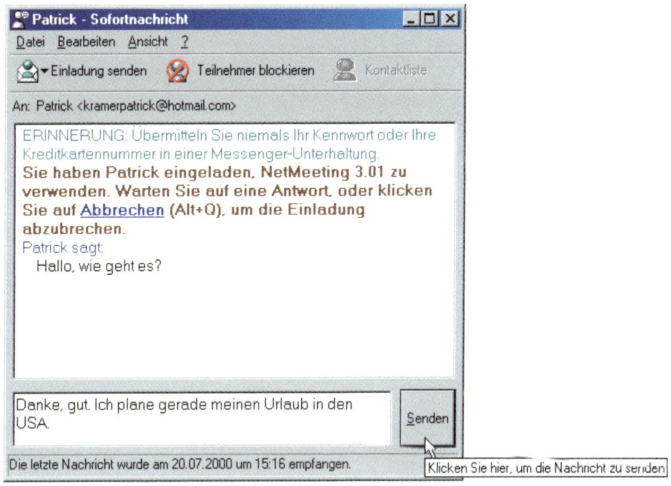

Hotmail
Ein webbasierter E-Mail-Dienst, der von Microsoft betrieben wird. Hotmail bietet seinen Mitgliedern kostenlose E-Mail-Konten.

NetMeeting
Microsoft NetMeeting bietet Funktionen, mit deren Hilfe Sie live mit anderen Personen über das Internet kommunizieren und zusammenarbeiten können. NetMeeting gehört zum Zubehör von Windows Me.

Web
Kurzform für World Wide Web

World Wide Web
Die komplette Sammlung von Hypertextdokumenten, die auf so genannten Servern in der ganzen Welt abgespeichert sind. Hypertextdokumente zeichnen sich durch Verweise untereinander aus, die per Mausklick „begehbar“ sind.

Benutzerfreundlichkeit

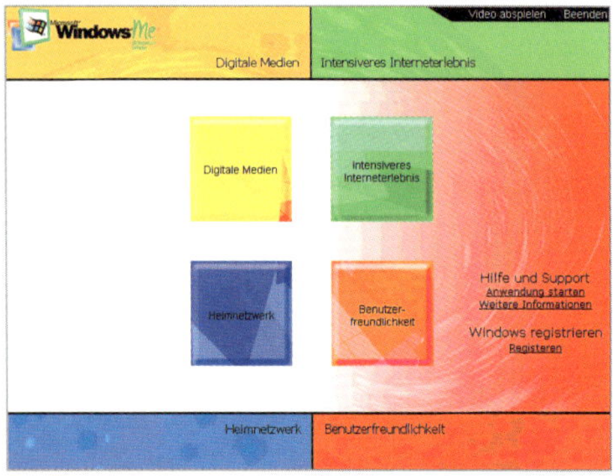

Neu in Windows Me ist auch der völlig überarbeitete Ansatz für **Hilfe und Support**. Unter anderem finden Sie darin detaillierte Informationen zu allen Neuerungen in Me sowie Informationen zu Themen wie effizientes Arbeiten, zum Desktop, zum Startmenü, zum Personalisieren des Desktop und so weiter. Ein Klick auf **Hilfe und Support/ Anwendung starten** im Übersichtsbildschirm der Microsoft Millennium Edition-Tour führt Sie direkt dorthin.

Klicken Sie etwa im Abschnitt „Neuigkeiten" auf die dortigen Themen, um sich einige der Verbesserungen und Erweiterungen anzusehen, die seit der letzten Version von Microsoft Windows vorgenommen wurden. Dazu zählen neue Programme, mit denen Sie einen früheren Zustand des Computers wiederherstellen oder Probleme schnell beheben können (mehr dazu in Kapitel 9 „Wartung muss sein: Festplatten- und Systempflege"). Oder neue Lösungen, dank derer Sie den Computer vorübergehend sicher verlassen können, ohne ihn herunterfahren zu müssen, und darüber hinaus Energie sparen (siehe Kapitel 10 „Me for you: Windows auf eigene Anforderungen anpassen").

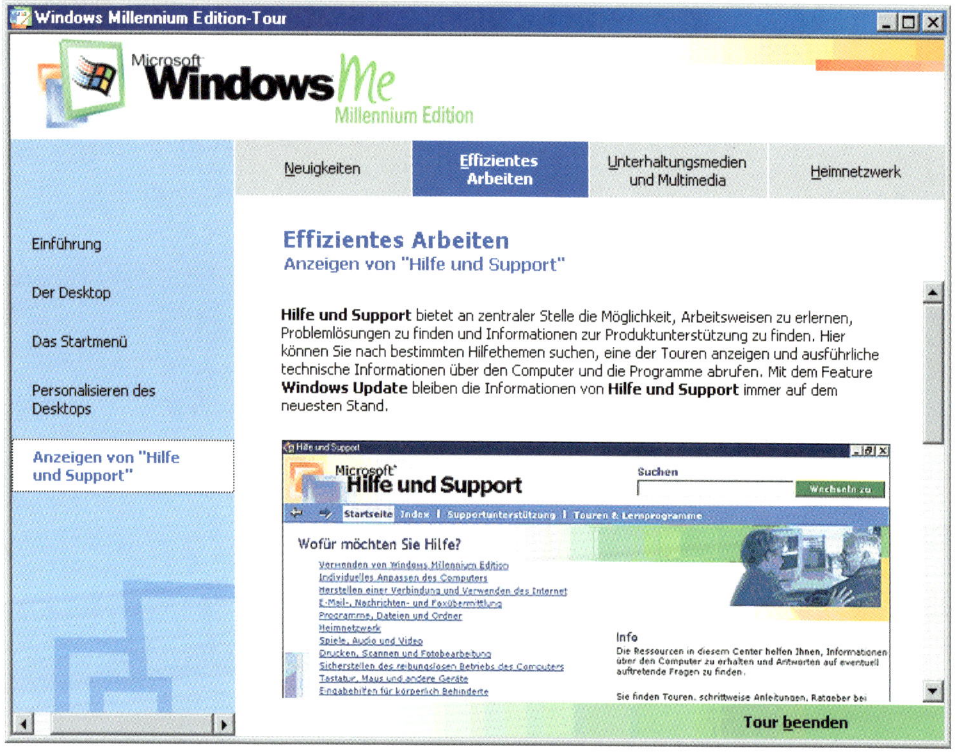

USB

Abkürzung für Universal Serial Bus (Universeller, serieller Bus). Über diesen Anschluss können Sie an Ihr System bis zu 127 Geräte anschließen, zum Beispiel externe CD-Laufwerke, Drucker, Modems sowie Maus und Tastatur.

move on

Plug-und-Play: Das Anschließen eines neuen Scanners oder Druckers an einen Computer sollte genauso leicht sein wie das Anschließen einer neuen Lampe an eine Steckdose. Windows Me ermöglicht dies durch die Unterstützung des USB-Anschlusses (Universal Serial Bus). Dabei sind alle Anschlüsse identisch, und nach dem Hinzufügen neuer Hardware muss der Computer nicht neu gestartet werden.

Programme beenden

Wir verlassen nun die Windows Millennium Edition-Vorschau. Zu ihr zurückkehren werden Sie schon bald bei der Vorstellung der Windows-Hilfefunktionen in Kapitel 2 „Im Schnelldurchlauf: die wichtigsten Grundlagen".

Es empfiehlt sich ohnehin, ihr etwas mehr Zeit zu widmen, zumal Sie auf Ihrem ersten Kurztrip längst nicht alles gesehen haben, etwa zum Thema Spiele unter Windows Me (siehe Kapitel 6 „Kunterbunt und laut: Audio, Video & Co.").

Sobald Sie mit einem Programm nicht mehr arbeiten möchten, müssen Sie es beenden. Hierzu bietet Ihnen Windows bzw. das Programm mehrere Möglichkeiten.

Programme beenden

1. **Die meisten Programmfenster besitzen in der rechten Ecke der Titelleiste die Schaltfläche Schließen. Klicken Sie auf diese Schaltfläche, um das Fenster zu schließen und damit das Programm zu beenden.**
2. **Enthält ein Fenster das Menü Datei, öffnen Sie dieses Menü, und wählen Sie im untersten Eintrag den Befehl Schließen oder Beenden. Das Programm wird ebenfalls beendet und das zugehörige Fenster geschlossen.**
3. **Ein Klick mit der rechten Maustaste auf die Titelleiste öffnet ebenfalls ein Menü zum Schließen des Fensters, in dem Sie die Befehle Schließen oder Beenden auswählen können.**

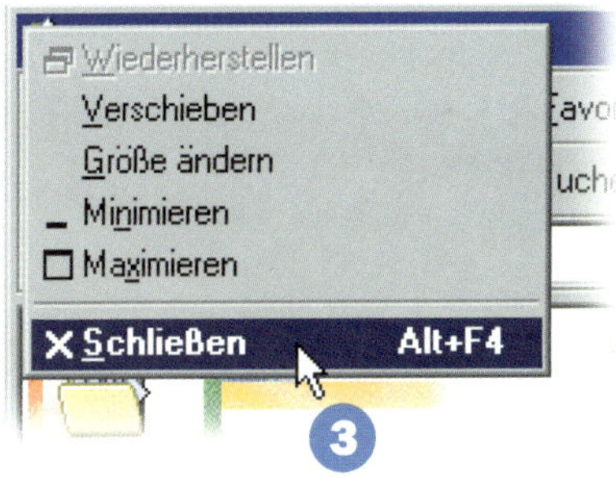

move on

Zwei schnelle Wege: Es gibt noch weitere Alternativen zum Schließen eines Programms. Durch Drücken der Tastenkombination ***Alt+F4*** *können Sie das aktuelle Fenster (Titelleiste ist farbig) schließen und das zugehörige Programm beenden. Ein Doppelklick auf das Symbol des Systemmenüs (das Symbol in der linken oberen Fensterecke) schließt ebenfalls das zugehörige Fenster.*

Titelleiste

Die obere Leiste eines Fensters.

Sich von Windows abmelden

Arbeiten mehrere Benutzer an einem Rechner, sollten sich diese unter ihren jeweiligen Benutzernamen anmelden. Windows arbeitet dann mit benutzerspezifischen Einstellungen, etwa einem individuell gestalteten Desktop (mehr zu Benutzerkonten siehe Kapitel 10 „Me for you: Windows an eigene Anforderungen anpassen").

Wenn Sie nicht mehr an Ihrem Rechner arbeiten möchten, aber vielleicht ein anderes Familienmitglied, müssen Sie den Rechner nicht komplett ausschalten und erneut starten. Es gibt eine viel elegantere Methode: Sie können sich abmelden, der nächste Benutzer meldet sich entsprechend neu an.

Abmelden von Windows

1. **Wählen Sie im Startmenü den Eintrag „Benutzername" abmelden.**
2. **Klicken Sie im Dialogfeld Von Windows abmelden auf Ja.**
3. **Es erscheint das Dialogfeld Willkommen bei Windows vom Beginn dieses Kapitels.**
4. **Sie können sich dann unter demselben oder einem anderen Benutzernamen mitsamt dem zugehörigen Kennwort anmelden.**

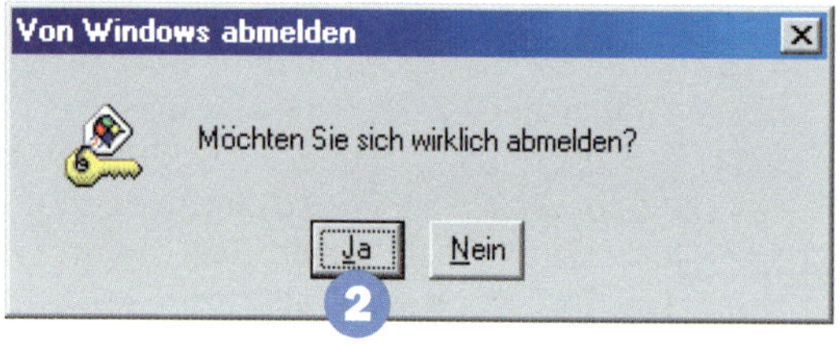

So beenden Sie Windows

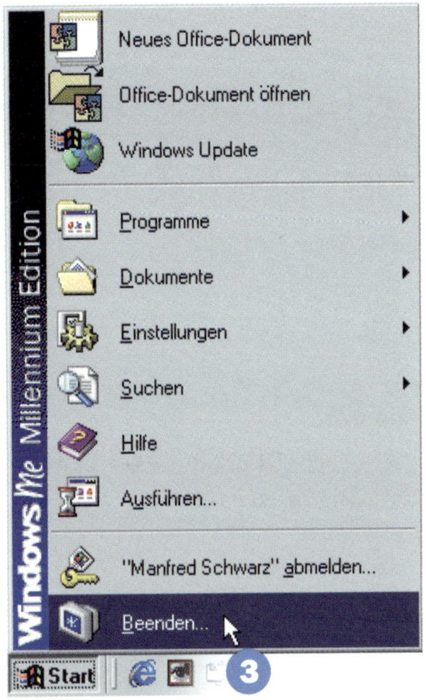

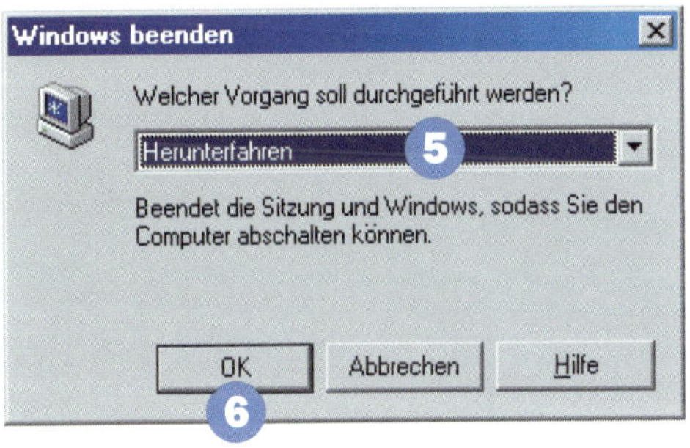

Wenn Sie den Rechner nicht mehr zum Arbeiten benötigen, sollten Sie ihn nicht einfach ausschalten. Sie müssen erst Microsoft Windows Me beenden. Dazu gehen Sie folgendermaßen vor:

Windows beenden

1. **Schließen Sie nach Möglichkeit alle Fenster, und beenden Sie so die gestarteten Programme.**
2. **Klicken Sie in der Taskleiste auf die Schaltfläche Start.**
3. **Klicken Sie im Startmenü auf den Eintrag Beenden. Windows öffnet jetzt das Dialogfeld Windows beenden.**
4. **Dieses Dialogfeld stellt Ihnen ein Listenfeld mit verschiedenen Optionen zum Beenden von Windows Me zur Wahl.**
5. **Prüfen Sie, ob die Option Herunterfahren angezeigt wird. Falls eine andere Option angezeigt wird, klicken Sie auf die Schaltfläche mit dem Pfeil, und markieren Sie in der dann aufgeklappten Liste die Option Herunterfahren.**
6. **Klicken Sie anschließend auf OK.**

Windows beginnt jetzt mit dem „Aufräumen". Alle beim nächsten Systemstart benötigten Einstellungen werden auf der Festplatte gesichert. Dies kann einige Sekunden dauern. In dieser Zeit wird ein Dialogfeld mit einer entsprechenden Meldung auf dem Bildschirm gezeigt. Eventuell fordert Sie Windows durch eine Bildschirmmeldung auf, den Rechner auszuschalten. Vergessen Sie in jedem Fall nicht das abschließende Abschalten der Peripheriegeräte.

Diese Reihenfolge ist wichtig. Wenn Sie Windows nicht beenden und einfach den Computer ausschalten, können wichtige Daten verloren gehen.

tipp

Auf Nummer Sicher: Sollten Sie Ihren Rechner nicht wie hier aufgezeigt abschalten, checkt Windows Me per ScanDisk beim nächsten Start standardmäßig Ihre Festplatte auf Fehler (siehe auch Kapitel 9 „Wartung muss sein: Festplatten- und Systempflege").

Listenfeld

Listenfelder fassen verschiedene Optionen in einer Liste zusammen.

good to **know**

Kapitel 1

„Blickkontakt: erstes Kennenlernen von Windows Me“

Im Schnell

Kapitel 2

durchlauf: *die wichtigsten Grundlagen*

Wenn Sie noch einmal Ihr Know-how rund um elementare Begriffe und Funktionen Ihres Betriebssystems auffrischen möchten, ist dies das richtige Kapitel für Sie. Sie finden Basiswissen über

1. **den Desktop**
2. **den Arbeitsplatz**
3. **den Windows-Explorer**
4. **die Tastatur und die Maus**
5. **den Umgang mit Fenstern**
6. **Hilfe und Support.**

Bekanntes und Neues

Viele Dinge rund um Ihren PC und Ihr Betriebssystem kennen Sie schon. Doch bei der großen Zahl an Möglichkeiten und Funktionen vergisst man schnell das eine oder andere Detail. Je leistungsfähiger die Systeme werden, desto mehr Möglichkeiten gibt es auch, Anwender durcheinander zu bringen. Zudem kommen mit jeder neuen Programmversion neue Funktionen hinzu.

Doch keine Sorge, das Basiswissen lässt sich recht kurz und überschaubar zusammenfassen. Im Folgenden finden Sie einen kleinen Auffrischungskurs in Sachen Betriebssystem. Zu den dargestellten Funktionen zählen auch grundlegende Begriffe und Techniken zu Tastatur und Maus sowie zum Arbeiten mit Fenstern.

Also hinein ins Tipp- und Klick-Vergnügen!

move on

*Eingabe leicht gemacht: Windows Me bietet behinderten Benutzern diverse Möglichkeiten, den Computer leichter zu bedienen. Mehr dazu finden Sie, wenn Sie im **Startmenü** auf **Hilfe** klicken und dort „Eingabehilfen“ als Suchbegriff eingeben.*

sidestep

Alles im Blick mit WYSIWYG: Was ein wenig nach einem Werbeslogan klingt, ist die „Kurzformel“ von einem der wichtigsten Bestandteile Ihres Betriebssystems. Denn hinter der Abkürzung für „What You See Is What You Get“ („Was Du siehst, bekommst Du auch“) steckt ein sehr komfortables Darstellungsverfahren. Es sorgt dafür, dass Ihre Dokumente auf dem Bildschirm genauso angezeigt werden, wie sie auch im Ausdruck erscheinen.

Die Tastatur

Ohne Tastatur und Maus geht am PC gar nichts. Auf den folgenden Seiten erhalten Sie einen Überblick über die wichtigsten Funktionen und Techniken dieser Eingabegeräte.

Ganz gleich, welches Tastaturmodell Sie nutzen, diese Tasten hat es auf alle Fälle:

1. Die **Umschalttaste** gibt einer anderen Taste eine alternative Bedeutung, sobald beide Tasten gemeinsam gedrückt werden. So wird beispielsweise ein Großbuchstabe erzeugt, wenn die Umschalttaste zusammen mit einer Buchstabentaste betätigt wird.

2. Die **Umschaltfeststelltaste** (auch: **Feststelltaste**) schaltet wie die Umschalttaste in den „Großbuchstabenmodus". Nur müssen Sie sie nicht gedrückt halten, sie bleibt „aktiv", solange Sie nicht wieder auf sie drücken. Bei einigen Systemen wird der „Großbuchstabenmodus" auch durch einen Druck auf die Umschalttaste deaktiviert.

3. Mit der **Tabulator**- oder **Tabstopptaste** fügen Sie Tabstoppzeichen bzw. -abstände in ein Dokument ein.

4. Die **Rücktaste** bewegt die Einfügemarke eine Zeichenposition nach links und löscht dabei gewöhnlich das Zeichen links von der Einfügemarke. Zudem löscht sie markierten Text.

5. Auch die **Löschtaste** (Entf) entfernt markierte Elemente. Außerdem löscht sie etwa in Textverarbeitungsprogrammen das Zeichen rechts neben der Einfügemarke.

6. Mit der **Eingabetaste** schließen Sie eine Eingabe ab, zum Beispiel eine Zeile, einen Absatz oder einen Befehl. Außerdem führen Sie mit der **Eingabetaste** die Standardfunktion eines Dialogfeldes aus.

tipp

Platz da! Oder wie? Standardmäßig wird im so genannten Einfügemodus Text, der rechts neben der Einfügemarke steht, nach rechts verschoben, sobald Sie neuen Text eingeben. Im Überschreibmodus wird Text rechts der Einfügemarke durch neuen Text überschrieben. Wenn Sie die ***Einfg-Taste*** *drücken, können Sie zwischen Einfüge- und Überschreibmodus wechseln.*

move on

Schnell, schnell: Eine Übersicht über Tastenkombinationen, mit denen Sie viele Funktionen schnell aufrufen können, finden Sie in der Windows-Hilfe unter dem Suchbegriff „Tastenkombinationen".

Einfügemarke
Ein blinkender senkrechter Balken auf dem Bildschirm, der die Stelle markiert, an der einzufügender Text angezeigt wird.

Shift Key
Umschalttaste

Enter-Taste
Eingabetaste

Return-Taste
Eingabetaste

Zeilenvorschubtaste
Eingabetaste

Sondertasten und Navigationstasten

Weiter geht's auf Ihrem „Rundgang“ über die Tastatur. Jetzt sind einige der Sonder-, Funktions- und Navigationstasten an der Reihe:

1. Die **Esc-Taste** (Escape-Taste) bringt Sie in vielen Anwendungen um eine Ebene in der Menüstruktur zurück, oder sie bewirkt das Verlassen eines Dialogfeldes.

2. Die **Alt-Taste** (Wechseltaste) und die **Alt Gr-Taste** werden zusammen mit anderen Tasten gedrückt, wodurch letztere eine alternative Bedeutung erhalten.

3. Eine der wichtigsten Tasten ist die **Strg-Taste**. In vielen Anwendungen dient die Steuerungstaste zum Abruf von Spezialfunktionen. Auch sie verleiht einer anderen Taste eine alternative Bedeutung, wenn beide Tasten gemeinsam gedrückt werden.

4. Die **Taste mit dem Windows-Logo** öffnet das Startmenü.

5. Die **Funktionstasten** (F1, F2 usw.) bieten einen schnellen Zugriff auf Befehle und Funktionen, so rufen Sie etwa die Onlinehilfe über **F1** auf.

6. Die **Einfügetaste** (Einfg) ist in der Regel für die Umschaltung zwischen Einfügemodus und Überschreibmodus vorgesehen.

7. Der **Zahlenblock** (numerischer Tastenblock) hat die Form eines Taschenrechners. Damit können Sie Ziffern eingeben sowie addieren, subtrahieren, multiplizieren und dividieren.

8. Mit den **Pfeiltasten** bewegen Sie die Einfügemarke vertikal sowie horizontal über den Bildschirm.

move on

Spezialtastaturen für Surfer: Verschiedene Hersteller bieten Tastaturen an, die über Spezialtasten für häufig verwendete PC- und Internet-Funktionen verfügen. So starten Sie beispielsweise den Microsoft Internet Explorer mit einem einzigen Tastendruck oder steuern das CD-Laufwerk über entsprechende Tasten. Ein Beispiel ist das Microsoft Internet Keyboard.

Klicken, Doppelklicken und Ziehen mit der Maus

Nun ein Blick auf die Maus (Abbildung 1). Jetzt heißt es ziehen, klicken und doppelklicken.

Mit Klicken meint man das Drücken und Wiederloslassen einer Maustaste. Die Maus selbst wird dabei nicht bewegt. Durch das Klicken lassen sich Einträge in einem Menü auswählen und starten. Meist tun Sie dies mit der linken Maustaste (Abbildung 2).

Der Klick auf die rechte Maustaste (Abbildung 3) ruft in der Regel ein so genanntes Kontextmenü auf: Es zeigt Befehle an, die auf das momentan durch den Mauszeiger bezeichnete Objekt angewendet werden können.

Beim Doppelklick drücken Sie die Maustaste zweimal kurz hintereinander und lassen sie wieder los. Damit können Sie schnell eine Auswahl treffen oder ein Programm starten.

Die letzte wichtige Funktion der Maus ist das „Ziehen und Ablegen“, auch Drag-und-Drop (Abbildung 4) genannt. Damit verschieben Sie auf grafischen Benutzeroberflächen ein Symbol, ein Objekt (zum Beispiel einen Textabschnitt) oder ein Fenster von einer Stelle auf dem Bildschirm zu einer anderen. Dazu wird der Mauszeiger über dem Objekt positioniert und mit der linken Maustaste „angefasst“, das heißt, die Maustaste wird gedrückt und gehalten. Nun verschieben Sie das Objekt mit der Maus an den neuen Ort.

Wie Sie mehrere Objekte markieren und folglich „en gros“ verschieben können, lesen Sie auf der nächsten Seite.

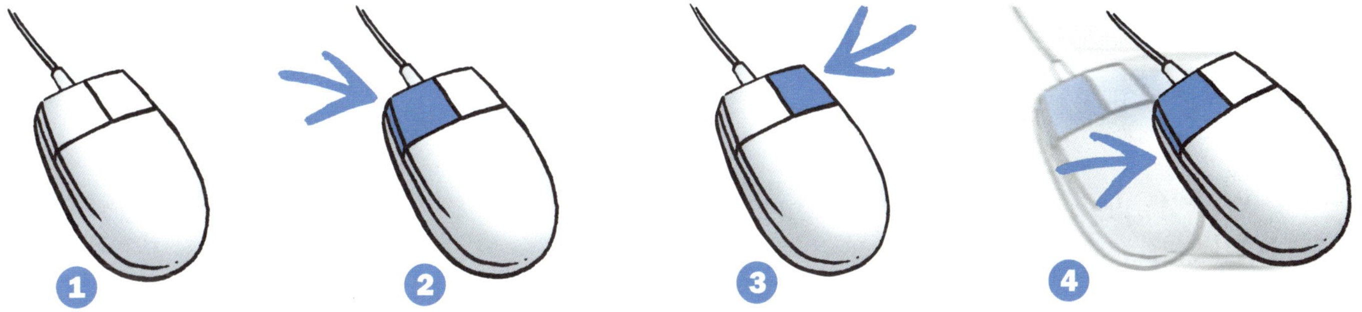

tipp

Welches Datum haben wir heute? Bei einigen Elementen blendet Windows Zusatzinformationen, so genannte QuickInfos, ein, sobald Sie für einige Sekunden den Mauszeiger darauf positionieren. Zeigen Sie einfach einmal mit der Maus auf die Uhrzeitanzeige in der Taskleiste. Praktisch, oder?

move on

Ihre ganz persönliche Maus: Um das „Verhalten“ der Maus an Ihre Bedürfnisse anzupassen, wählen Sie im ***Startmenü*** *nacheinander die Einträge* ***Einstellungen*** *und* ***Systemsteuerung****. Durch Doppelklick auf das Symbol* ***Maus*** *können Sie die Eigenschaften für Ihre Maus einstellen. Entsprechende Einstellmöglichkeiten gibt es in der Systemsteuerung auch für die Tastatur.*

Kontextmenü

Auf einer grafischen Benutzeroberfläche ein Menü, das sich je nach Situation unterschiedlich zusammensetzt. Kontextmenüs werden mit der rechten Maustaste geöffnet und können in jedem Bildschirmbereich angezeigt werden. Sobald ein Menüelement ausgewählt wird, verschwindet das Kontextmenü wieder vom Bildschirm.

Mehrere Objekte markieren

Vielleicht möchten Sie eine Operation gleich auf mehrere Objekte auf einmal anwenden, sozusagen in einem Aufwasch. Es wäre doch mühsam, jedes Objekt einzeln zu markieren und dann immer dieselbe Operation auszuführen?

Deshalb bietet Ihnen Windows die Möglichkeit, mehrere Objekte gleichzeitig zu markieren – einmal mit der Maus, zum anderen mit der Tastatur.

Mehrere Objekte mit der Maus markieren

1. **Positionieren Sie den Mauszeiger unterhalb des letzten Objekts, drücken Sie die linke Maustaste, und halten Sie sie gedrückt.**
2. **Nun ziehen Sie mit der Maus über den Bereich hinaus.**
3. **Lassen Sie die Mautaste los: Alle Objekte sind markiert.**
4. **Die gewünschte Operation können Sie nun auf alle markierten Objekte gleichzeitig anwenden.**

Mehrere Objekte mit der Tastatur markieren

5. **Markieren Sie das erste Objekt.**
6. **Drücken Sie die Umschalttaste, und halten Sie sie gedrückt.**
7. **Markieren Sie nun mit den Pfeiltasten, oder klicken Sie auf das letzte Objekt. (Mit dieser Technik können Sie jedoch nur aufeinanderfolgende Objekte zusammen markieren.)**

tipp

*Teamplay von Maus und Tastatur: Markieren Sie das erste Objekt. Drücken Sie die **Strg-Taste**, und halten Sie sie gedrückt. Nun können Sie mehrere auch nicht zusammenhängende Objekte per Mausklick markieren.*

Der Arbeitsplatz von Windows

Ihr Arbeitsplatz enthält alle Funktionen, um mit Programmen und Dateien zu arbeiten. Klicken Sie dazu doppelt auf das Symbol **Arbeitsplatz** auf dem Desktop.

Der abgebildete Beispiel-Arbeitsplatz enthält Symbole für ein Diskettenlaufwerk, zwei Festplatte(n), drei CD-ROM-Laufwerke, die Systemsteuerung sowie eine Reihe weiterer Ordner, die Sie hier nicht weiter beachten müssen.

Wichtig sind die Laufwerke, denn sie nehmen alle Daten auf. Das Diskettenlaufwerk (es trägt standardmäßig den Buchstaben A) ist heute bei jedem Rechner dabei. Deshalb eignen sich Disketten auch sehr gut für den Datenaustausch. Allerdings haben Disketten nur eine geringe Speicherkapazität. So passen auf eine heute übliche 3,5-Zoll-Diskette 1,44 Megabyte. Das reicht zwar für viele Textdokumente, Multimediadateien lassen die gute, alte Diskette aber schnell an ihre Grenzen stoßen. Zum Vergleich: Der unformatierte Text auf dieser Seite nimmt nicht mehr als 2 KB ein. Die beiden Abbildungen schon rund 800 KB.

Wesentlich leistungsfähiger sind die in den Rechner eingebauten Festplatten (der Standardbuchstabe für die erste Festplatte ist das C). Sie sind nicht nur robuster (schließlich werden sie ja auch nicht transportiert wie die handlichen Disketten) und schneller, sondern sie haben auch eine wesentlich höhere Speicherkapazität. Festplatten (Hard Disks) können riesige Datenmengen aufnehmen, heute sind 20 Gigabyte keine Seltenheit mehr.

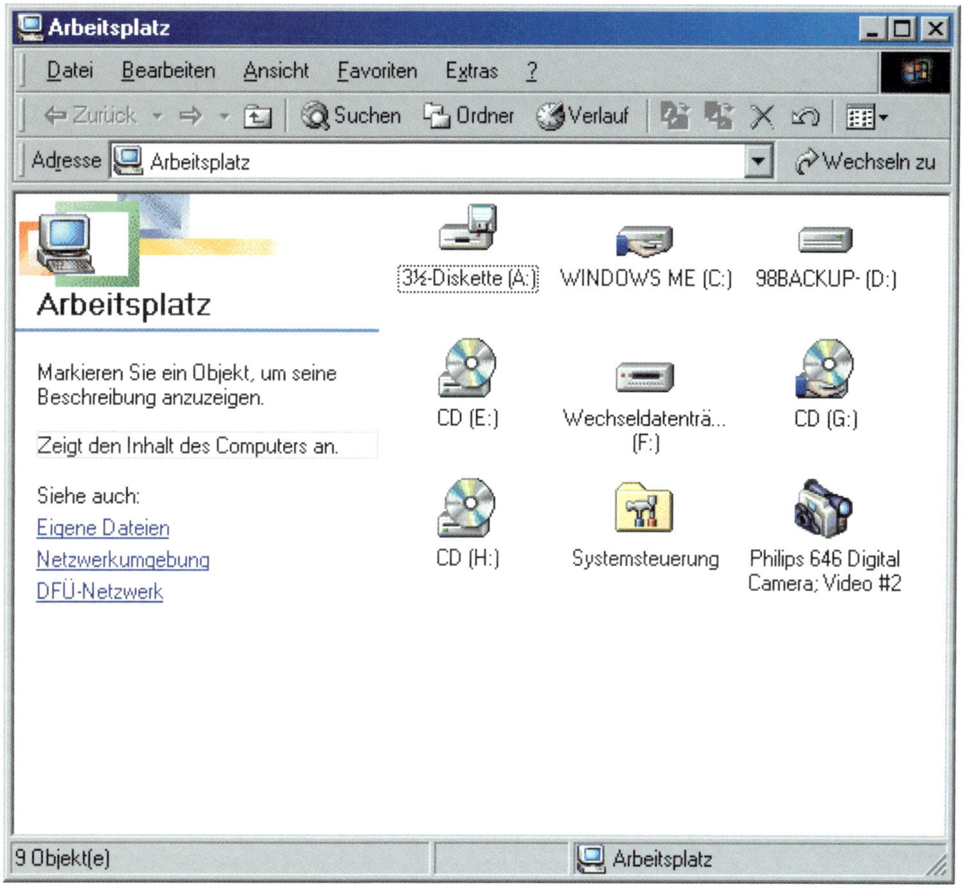

move on

Als die Bilder laufen lernten: Mehr zu digitalen Kameras in Kapitel 6 „Kunterbunt und laut: Audio, Video & Co.“.

Bit

Die kleinste Informationseinheit, die von einem Computer verarbeitet werden kann. Ein Bit entspricht im so genannten Binärsystem entweder dem Wert 0 oder 1 und bei logischen Operationen dem Wert „wahr“ oder „falsch“.

Byte

Eine Informationseinheit, die aus 8 Bit besteht. Ein Byte steht genau für ein Zeichen, zum Beispiel einen Buchstaben oder eine Ziffer.

Gigabyte (GB)

Entspricht 1.024 Megabyte

Kilobyte (KB)

Entspricht 1.024 Byte

Megabyte (MB)

Entspricht 1.024 Kilobyte

Den Desktop anzeigen

Beim Arbeiten mit Fenstern werden Sie oft erleben, dass diese gerade benötigte Desktop-Elemente verdecken. Um ein Symbol auf dem Desktop anzuwählen, müssen Sie also erst die Fenster beiseite schieben oder minimieren (mehr dazu später in diesem Kapitel). Doch Windows bietet Ihnen eine einfachere und schnellere Methode zum Anzeigen des Desktop, um Zugriff auf seine Elemente zu bekommen:

Den Desktop per Taskleiste aufrufen

1. **Klicken Sie in der Taskleiste auf die Schaltfläche Desktop anzeigen.**
2. **Windows Me blendet alle Fenster aus.**
3. **Mit einem zweiten Mausklick auf die Schaltfläche Desktop anzeigen schalten Sie die Fenster zum vorherigen Zustand zurück.**

Sie können jedes Desktopsymbol aber auch so verschieben, dass Sie bequemen Zugriff darauf haben:

Desktopsymbole anordnen

4. **Klicken Sie auf ein Symbol, halten Sie die Maustaste gedrückt, und ziehen Sie so das Symbol an die gewünschte Position.**
5. **Dort lassen Sie die Maustaste los.**

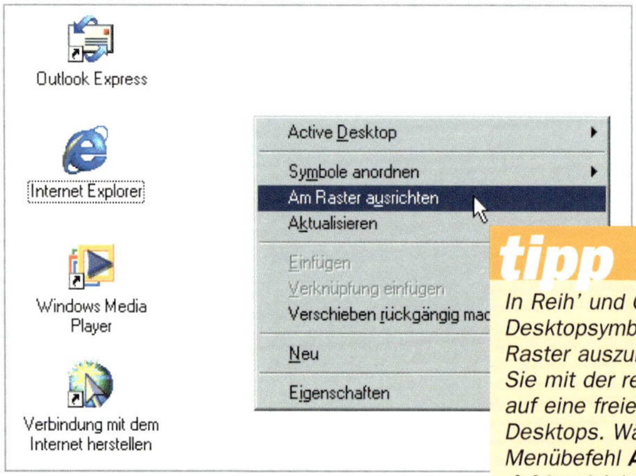

tipp

In Reih' und Glied: Um die Desktopsymbole an einem Raster auszurichten, klicken Sie mit der rechten Maustaste auf eine freie Stelle des Desktops. Wählen Sie den Menübefehl ***Am Raster ausrichten*** *(siehe Abbildung).*

Der Windows-Explorer

Je häufiger Sie mit Ihrem PC arbeiten, desto mehr Ordner und Dateien sammeln sich an. Schnell verliert man da den Überblick. Doch es gibt ja den Explorer. Das englische Wort „Explorer" könnte man mit „Forschungsreisender" übersetzen. Unter Windows verfügen Sie über zwei sehr wichtige Programme mit dieser Bezeichnung: den Internet Explorer (siehe Kapitel 8 „Ab ins Datenmeer: mit dem Internet Explorer ins Web") und den Windows-Explorer. Während Sie mit dem Ersten die große, weite Welt des Internets „erforschen", ist das Revier des Windows-Explorers Ihr PC.

So verschafft Ihnen der Windows-Explorer Überblick. Mit ihm können Sie Dateien und Ordner verwalten, suchen, öffnen, kopieren und einiges mehr.

Das Fenster des Windows-Explorers ist zweigeteilt: Im linken Teil sehen Sie die „Baumansicht" mit den Laufwerken und Ordnern. Ordner, die Unterordner enthalten, erkennen Sie an einem Plus-Symbol. Ein Klick darauf öffnet diesen „Zweig". Im rechten Teil werden jeweils die Dateien und Ordner angezeigt, die sich im ausgewählten Ordner befinden.

Den Windows-Explorer öffnen

1. **Öffnen Sie im Startmenü das Untermenü Programme/Zubehör, und wählen Sie dort den Eintrag Windows-Explorer.**

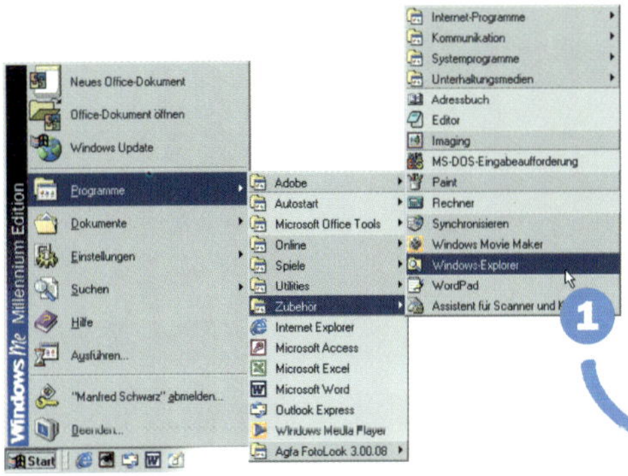

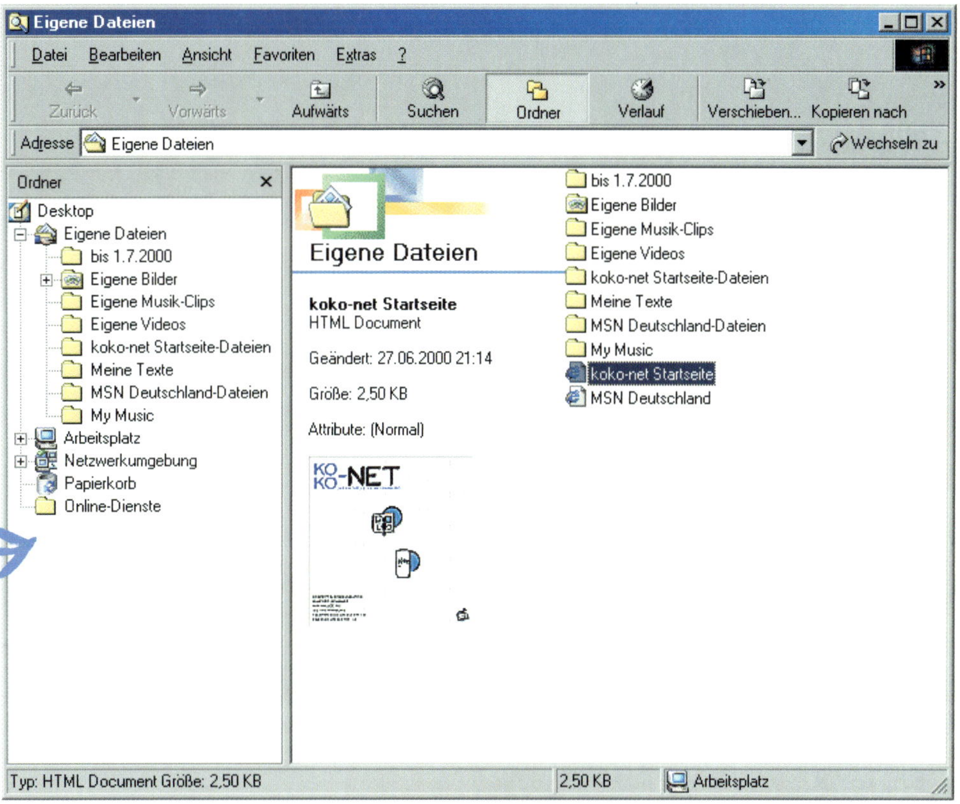

tipp

Aufwärts oder abwärts? In jedem Ordnerfenster können Sie per Klick auf das Ordnersymbol mit der Aufschrift „Aufwärts" in Ihrer Verzeichnisstruktur eine Ebene höher gelangen. „Hinunter" kommen Sie, indem Sie auf das Symbol des gewünschten Ordners doppelklicken.

tipp

*Gut sortiert: Wenn Sie im Windows-Explorer den Befehl **Ansicht/Details** aktivieren, sehen Sie im rechten Teil des Explorers, oberhalb der Dateianzeige, die Schaltflächen **Name**, **Größe**, **Typ** und **Geändert am**. Klicken Sie auf eine dieser Schaltflächen, um die Dateianzeige nach diesem Merkmal zu sortieren. Ein weiterer Klick wechselt zwischen auf- und absteigender Sortierung.*

Ordner

Auch Verzeichnis, er dient der Organisation von Programmen und Dateien auf einem Datenträger, zum Beispiel einer Festplatte. Sie können beliebig viele eigene Ordner (auch innerhalb von Ordnern) mit aussagekräftigen Bezeichnungen anlegen, um so Ihre Dateien und Dokumente zu verwalten und wiederzufinden.

Fenster öffnen und schließen

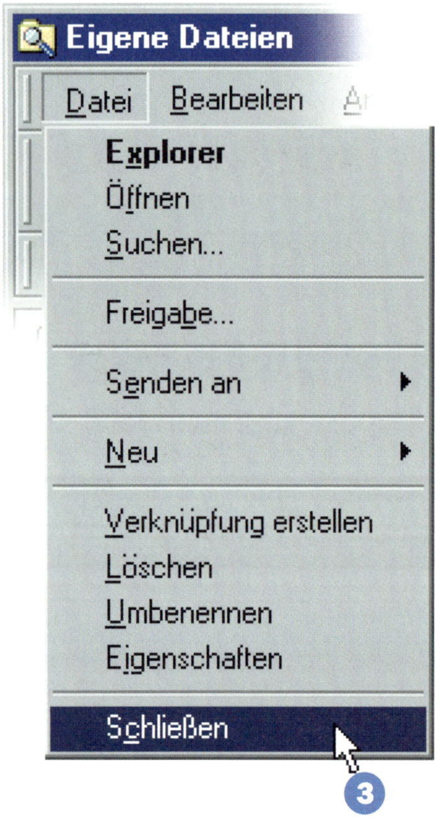

Fenster sind ein elementarer Bestandteil von Windows. Nicht umsonst gab ihr englischer Begriff ihm seinen Namen. Fenster öffnen Ihnen den Weg zu Ihren Programmen und Dateien. Sie können sie ganz nach Belieben verschieben, in der Größe verändern und natürlich auch öffnen und schließen.

Jedes Fenster besitzt am oberen Rand eine Titelleiste, in der Windows meist den Namen der Funktion oder des Programms oder den Namen eines Dokuments einblendet.

Viele Fenster besitzen in der linken Ecke der Titelleiste noch ein kleines Symbol: das Systemmenü. Durch Anklicken dieses Symbols blenden Sie ein Menü mit Befehlen zum Verschieben oder Schließen sowie zum Verändern der Fenstergröße ein.

In der rechten Ecke der Titelleiste finden Sie eine oder mehrere Schaltflächen, mit denen Sie das Fenster schließen und in der Größe verändern können.

Fenster öffnen und schließen

1. **Um ein Fenster zu öffnen, doppelklicken Sie auf das betreffende Objektsymbol auf dem Desktop oder in einem Dateiverzeichnis.**
2. **Zum Schließen eines Objektes klicken Sie auf das Kreuz rechts oben im Fenster (Schaltfläche Schließen).**
3. **Oder Sie wählen im Menü Datei den Befehl Schließen.**

Fenster verschieben

Das Anordnen von Fenstern ist wichtig, um mehrere Fenster auf dem Bildschirm besser im Blick zu behalten.

Fenster verschieben

1. **Klicken Sie auf eine beliebige Stelle eines Fensters, um es in den Vordergrund zu holen (die Titelleiste wird farbig).**
2. **Klicken Sie mit der linken Maustaste auf die Titelleiste, und halten Sie sie gedrückt.**
3. **Solange Sie die Maustaste gedrückt halten, können Sie das Fenster an eine neue Position auf der Arbeitsoberfläche ziehen.**
4. **Wenn Sie die Maustaste loslassen, bleibt das Fenster an der neuen Position liegen.**

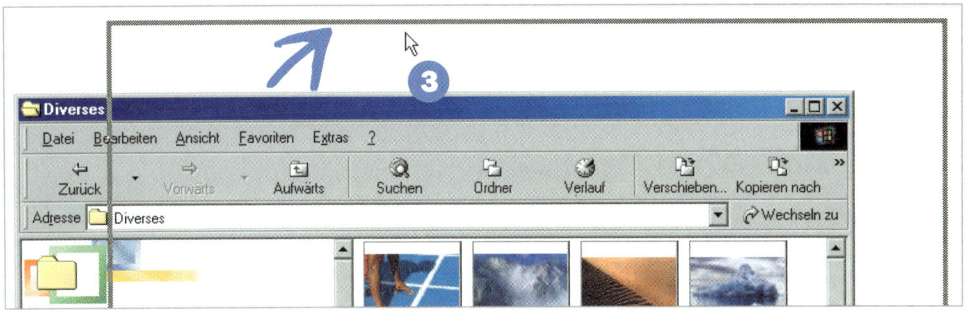

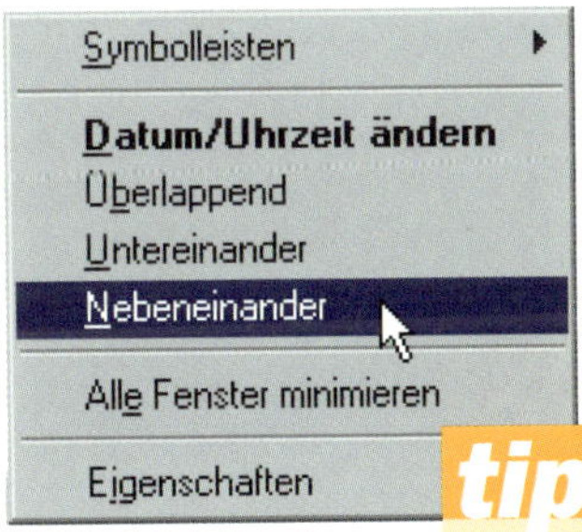

tipp

*Automatisches Anordnen aller geöffneten Fenster: Klicken Sie mit der rechten Maustaste auf eine freie Stelle der Taskleiste. Im Kontextmenü (siehe Abbildung) wählen Sie **Überlappend**, **Untereinander** oder **Nebeneinander**. Sie können diesen Befehl anschließend ebenfalls über das **Kontextmenü** der Taskleiste rückgängig machen, um den Ausgangszustand wiederherzustellen.*

Die Fenstergröße verändern

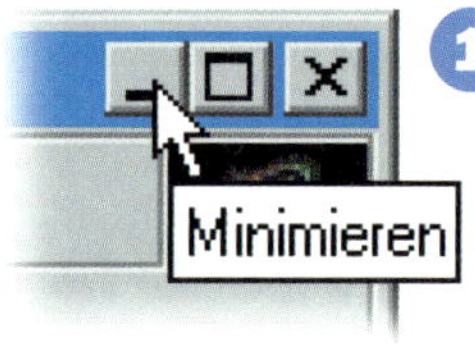

1

2

3

Die Größe eines Programmfensters können Sie sich jederzeit passend einrichten. Ob Sie es nun „zurechtstutzen“ möchten oder formatfüllend auf dem Bildschirm wünschen: beide Möglichkeiten stehen Ihnen offen.

Fenstergröße über die Titelleiste ändern

1. **Um ein Fenster zum Symbol in der Taskleiste zu verkleinern, klicken Sie auf das dritte Symbol (Minimieren) von rechts in der Ecke der Titelleiste. In der Taskleiste wird eine Schaltfläche angelegt.**
2. **Um es in Vollbilddarstellung anzuzeigen, klicken Sie auf das mittlere Symbol in der Titelleiste (Maximieren).**
3. **Durch die Wiederherstellen-Funktion wird ein maximiertes Fenster wieder in einem Fenster mit ursprünglicher Rahmengröße angezeigt.**

Fenstergröße mit der Maus verändern

4. **Die Größe eines Fensters können Sie auch direkt mit der Maus verändern, indem Sie auf den rechten oder den unteren Fensterrand zeigen (Pfeil erscheint) und den Rand in die gewünschte Richtung ziehen.**
5. **Wenn Sie die Ecke rechts unten am quer geriffelten „Anfasser“ anklicken und die Maustaste gedrückt halten, können Sie die Höhe und Breite des Fensters gleichzeitig ändern.**

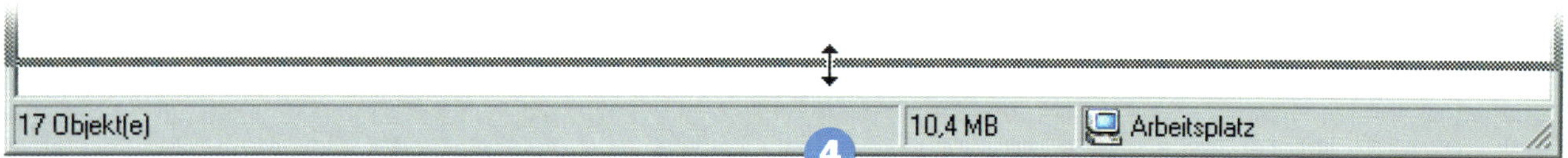

4

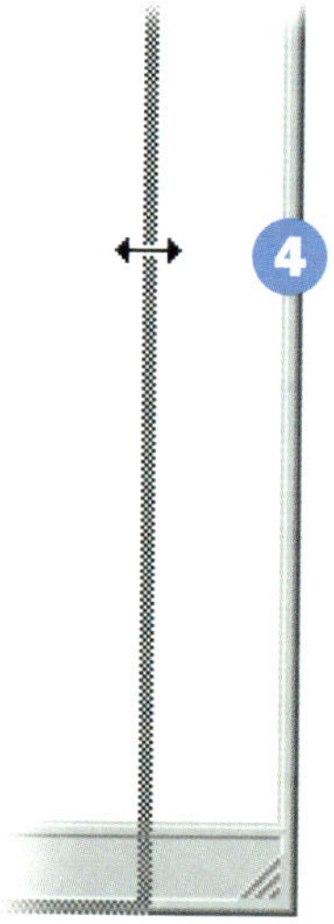

4

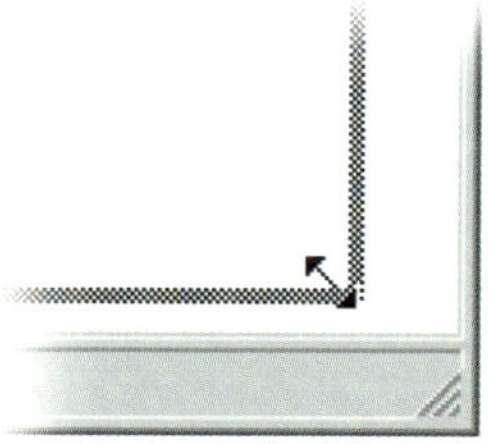

5

In Fenstern „blättern“

Reicht die Fenstergröße nicht aus, um den kompletten Inhalt anzuzeigen, enthält das Fenster horizontale und/oder vertikale Bildlaufleisten.

In den folgenden Beispielen soll eine vertikale Bildlaufleiste das Arbeiten mit Bild-laufleisten illustrieren, mit denen Sie in Fenstern „blättern“ bzw. scrollen können.

Die Bildlaufleiste nutzen

1. **Ziehen Sie den Bildlaufpfeil per Maus in die gewünschte Richtung, um den angezeigten Fensterausschnitt zu verschieben.**
2. **Alternativ klicken Sie auf die beiden Schaltflächen (mit den Pfeilen) am Ende der Bildlaufleiste, um beispielsweise zeilenweise in Texten zu blättern.**
3. **Ein seitenweises Blättern erreichen Sie durch Klicken auf den Bereich der Bildlaufleiste, der ober- oder unterhalb eines Bildlaufpfeils liegt.**

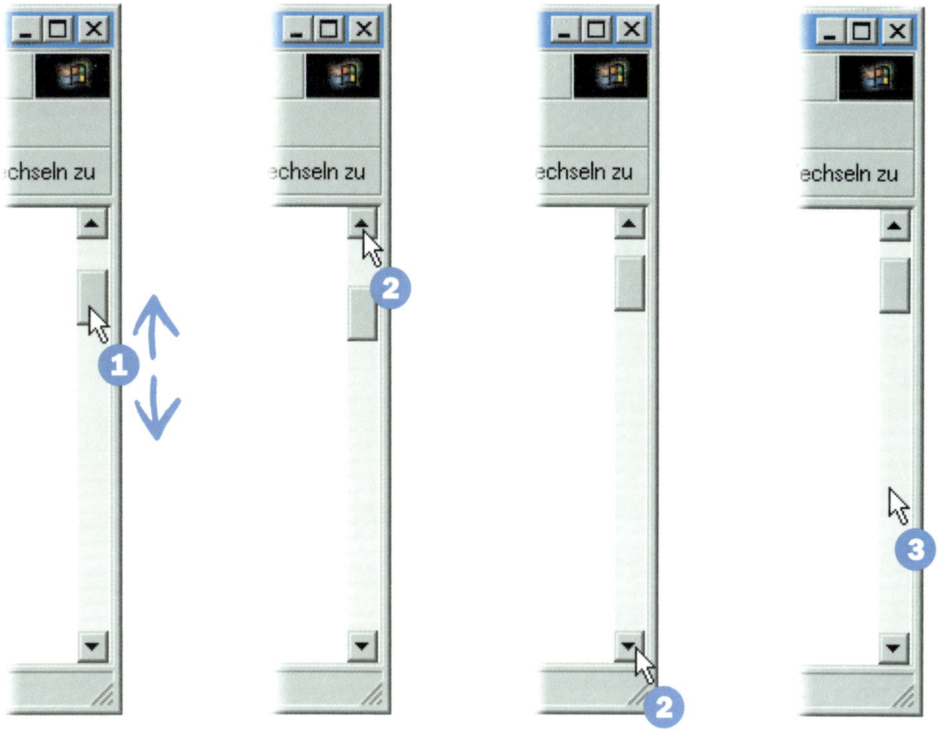

Scrollen

Die Verschiebung eines Dokuments in einem Fenster, um den gewünschten Abschnitt in den Anzeigebereich zu bringen. Dies kann über die Maus, die Pfeiltasten oder andere Tasten der Computertastatur erfolgen.

Anzeigeoptionen für Fenster I

Windows Millennium Edition bietet Ihnen viele Möglichkeiten, das „Look and Feel“ von Fenstern Ihren Anforderungen und Wünschen entsprechend anzupassen. So lässt sich die Darstellung der Symbole im Ordnerfenster sowie die Anzeige der Symbol- und Statusleisten individuell über das Menü **Ansicht** beeinflussen.

Hier soll als Beispiel die Symbolgröße variiert werden. Dabei bietet Windows fünf Alternativen für die Anzeige:

Symbolgröße der Anzeige ändern

1. **Öffnen Sie im gewünschten Fenster das Menü Ansicht.**
2. **Der aktuell gewählte Modus wird durch einen Punkt vor dem betreffenden Menübefehl markiert.**
3. **Je nach gewählter Darstellungsart ändert sich die Symbolgröße sowie die Anzeige der Dateien.**
4. **In der ersten Abbildung ist die Option Details eingestellt.**
5. **Um mehr Informationen im Ordnerfenster zu erhalten, können Sie die Darstellung auf Miniaturansicht umstellen.**

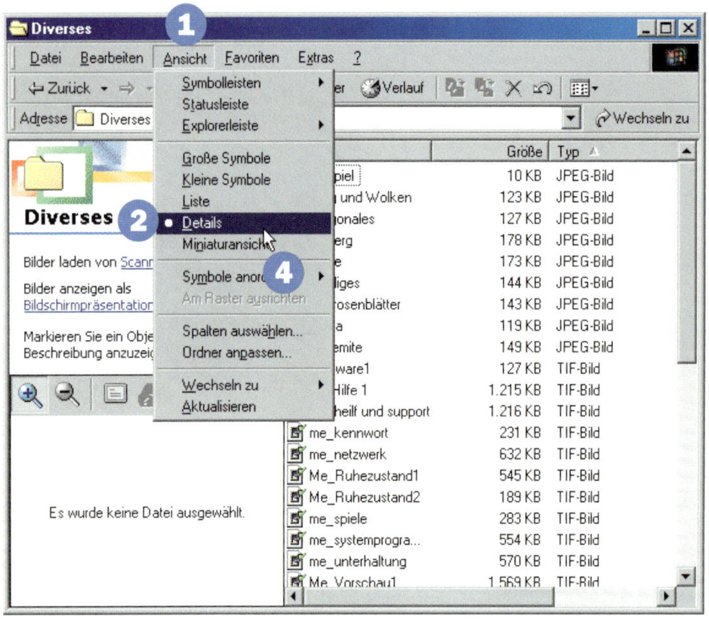

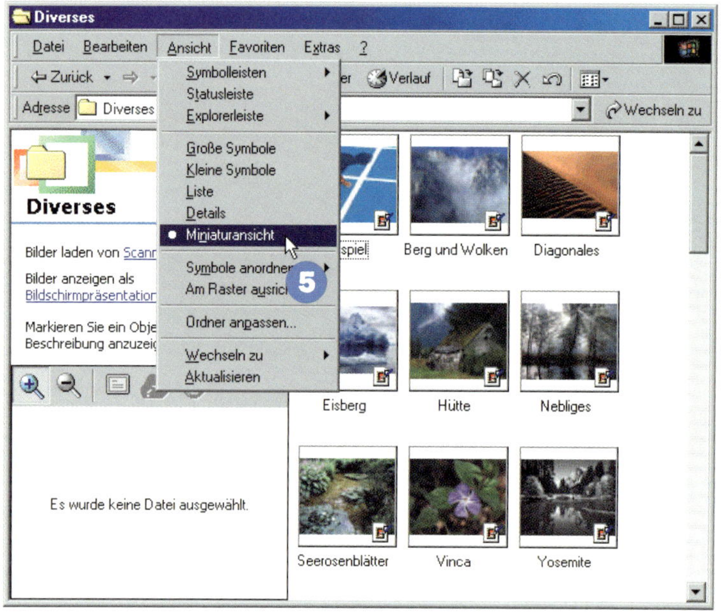

tipp

*Vor oder zurück? Mit dem Befehl **Standard-Schaltflächen** im Untermenü **Symbolleisten** lässt sich beispielsweise die Symbolleiste mit den Schaltflächen **Vorwärts** und **Zurück** ein- oder ausblenden.*

move on

*Sortieren der Ordneranzeige: Windows sortiert den Inhalt der Ordnerfenster standardmäßig nach den Dateinamen. In der Darstellung **Details** werden dann die Ordnernamen am Listenanfang angezeigt. Daran schließen sich die Dateien alphabetisch sortiert an. Optionen stellen Sie ein über die Befehlsfolge **Ansicht/Symbole anordnen**.*

Statusleiste

In Windows ein reservierter Bereich am unteren Rand eines Anwendungsfensters, der Meldungen über den Programmzustand enthält. Bei einigen Programmen wird in der Statusleiste auch eine Beschreibung des momentan ausgewählten Menüs angezeigt.

Symbolleiste

In einer Anwendung einer grafischen Benutzeroberfläche eine Zeile, eine Spalte oder ein Feld mit Schaltflächen oder Symbolen. Wird auf diese Schaltflächen oder Symbole mit der Maus geklickt, werden bestimmte Funktionen der Anwendung aktiviert.

Anzeigeoptionen für Fenster II

Windows bietet Ihnen auch eine ganze Reihe von Optionen für die Art der Ordneranzeige an. Zur Auswahl dieser Ordnerstile gehen Sie folgendermaßen vor:

Einstellen der Ordneranzeige

1. **Öffnen Sie ein Ordnerfenster.**
2. **Wählen Sie im Menü Extras den Befehl Ordneroptionen.**
3. **Windows öffnet das Eigenschaftenfenster Ordneroptionen mit verschiedenen Registerkarten.**
4. **Aktivieren Sie die Registerkarte Allgemein, und markieren Sie die gewünschten Optionsfelder.**
5. **Schließen Sie die Registerkarte über die OK-Schaltfläche, oder klicken Sie auf die Schaltfläche Übernehmen, um die Optionen zu aktivieren.**

Dabei bestimmen die Optionsfelder der Gruppe **Active Desktop**, wie Ihr Desktop angezeigt wird. Bei den Abbildungen in diesem Buch ist das Optionsfeld **Den herkömmlichen Windows-Desktop verwenden** markiert.

Markieren Sie **Webinhalte auf dem Desktop aktivieren**, und Sie haben die Möglichkeit, Webseiten auf Ihrem Desktop als Hintergrund einzublenden (und zwar per Rechtsklick auf eine freie Stelle des Desktops und Wahl des Kontextmenübefehls **Eigenschaften** und Aufruf der Registerkarte **Hintergrund**).

Standardmäßig ist das Optionsfeld **Webinhalte in Ordnern aktivieren** markiert (siehe Abbildung 6). Windows blendet dann in allen Ordnerfenstern den Webinhalt ein. Dies ist die Spalte am linken Rand, in der Hinweise zum betreffenden Objekt erscheinen. Wählen Sie dagegen die Option **Herkömmliche Windows-Ordner verwenden**, verschwindet diese Spalte, das gesamte Ordnerfenster steht zur Anzeige des Laufwerks- oder Verzeichnisinhalts zur Verfügung (siehe Abbildung 7). Details zu Dateien, Ordnern und Laufwerken müssen Sie dann über den Kontextmenübefehl **Eigenschaften** abrufen.

6

7

> **tipp**
>
> *Jedem Ordner sein eigenes Fenster: Windows verwendet beim Wechsel zu einem Unterordner immer das aktuelle Ordnerfenster zur Darstellung des Inhalts. Wenn beim Doppelklick auf ein Ordnersymbol generell ein neues Ordnerfenster geöffnet werden soll, wählen Sie im Ordnerfenster im Menü* ***Extras*** *den Befehl* ***Ordneroptionen****. Markieren Sie auf der Registerkarte* ***Allgemein*** *des Eigenschaftenfensters* ***Ordneroptionen*** *das Optionsfeld* ***Jeden Ordner in einem eigenen Fenster öffnen****. Schließen Sie die Registerkarte über die* ***OK****-Schaltfläche.*

Optionsfelder

In grafischen Benutzeroberflächen ein Mittel zur Auswahl einer von mehreren Möglichkeiten in einem Dialogfeld. Das Symbol eines Optionsfeldes ist ein Kreis, der im ausgewählten Zustand einen kleineren, ausgefüllten Kreis im Inneren zeigt und ansonsten leer ist.

Registerkarte

Wenn ein Dialogfeld verschiedene Funktionen zur Auswahl stellt, werden diese in Gruppen zusammengefasst, und zwar auf „Karten", die Karteikarten nachempfunden sind. Ein Klick auf die oben stehenden „Reiter" ruft die jeweilige Funktionsgruppe auf.

Arbeiten mit Menüs

Eine der grundlegenden Merkmale einer grafischen Benutzeroberfläche sind Menüs. Darin sind jeweils die Namen der verfügbaren Funktionen aufgeführt. Über Menüs lassen sich die gewünschten Befehle durch Anklicken ausführen.

Auch der Umgang mit Menüs ist bei allen Windows-Programmen gleich. Genauso werden Sie bei der Menüleiste viele Gemeinsamkeiten zwischen den einzelnen Programmen finden. Das Menü mit dem Fragezeichen **?** enthält zum Beispiel die Funktionen zum Aufrufen der Programmhilfe (Abbildung 1).

Sie öffnen ein Menü, indem Sie mit der Maus auf den betreffenden Eintrag in der Menüleiste klicken.

Anschließend können Sie per Mausklick oder über die Tasten **Pfeil links**, **Pfeil rechts** den gewünschten Menüeintrag wählen und das Menü über die Tasten **Eingabe** oder **Pfeil abwärts** öffnen.

Per Tastatur können Sie die **Alt-Taste** zusammen mit der so genannten Abkürzungstaste des Menüs drücken. Der Buchstabe der Abkürzungstaste ist im Menünamen unterstrichen.

Ein Menüeintrag kann – wie schon beim **Startmenü** gesehen – ein Untermenü aufweisen. Diese Einträge haben eine dreieckige Markierung am rechten Rand. Bei dessen Anwahl öffnet Windows automatisch das zugehörige Untermenü (Abbildung 2).

Manche Menüeinträge schalten eine Funktion ein oder aus (Abbildung 3). Ein Häkchen oder ein hervorgehobenes Symbol vor dem Namen der Funktion zeigt Ihnen an, dass die Funktion aktiv ist.

Einige Optionen schließen sich gegenseitig aus, das heißt, es lässt sich jeweils nur ein Menüeintrag aus mehreren Befehlen wählen. Diese Einträge werden durch waagerechte Linien zu einer Gruppe zusammengefasst und die aktuell gewählte Einstellung erhält einen Punkt als Markierung.

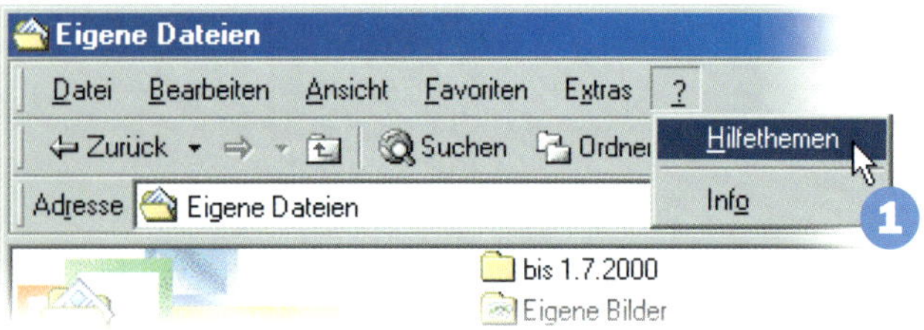

tipp

Weg damit: Haben Sie ein Menü irrtümlich geöffnet, klicken Sie auf eine beliebige Stelle neben dem Menü (aber innerhalb des Fensters), oder drücken Sie die ***Esc-Taste****. Windows schließt das Menü, ohne einen Befehl auszuführen.*

Menüleiste

Ein rechteckiger Balken, der in einem Bildschirmfenster einer Anwendung – meist am oberen Rand – angezeigt wird und aus dem der Benutzer Menüs auswählen kann.

Verknüpfungen erstellen

Es gibt viele Möglichkeiten, ein Programm zu starten, etwa über das **Startmenü**, wie Sie es in Kapitel 1 „Blickkontakt: erstes Kennenlernen von Windows Me“ kennen gelernt haben.

Wenn Sie sehr oft mit einem Programm arbeiten, lohnt es sich, eine so genannte Verknüpfung auf dem Desktop anzulegen, also eine Schaltfläche. Sie bietet einfach einen schnelleren Programmstart als über das Startmenü.

Im folgenden Beispiel wählen wir zum Erstellen einer Programmverknüpfung das Windows-Zubehör WordPad, ein kleines Textverarbeitungsprogramm. Sie werden es sich in Kapitel 4 „Schreib das auf: Text eingeben, importieren und bearbeiten“ näher ansehen.

Verknüpfung auf dem Desktop erstellen

1. **Öffnen Sie im Startmenü das Untermenü Programme/Zubehör.**
2. **Dort markieren Sie den Eintrag WordPad (nicht klicken!).**
3. **Drücken Sie nun die rechte Maustaste.**
4. **Wählen Sie Senden an und Desktop (Verknüpfung erstellen).**
5. **Und schon liegt ein Verknüpfungssymbol (Sie erkennen es am Pfeil links unten) auf Ihrem Desktop.**
6. **Ein Doppelklick startet WordPad ab sofort von hier aus.**

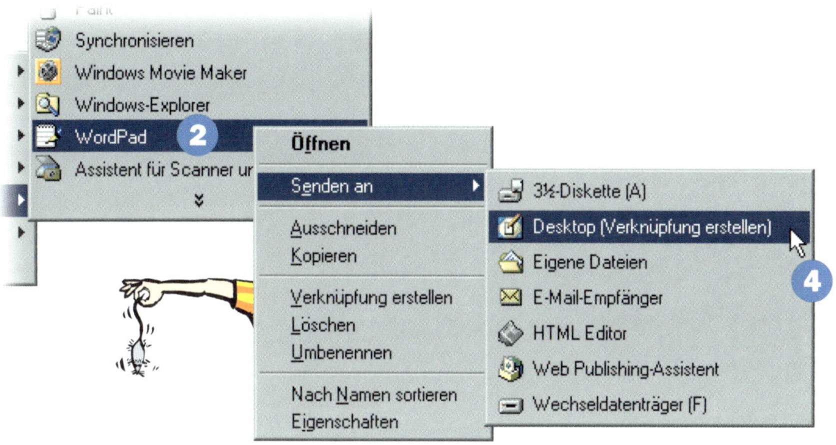

Noch schneller geht es mit einer Schaltfläche in der Schnellstartleiste. So haben Sie auch dann Ihre Schaltfläche im Blick, wenn Ihr Desktop durch ein anderes Fenster verdeckt ist. Außerdem genügt bei dieser Startvariante ein Einfachklick. Wie das gemacht wird, lesen Sie auf der folgenden Seite.

Die Taskleiste im Detail

Jedes geladene Programm erhält eine Schaltfläche mit seinem Programmsymbol in der Taskleiste. Zumindest fast jedes, denn das „Aufnahmekriterium" für die Taskleiste lautet: Das Programm muss ein Fenster besitzen, das sich minimieren lässt.

Dialogfelder und Eigenschaftenfenster erfüllen diese Bedingung nicht. Das heißt, Sie sind beim Wechsel zu einem solchen Fenster darauf angewiesen, dass das Fenster zum Anklicken sichtbar ist.

Auf der Taskleiste wird die zum aktuell benutzten Fenster gehörende Schaltfläche immer als „eingedrückt" dargestellt. Selbstverständlich kann immer nur eine Schaltfläche eingedrückt sein.

Programme oder Dokumente per Taskleiste aufrufen

1. **Klicken Sie auf eine der nicht als „eingedrückt" dargestellten Schaltflächen.**
2. **Windows bringt das zugehörige Fenster auf dem Desktop in den Vordergrund.**
3. **Sie können anschließend mit dem Fenster (dem Programm) arbeiten.**

Die Taskleiste lässt sich unter Windows sowohl in der Lage als auch hinsichtlich der Anzeigeoptionen anpassen (mehr dazu in Kapitel 10 „Me for you: Windows an eigene Anforderungen anpassen"). Interessant ist auch die Möglichkeit, Verknüpfungen in der Schnellstartleiste innerhalb der Taskleiste einzufügen. Ein Beispiel:

Schaltfläche in der Schnellstartleiste erstellen

4. **Markieren Sie das auf der vorherigen Seite erstellt Symbol von WordPad auf Ihrem Desktop.**
5. **Ziehen Sie es – wie in den Abbildungen gezeigt – in die Taskleiste neben den senkrechten Balken.**

tipp

Den Überblick behalten: Häufig wird der in den Schaltflächen der Taskleiste enthaltene Titelleistentext des Fensters abgeschnitten, da die Breite nicht zur vollen Darstellung ausreicht. Wenn Sie mit der Maus auf eine solche Schaltfläche mit abgeschnittenem Text zeigen, blendet Windows den kompletten Titeltext ein.

move on

Keine Taskleiste? Es kann passieren, dass Sie die Taskleiste versehentlich auf eine minimale Höhe reduzieren. Sie scheint dann verschwunden zu sein. Tatsächlich ist aber noch ein schmaler, grauer Streifen am unteren Bildschirmrand zu sehen. Wenn Sie den Mauszeiger so darauf positionieren, dass er zu einem „Doppelpfeil" wird, können Sie die Taskleiste wieder nach oben ziehen.

Umschalten zwischen Programmen

Unter Windows können Sie gleichzeitig mehrere Programme starten und abwechselnd nutzen. Auf der vorherigen Seite haben Sie gelernt, wie Sie per Schaltflächen in der Taskleiste zwischen laufenden Programmen, den Tasks, wechseln.

Windows bietet Ihnen eine weitere Methode, um sehr schnell zwischen den aktuell geladenen Tasks zu wechseln: den Task-Manager. Dieses Fenster enthält die Symbole aller geladenen Tasks, also auch die der Dialogfelder und Eigenschaftenfenster.

Eines dieser Symbole ist jeweils durch einen Rahmen markiert und der zugehörige Titeltext des Fensters erscheint in der Zeile unterhalb der Symbole.

Tasks per Task-Manager wechseln

1. **Drücken Sie die Tastenkombination Alt+Tab: Windows blendet das Fenster des Task-Managers ein.**
2. **Solange Sie die Alt-Taste gedrückt halten, bleibt das Fenster sichtbar.**
3. **Durch Betätigen der Tab-Taste schalten Sie zum nächsten Symbol weiter.**
4. **Dagegen wählen Sie mit den Tasten Alt+Umschalt+Tab das vorhergehende Symbol aus.**
5. **Sobald Sie die Alt-Taste loslassen, wechselt Windows zum jeweiligen Task und bringt dessen Fenster auf dem Desktop in den Vordergrund.**

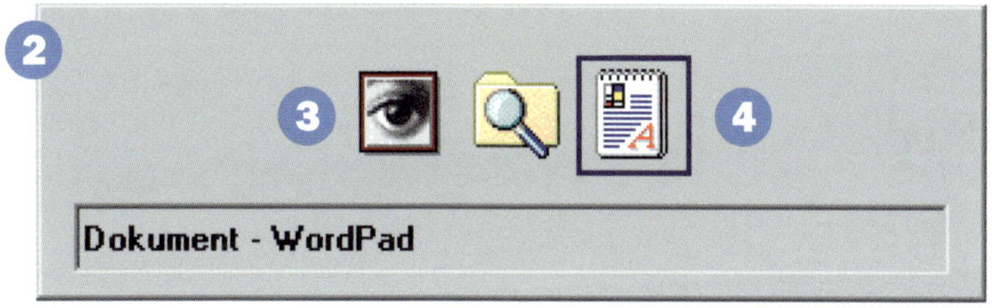

tipp

*Alles soll so bleiben, wie es ist: Durch Drücken der **Esc-Taste** können Sie das Fenster des Task-Managers schließen, ohne einen neuen Task auszuwählen.*

Neu starten und abgestürzte Programme beenden

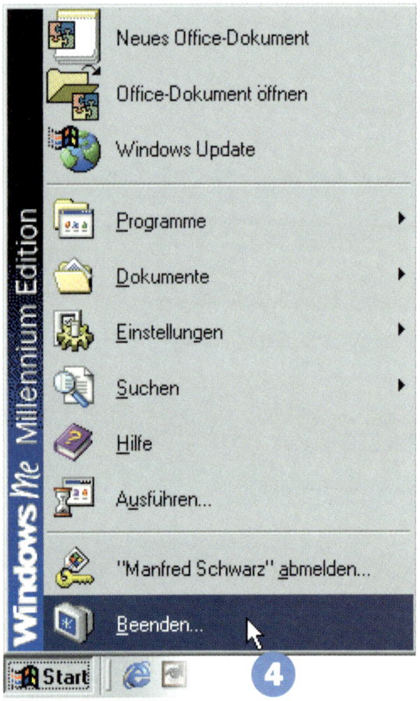

Bevor Sie Ihre Windows-Sitzung beenden, noch ein kurzer Seitenblick. Manchmal kommt es vor, dass ein Programm nicht mehr auf Ihre Eingaben oder Mausklicks reagiert. Ursache hierfür kann unter anderem eine Fehlfunktion des Programms oder eine Überlastung des Systems sein. Dann reagiert die Anwendung selbst auf einen Mausklick auf die Schaltfläche **Beenden** nicht mehr. Man spricht von abgestürzten Programmen. Hier hilft folgende Methode weiter:

Abgestürzte Programme beenden

1. **Drücken Sie gleichzeitig die drei Tasten Alt+Strg+Entf.**
2. **Windows blendet den Desktop aus und öffnet gleichzeitig das Fenster Anwendung schließen.**
3. **Klicken Sie auf die Schaltfläche Task beenden.**

Oft hilft jedoch nur noch ein Neustart bzw. Warmstart:

Windows neu starten

4. **Wählen Sie im Startmenü den Eintrag Beenden.**
5. **Im Dialogfeld Windows beenden wählen Sie im Listenfeld den Eintrag Neu starten.**
6. **Klicken Sie auf OK.**

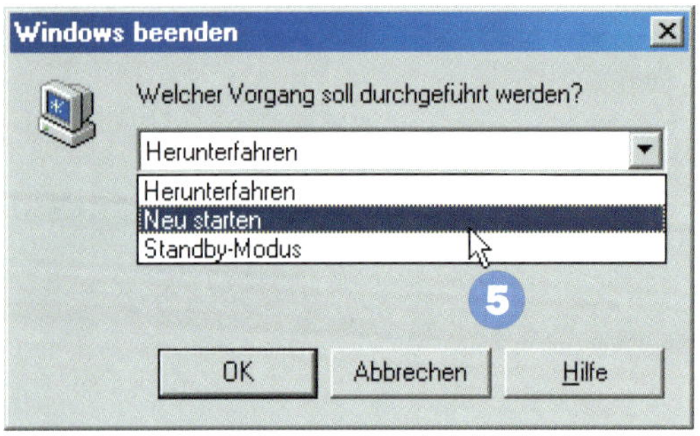

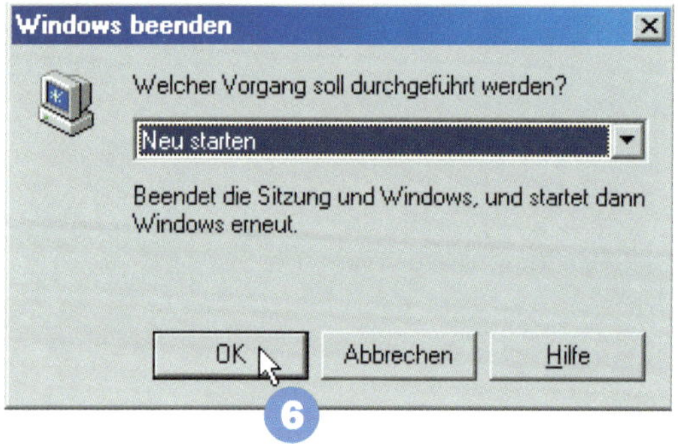

Kaltstart
Der Computer wird durch Aus- und Wiedereinschalten oder durch Druck auf die Reset-Taste am Rechner neu gestartet.

Warmstart
Der Neustart eines bereits im Betrieb befindlichen Computersystems, der im Gegensatz zum Kaltstart ohne Abschalten der Stromversorgung durchgeführt wird.

Hilfe und Support I

Manchmal ist man mit seinem Computer-Latein einfach am Ende. Microsoft Windows Millennium Edition lässt Sie auch dann nicht im Stich. Das System verfügt über ein vielschichtiges Hilfe- und Support-System. Dazu zählen schrittweise Anleitungen, themenbezogene Informationen, das Suchen nach Stichwörtern, das Verfolgen von Touren und Lernprogrammen (siehe nächste Seite), das Verzweigen zu verwandten Themen via Hyperlinks sowie das Abrufen von zusätzlichen Informationen aus dem Web (siehe nächste Seite).

move on

Immer aktuell: Mit dem Feature Windows Update bleiben die Informationen von Hilfe und Support immer auf dem neuesten Stand. Mehr dazu in Kapitel 10 „Me for you: Windows an eigene Anforderungen anpassen".

tipp

*Die schnelle Hilfe: Die Informationen der QuickInfo beim Zeigen auf Desktopsymbole oder auf verschiedene Elemente des aktuellen Ordnerfensters kennen Sie ja schon. Falls diese Funktion bei Ihnen fehlt, prüfen Sie, ob im Ordnerfenster im Menü **Extras/ Ordneroptionen** auf der Registerkarte **Ansicht** das Kontrollkästchen **Popup-Informationen für Objekte in Ordnern und auf dem Desktop anzeigen** markiert ist.*

Hilfe und Support aufrufen

1. **Wählen Sie im Startmenü den Befehl Hilfe.**
2. **Geben Sie Ihren Suchbegriff in das Textfeld Suchen am oberen Fensterrand ein.**
3. **Starten Sie die Hilfe durch Klicken auf Wechseln zu.**
4. **Oder springen Sie zu einem der per Hyperlink angezeigten Themenbereiche in der Rubrik Wofür möchten Sie Hilfe?.**
5. **Wenn Sie lieber einen buchähnlichen Index nutzen möchten, klicken Sie auf die Schaltfläche Index.**

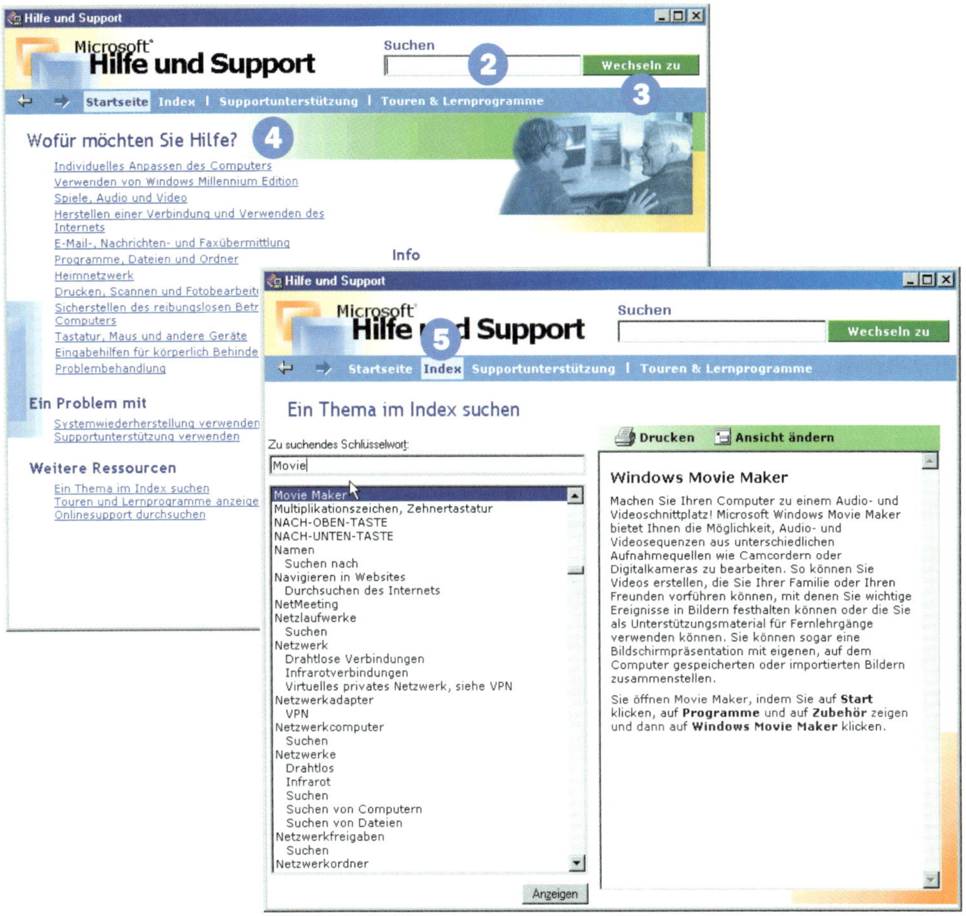

Hyperlink

Die Verbindung zwischen einem Element in einem Dokument (zum Beispiel einem Wort oder einem Symbol) zu einem anderen Element. Dies kann sich in einem anderen Dokument oder in einer anderen Datei befinden. Hyperlinks sind eine grundlegende Funktion im World Wide Web oder in der Windows-Hilfe. Sie aktivieren eine Verknüpfung per Mausklick auf das verknüpfte Element. Dies ist in der Regel unterstrichen oder hat eine andere Farbe als der normale Text.

Hilfe und Support II

Noch Fragen? Kein Problem, auf der Hilfe-Startseite können Sie detaillierte Lernprogramme zu ausgewählten Themenbereichen aufrufen. Oder Sie gehen ins Internet (siehe dazu auch Kapitel 8 „Ab ins Datenmeer: mit dem Internet Explorer ins Web"), um Unterstützung anzufordern.

Touren und Lernprogramme aufrufen

1. **Wählen Sie im Startmenü den Befehl Hilfe.**
2. **Klicken Sie auf den Hyperlink Touren & Lernprogramme anzeigen.**
3. **Wählen Sie ein Thema aus (in der Abbildung „Grundlegendes zu den Features von Windows Me").**

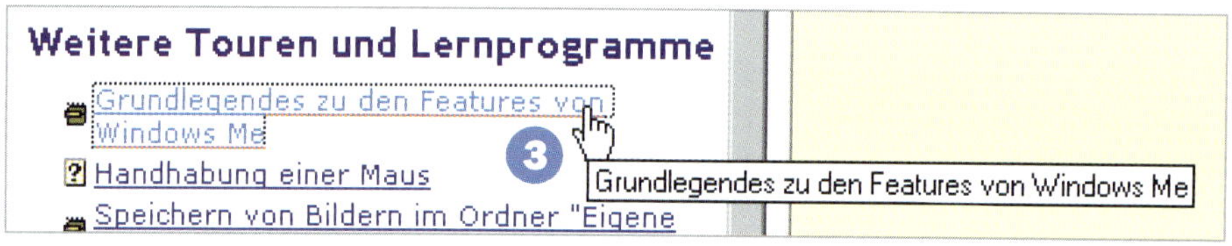

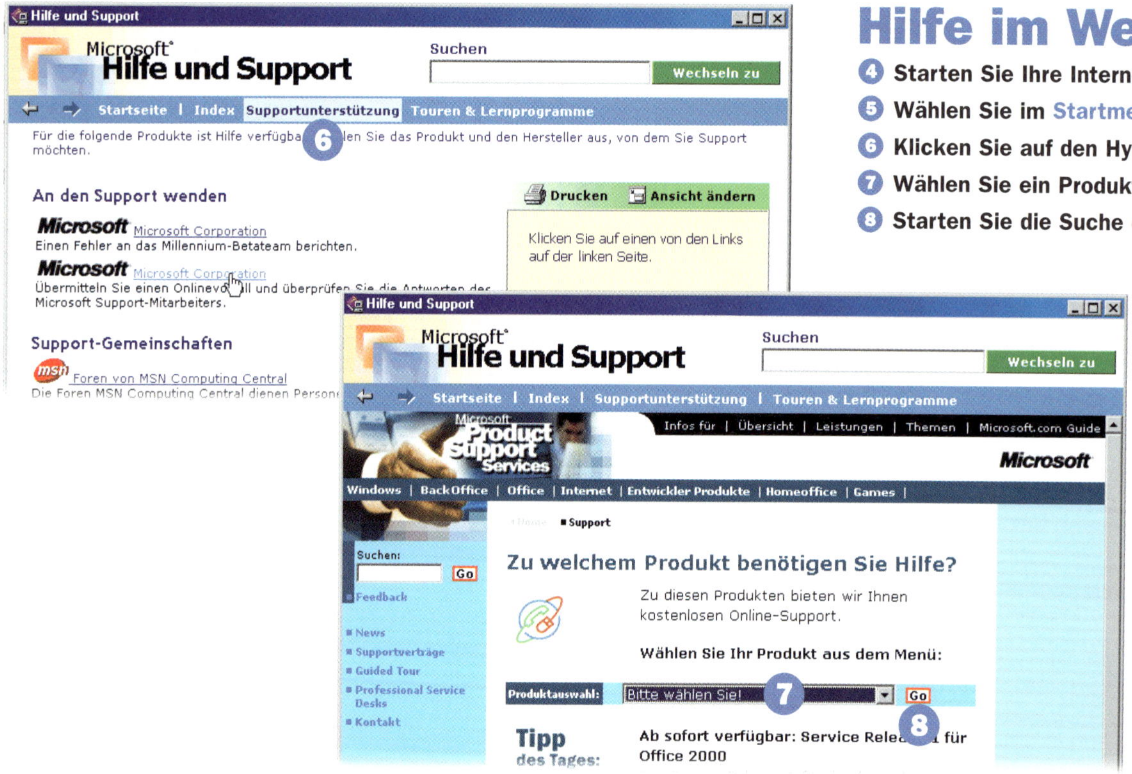

Hilfe im Web aufrufen

4. **Starten Sie Ihre Internetverbindung.**
5. **Wählen Sie im Startmenü den Befehl Hilfe.**
6. **Klicken Sie auf den Hyperlink Supportunterstützung.**
7. **Wählen Sie ein Produkt aus.**
8. **Starten Sie die Suche durch Klicken auf Go.**

Die Direkthilfe

Oft reicht ein kurzer Hinweis, und man weiß Bescheid. Dazu dient die Direkthilfe. Mit ihr können Sie gezielt nach Informationen zu einem ausgewählten Programmelement suchen. Im Beispiel sind dies Infos zu Microsoft Word 2000.

Direkthilfe aufrufen

1. **Klicken Sie im aktuellen Dialogfeld in der Titelleiste auf ?.**
2. **Klicken Sie nun mit dem Mauszeiger auf das Element im Dialogfeld, zu dem Sie Informationen benötigen.**
3. **Ein Klick auf eine beliebige Stelle auf dem Desktop deaktiviert die Direkthilfe wieder.**

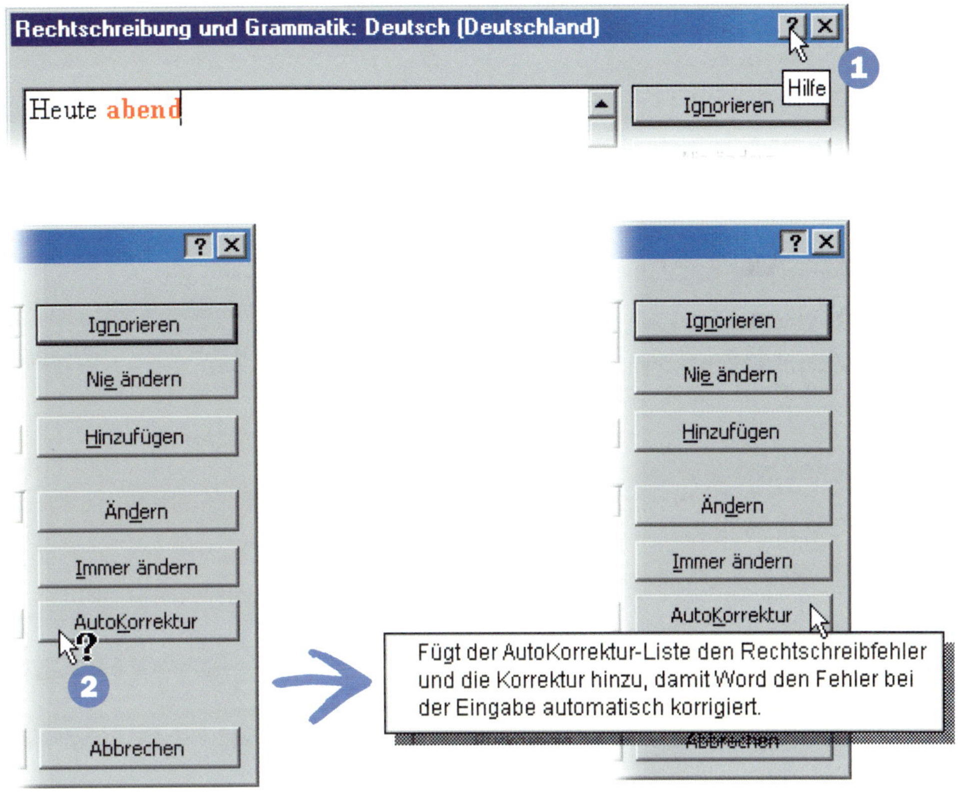

tipp

*Direkthilfe-Infos drucken: Die Direkthilfe-Texte können Sie auch ausdrucken. Klicken Sie dazu mit der rechten Maustaste auf den angezeigten Direkthilfe-Text, und wählen Sie im Kontextmenü **Thema drucken**.*

move on

Rat und Tat: Auf der Hilfe-Startseite können Sie in der Liste „Wofür möchten Sie Hilfe?“ den Hyperlink „Problembehandlung“ aufrufen. Dort finden Sie eine ganze Reihe von so genannten Ratgebern, mit deren Hilfe Sie Problemen per Checklisten auf den Grund gehen können.

good to know

Kapitel 1

Blickkontakt: erstes Kennenlernen von Windows Me

Kapitel 2

Im Schnelldurchlauf: die wichtigsten Grundlagen

Den Über

Kapitel 3

blick behalten:

Laufwerke, Dateien und Ordner

In diesem Kapitel lesen Sie, wie Sie den Überblick über Ihre Laufwerke, Ordner und Dokumente behalten. Sie lernen unter anderem

1. Disketten zu formatieren und zu kopieren
2. Dokumente und Ordner zu suchen und zu öffnen
3. schnell und bequem zu erstellen und zu kopieren
4. übersichtlich abzulegen
5. per Aktenkoffer zu synchronisieren
6. und, last but not least, sie zu löschen.

Ihr elektronisches Archiv

Auch wenn die Überschrift dieses Kapitels nur wenig spannend klingt: Verwaltung muss sein. Denn schon bald werden Sie die unterschiedlichsten Dokumente auf Ihrem PC erstellt und gespeichert haben. Da gilt es, den Überblick zu behalten.

Wichtig dazu ist es, Ordner und Dokumente sinnvoll zu benennen: Oder verstehen Sie, was mit Dateinamen wie „bsur2day“ und „Kopie von dokument 27“ gemeint ist? Wohl nicht. Solche Dateinamen sind alles andere als selbsterklärend. In der Praxis bedeutet dies: Entweder Sie vergessen den Namen sehr schnell und können folglich auch nicht mehr gezielt danach suchen. Oder Sie müssen auf der Suche nach Inhalten jede einzelne dieser Dateien öffnen. Schließlich könnte sich der gesuchte Inhalt ja überall verbergen.

Achten Sie also auf Dateinamen, die Sie auch noch nach ein paar Monaten verstehen und bei denen auch andere, die damit arbeiten sollen oder möchten, sich sofort orientieren können.

Wichtig für ein effektives Dokumentenmanagement sind aber auch Möglichkeiten zum Suchen, Öffnen und Verschieben von Dateien.

Doch der Reihe nach ...

sidestep

Will etwas bei einem Programm nicht so, wie Sie es wollen? Wenn Ihr Programm eine Fehlfunktion oder ein falsches Ergebnis liefert, ist oft ein „Bug“ (wörtlich übersetzt „Wanze“) dafür verantwortlich. Damit bezeichnen Profis Fehler in einem Programm. Da hilft oft nur eine Reparatur oder eine Neuinstallation, siehe dazu Kapitel 10 „Me for you: Windows an eigene Anforderungen anpassen“.

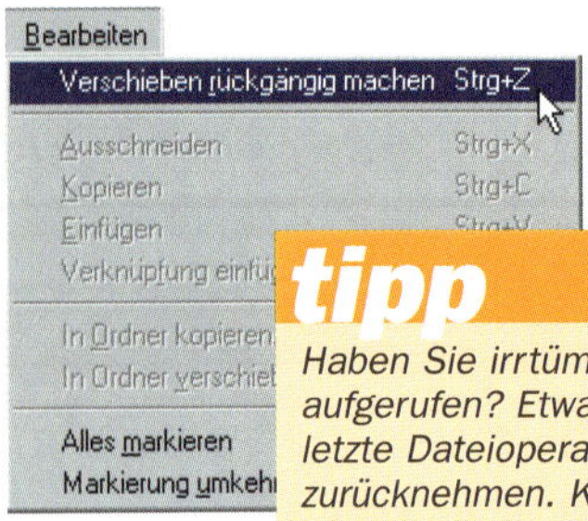

tipp

*Haben Sie irrtümlich den falschen Befehl für eine Dateioperation aufgerufen? Etwa Kopieren statt Verschieben? Sie können die letzte Dateioperation in der Regel sofort nach deren Ausführung zurücknehmen. Klicken Sie dazu mit der rechten Maustaste auf einen freien Bereich im Ordnerfenster oder auf dem Desktop. Im geöffneten Kontextmenü wählen Sie den Befehl **... rückgängig machen** (die Auslassungszeichen stehen für den Namen der letzten Aktion), um die betreffende Dateioperation zurückzunehmen. Alternativ lässt sich der letzte Befehl durch Drücken der Tastenkombination **Strg+Z** (siehe Abbildung) widerrufen.*

Laufwerksinhalte anzeigen

Eine schnelle Übersicht über alle auf Ihrem PC vorhandenen Laufwerke erhalten Sie, wenn Sie auf das Desktopsymbol **Arbeitsplatz** doppelklicken. Sie kennen es bereits aus dem vorherigen Kapitel. Windows öffnet das zugehörige Fenster, das einen ähnlichen Inhalt wie in der Beispielabbildung hat.

Laufwerke werden unter Windows mit den Buchstaben A bis Z gefolgt von einem Doppelpunkt benannt. Die beiden Buchstaben A: und B: sind dabei immer für Diskettenlaufwerke reserviert.

Ab dem Laufwerk C: folgen Festplatten und CD-ROM-Laufwerke. Welcher Buchstabe welchem Laufwerk zugewiesen wird, hängt von Ihrer Konfiguration ab. Die erste Festplatte erhält stets den Buchstaben C:.

CD-ROM-Laufwerke erhalten immer den ersten freien Laufwerksbuchstaben nach der Vergabe der Laufwerksbezeichnungen für Festplatten.

Jeder Laufwerkstyp (Diskette, Festplatte, CD-ROM) wird mit einem eigenen Symbol dargestellt. Im Symboltitel wird der Laufwerksbuchstabe in Klammern angegeben. Zusätzlich lässt sich dem Laufwerk noch ein Name, eine Bezeichnung, zuweisen.

In der linken Spalte des Ordnerfensters zeigt Windows Ihnen zusätzliche Informationen an. Der Inhalt des Fensters hängt dabei vom momentan gewählten Ordnerfenster ab. Informationen zur Kapazität und zum freien Speicher eines Laufwerks erhalten Sie auch durch die QuickInfo, das heißt durch Zeigen mit der Maus auf das Laufwerkssymbol. Wie Sie noch mehr Infos zu einem Laufwerk abrufen können, lesen Sie auf der folgenden Seite.

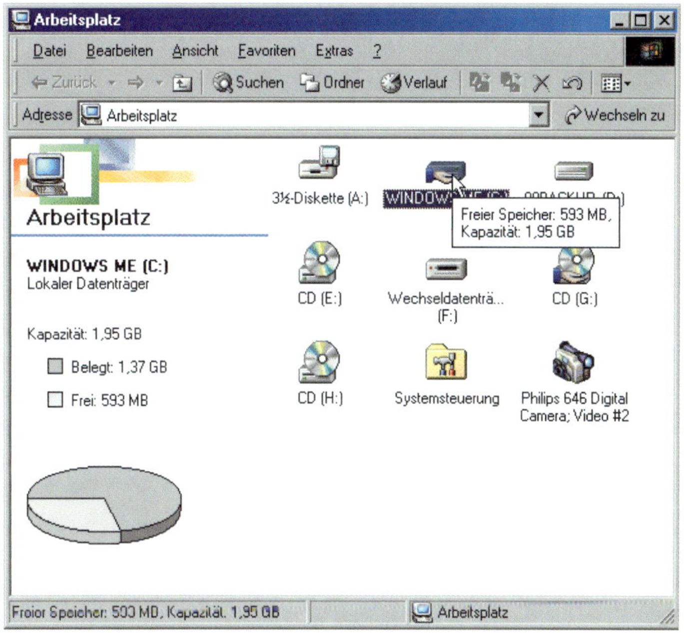

tipp

*„Siehe auch": Wenn Sie das Ordnerfenster **Arbeitsplatz** öffnen, zeigt die Spalte den Namen des Ordnerfensters und einige Hinweise. Unterhalb des Texts „Siehe auch" sehen Sie einige blau unterstrichene Hyperlinks. Durch Klicken darauf gelangen Sie beispielsweise schnell zu Ihrem Ordner „Eigene Dateien".*

Kapazität

Die Menge an Daten, die ein Laufwerk oder ein Datenträger (wie eine Diskette) speichern kann, angegeben in Byte bzw. MB oder GB.

Konfiguration

Die Summe der internen und externen Komponenten, einschließlich Arbeitsspeicher, Laufwerke, Tastatur, Monitor sowie Zusatzeinrichtungen wie Maus oder Drucker sowie die Einstellungen an den einzelnen Komponenten.

Die Laufwerkseigenschaften anzeigen

Wie Sie die Speicherkapazität oder den bereits mit Dateien belegten Speicherplatz per Maus anzeigen, haben Sie auf der vorherigen Seite gesehen. Doch so wie Dateien besitzen Laufwerke noch viel mehr Eigenschaften, zum Beispiel die Laufwerksbezeichnung, in unserem Beispiel der „Name“ Windows Me.

Sobald Sie ein Objekt markieren, erhalten Sie in der Statusleiste die Informationen zum Objekt (zum Beispiel die Laufwerkskapazität). Bei Laufwerken mit wechselbaren Medien (Disketten, CD-ROMs etc.) müssen Sie vor dem Abrufen der Eigenschaften einen Datenträger einlegen. Bei CD-ROMs müssen Sie einige Sekunden nach dem Einlegen warten, bis das Laufwerk arbeitsbereit ist.

Wenn Sie es noch genauer wissen möchten, können Sie das Eigenschaftenfenster für ein markiertes Objekt über das Kontextmenü öffnen.

Das Eigenschaftenfenster des Laufwerks abrufen

1. **Klicken Sie mit der rechten Maustaste auf das Symbol des Laufwerks.**
2. **Wählen Sie im Kontextmenü den Befehl Eigenschaften.**
3. **Die Registerkarte Allgemein zeigt Ihnen die Laufwerksbezeichnung, den Laufwerkstyp, die Art des verwendeten Dateisystems sowie die Kapazität an. Die Kapazität wird dabei in die drei Angaben Gesamtkapazität, belegte und freie Laufwerkskapazität unterteilt. Die Anzeige erfolgt sowohl grafisch als auch als numerische Zahlenangabe in Bytes oder Megabytes.**

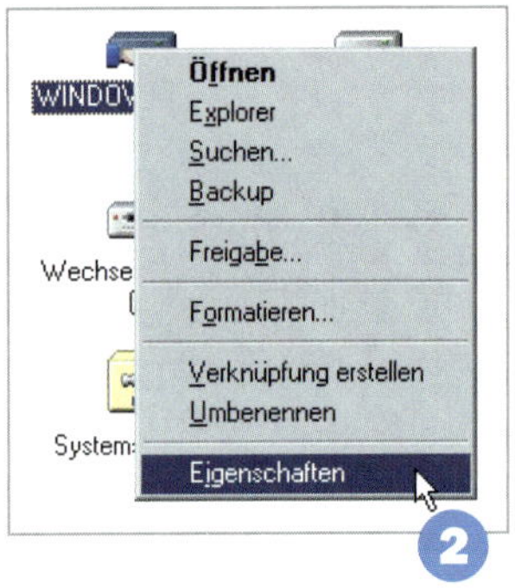

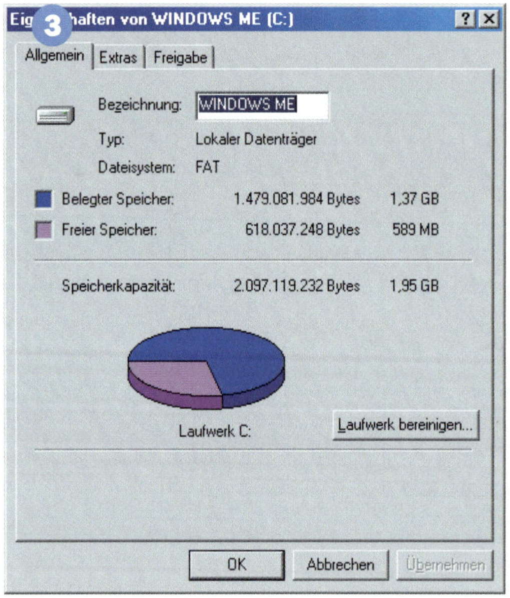

tipp

Markierung aufheben: Wenn Sie auf ein Laufwerkssymbol klicken, wird dieses markiert, also farblich hervorgehoben. Um diese Markierung aufzuheben, klicken Sie einfach auf eine freie Stelle im Ordnerfenster.

move on

*Noch mehr Möglichkeiten: Was sich hinter der Schaltfläche **Laufwerk bereinigen** verbirgt, lesen Sie in Kapitel 9 „Wartung muss sein: Festplatten- und Systempflege“. Mehr zur „Freigabe“ von Laufwerken erfahren Sie in Kapitel 7 „Come together: Windows im Netzwerk“.*

Dateisystem

Die Gesamtstruktur, auf deren Grundlage Dateien benannt, gespeichert und organisiert werden.

Eine Diskette formatieren

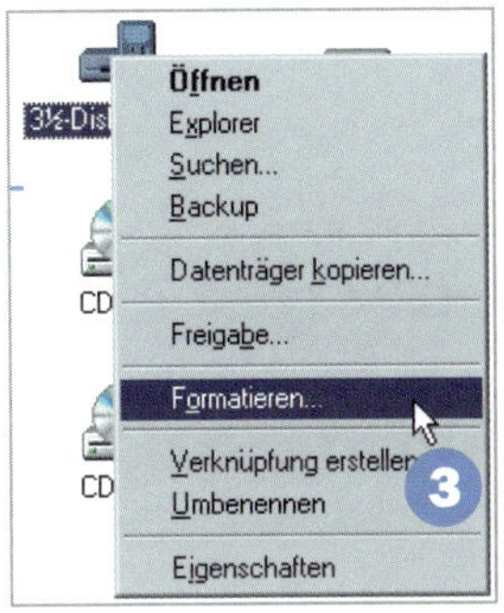

Nach wie vor ist die „gute, alte“ Diskette einer der wichtigsten Datenträger. Bevor Sie eine Diskette das erste Mal benutzen, muss sie – genauso wie ein ZIP-Medium – formatiert werden. Dies ermöglicht erst, dass Windows den Datenträger benutzen kann. Meist hat dies bereits der Hersteller für Sie erledigt.

Wenn Sie eine Diskette neu formatieren möchten, gehen die auf einem bereits formatierten Datenträger gespeicherten Daten verloren.

Formatieren einer Diskette

1. **Öffnen Sie das Ordnerfenster Arbeitsplatz.**
2. **Legen Sie eine Diskette in das Laufwerk ein, und klicken Sie mit der rechten Maustaste auf das Diskettensymbol.**
3. **Anschließend wählen Sie im Kontextmenü den Befehl Formatieren.**
4. **Im Dialogfeld 3,5"-Diskette (A:) formatieren wählen Sie die gewünschte Speicherkapazität (meist 1,44 MB) und die Art der Formatierung (siehe Tipp).**
5. **Starten Sie die Formatierung über die gleichnamige Schaltfläche.**
6. **Während des Formatierens des Datenträgers weist Sie Windows auf den aktuellen Status hin.**
7. **Sobald die Formatierung abgeschlossen ist, wird dies in einem Dialogfeld angezeigt. Verlassen Sie das Dialogfeld über die Schaltfläche Schließen.**

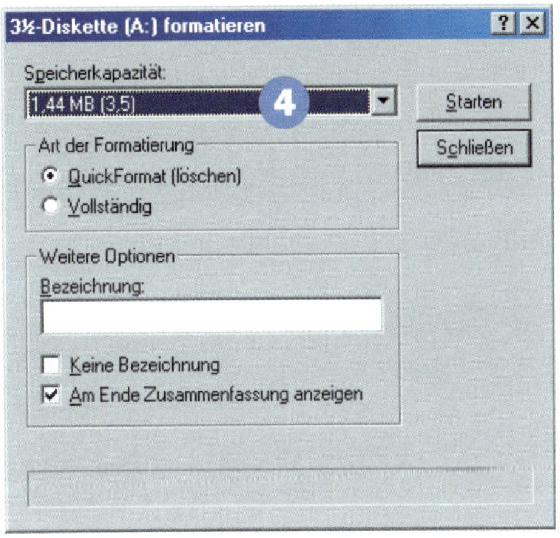

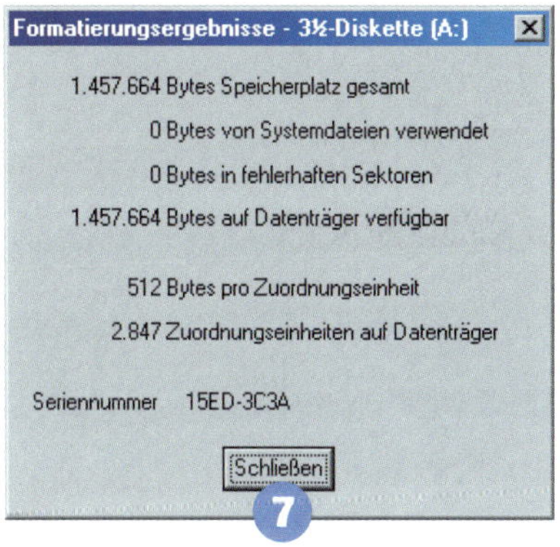

tipp

*Ganz schön schnell: Sofern die Diskette bereits formatiert war, können Sie die Option **QuickFormat** markieren. Sie bewirkt eine sehr schnelle Formatierung des Datenträgers. Hierbei wird jedoch nur das Inhaltsverzeichnis neu angelegt. Die Speicherkapazität lässt sich bei dieser Option nicht ändern, auch werden die gespeicherten Daten nicht endgültig gelöscht.*

move on

Probleme mit dem Laufwerk? Informationen zur Handhabung finden Sie im Handbuch zu Ihrem Computer.

Zip

Ein von der Firma Iomega entwickeltes Diskettenlaufwerk, das wechselbare 3,5-Zoll-Disketten („Zip-Disketten“) mit einer Speicherkapazität von 100 bzw. 250 Megabyte verwendet.

Eine Diskette kopieren

Manchmal möchten Sie die Daten einer Diskette nicht auf Ihre Festplatte, sondern auf eine andere Diskette kopieren. Doch wie soll dies ohne zweites Laufwerk funktionieren? Nun, Sie könnten die Daten erst von der „Quelldiskette“ auf Ihre Festplatte kopieren und anschließend von dort auf die „Zieldiskette“ zurückkopieren. Doch es geht auch einfacher:

Eine Diskette kopieren

1. **Legen Sie die zu kopierende Quelldiskette in das Diskettenlaufwerk ein.**
2. **Klicken Sie doppelt auf das Symbol Arbeitsplatz.**
3. **Klicken Sie mit der rechten Maustaste auf das Diskettensymbol.**
4. **Wählen Sie im Kontextmenü den Eintrag Datenträger kopieren.**
5. **Klicken Sie im nun erscheinenden Dialogfeld auf Starten.**
6. **Windows liest die zu kopierenden Daten und fordert Sie auf, die Zieldiskette einzulegen. Nehmen Sie die Quelldiskette aus dem Laufwerk, und legen Sie dafür die Zieldiskette ein. Bestätigen Sie mit OK.**
7. **Verlassen Sie das Dialogfeld nach Beendigung des Kopiervorgangs durch Anklicken der Schaltfläche Schließen.**

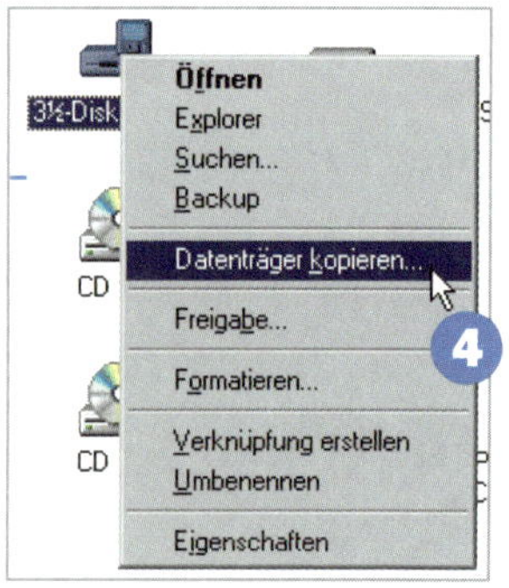

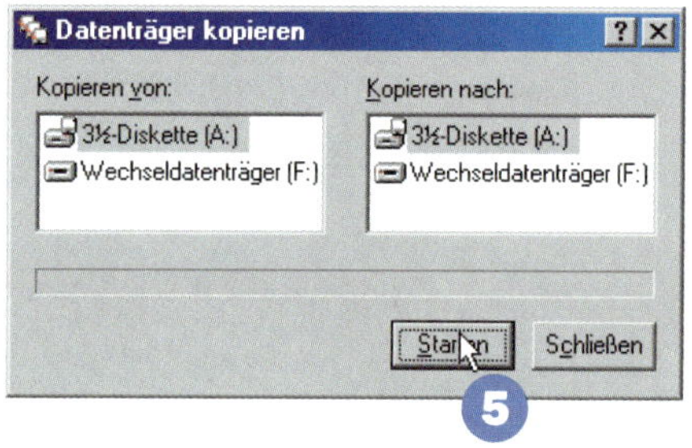

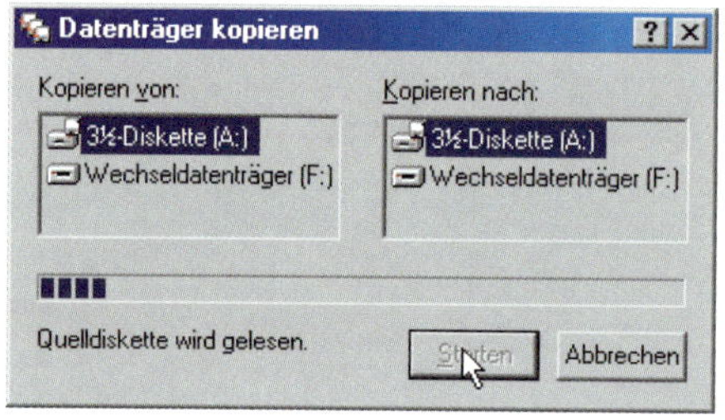

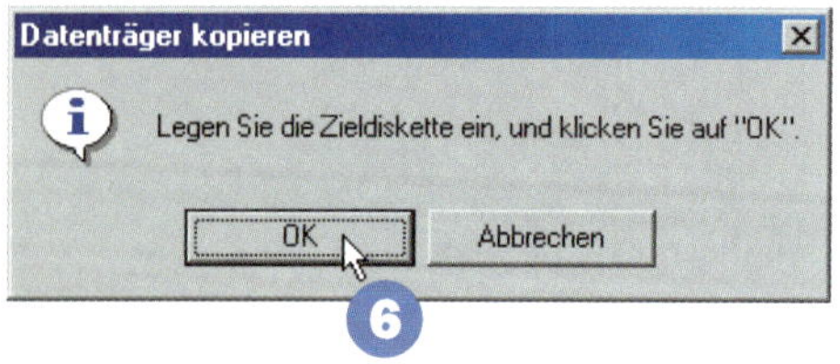

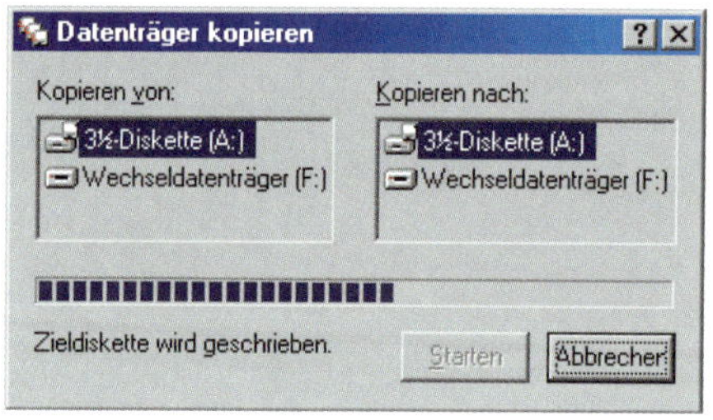

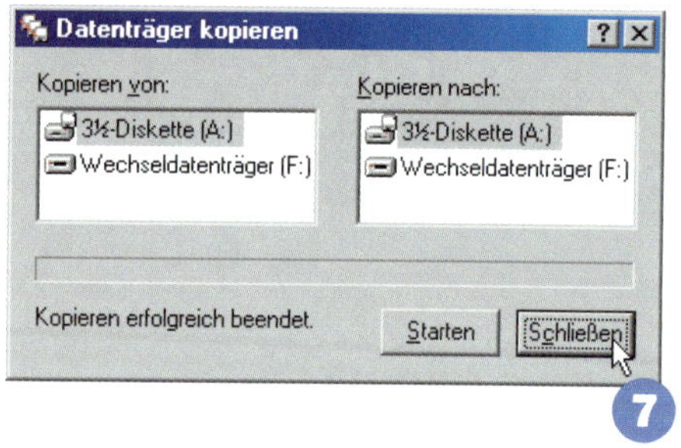

Einen neuen Ordner anlegen

Die Gefahr bei den heute üblichen PCs ist groß, den Überblick über die Hunderte oder gar Tausende von Dokumenten zu verlieren: Schließlich bieten sie durch ihre großen Festplatten riesige Speicherkapazitäten.

Doch es ist gar nicht so schwer, etwas dagegen zu tun. Ein bisschen Vorüberlegung und Strukturierung zahlt sich aus. Genauso wie ein wenig Disziplin.

Ausgangspunkt ist der von Windows Me automatisch angelegte Ordner **Eigene Dateien**. Darin sollten Sie alle Dateien ablegen, die Sie erstellen oder von jemand anderen erhalten.

Überlegen Sie sich dabei aber eine Strategie, wie Sie Ihre Dokumente und Ordner benennen und zusammenfassen. So können Sie innerhalb des Ordners **Eigene Dateien** neue Ordner anlegen, etwa **Eigene Texte** und darin wiederum **Rezepte** und **Briefe** etc.

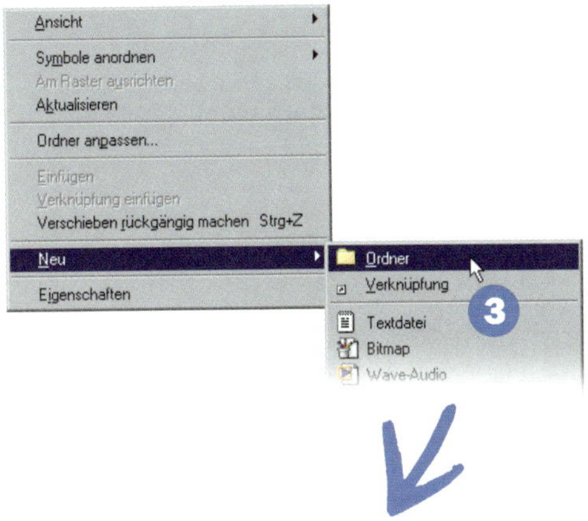

Einen neuen Ordner erstellen

1. **Öffnen Sie den Ordner Eigene Dateien.**
2. **Klicken Sie im Ordnerfenster mit der rechten Maustaste auf eine freie Stelle.**
3. **Wählen Sie im Kontextmenü den Befehl Neu und im Untermenü den Befehl Ordner.**
4. **Benennen Sie den neuen Ordner durch Eintippen eines gültigen Namens (siehe Tipp).**
5. **Klicken Sie neben das Symbol oder drücken Sie die Eingabetaste. Ihr Ordner trägt ab sofort den neuen Namen.**
6. **Alternativ erstellen Sie einen neuen Ordner über Datei/Neu/Ordner.**

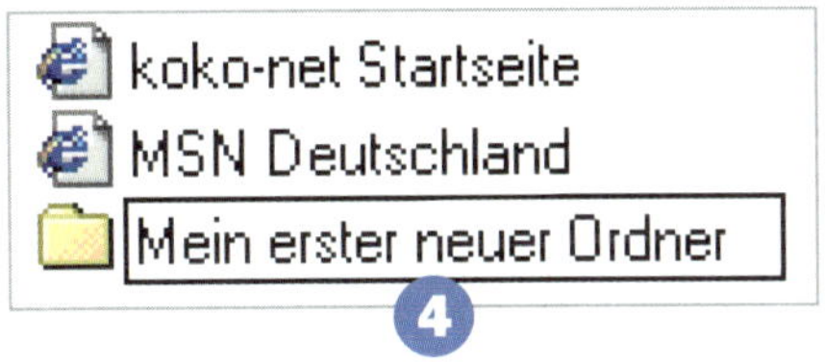

tipp

*Bandwürmer: Ein Dateiname kann bis zu 215 Zeichen enthalten, einschließlich Leerzeichen. Er darf jedoch keines der folgenden Zeichen enthalten: \ / ? : * „ < > |.*

Ordner und Dokumente umbenennen

Es empfiehlt sich, jeden neuen Ordner oder jedes neue Dokument gleich nach Ihren eigenen Vorstellungen zu benennen, denn „Neuer Ordner“ ist nicht sonderlich aussagekräftig. Microsoft Word etwa benennt Dokumente nach der Reihenfolge „Dokument1“, „Dokument2“ usw. Wenn Sie eine solche Datei nach einiger Zeit aufspüren, wissen Sie sicher nicht mehr, was sich dahinter verbirgt. Deshalb sollten Sie sich auch bei den Dokumenten eine sinnvolle Art und Weise der Benennung überlegen. Zum Beispiel könnten Sie bei Briefen das Erstellungsdatum einfügen. Natürlich müssen Sie auch hier die entsprechenden Windows-Regeln (siehe vorherige Seite) beachten.

Manchmal ist es auch notwendig, einen Ordner oder ein Dokument neu zu benennen, etwa wenn Sie Ihre Ablagestruktur geändert haben. Und so geht's:

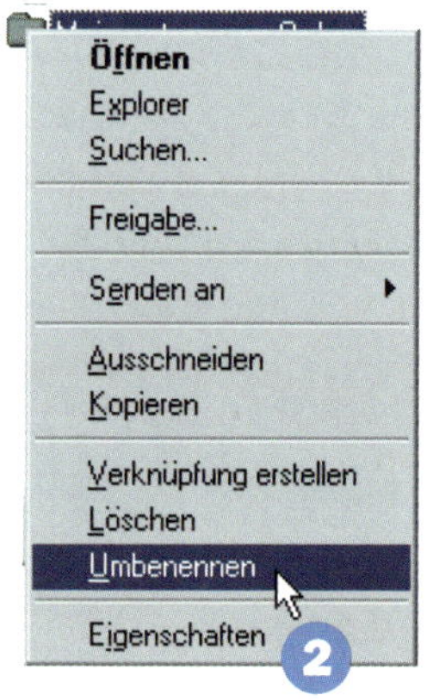

Dokument oder Ordner umbenennen

1. **Klicken Sie mit der rechten Maustaste auf das Symbol des Dokuments bzw. Ordners.**
2. **Wählen Sie Umbenennen.**
3. **Geben Sie den gewünschten Namen ein.**
4. **Klicken Sie neben das Symbol oder drücken Sie die Eingabetaste. Ihr Dokument bzw. Ordner trägt ab sofort den neuen Namen.**

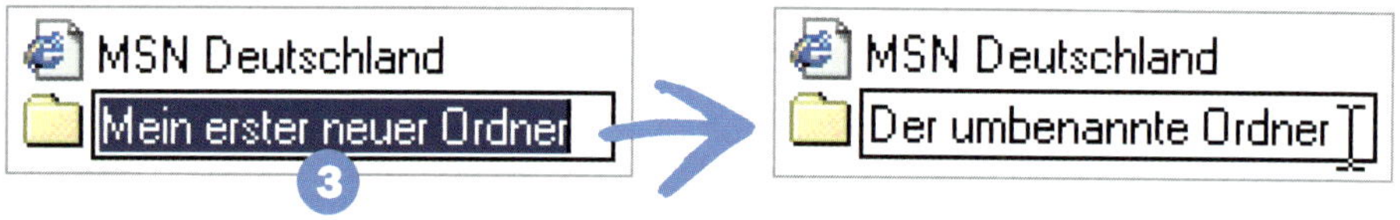

tipp

*Umbenennen für Fortgeschrittene: Auch durch Drücken auf die Funktionstaste **F2** können Sie den Namen eines Ordners oder einer Datei ändern. Durch Drücken der **Esc-Taste** können Sie das Umbenennen abbrechen und so den bisherigen Namen beibehalten.*

Eine neue Datei erzeugen

Wenn Sie ein neues Dokument erstellen, empfiehlt es sich, die neue Datei direkt im gewünschten Ordner zu erstellen. So müssen Sie sie anschließend nicht mehr verschieben und können sie leicht wieder finden. Im abgebildeten Beispiel soll ein neues Microsoft Word-Dokument erstellt werden (selbstverständlich muss hierzu eine Version von Microsoft Word auf dem Rechner installiert sein).

Über das Menü „Datei“ ein neues Dokument erstellen

1. Öffnen Sie den Ordner, in dem Sie das neue Dokument erstellen möchten.
2. Wählen Sie im Menü Datei den Eintrag Neu.
3. In der nun erscheinenden Auswahlliste wählen Sie den Eintrag Microsoft Word-Dokument aus.
4. Es wird ein neues Word-Dokument erzeugt.
5. Die Namenszeile des neuen Dokuments ist sofort markiert. Sie können sie mit dem Dokumentnamen Ihrer Wahl direkt überschreiben.
6. Bestätigen Sie Ihre Eingabe mit der Eingabetaste.
7. Per Doppelklick öffnen Sie das neue Dokument.

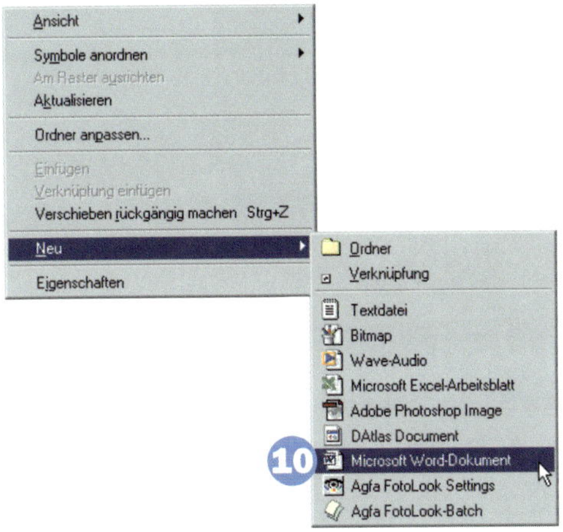

Ein anderer Weg führt über das Kontextmenü. Viele Programme unterstützen die Funktion, eine neue Datei per rechter Maustaste zu erstellen. In der Abbildung sehen Sie zum Beispiel Möglichkeiten, Wave-Audiodateien und Adobe Photoshop-Dateien auf diesem Wege zu erzeugen. Natürlich können Sie so auch neue Ordner anlegen.

Neues Dokument per rechter Maustaste erstellen

8. Öffnen Sie den Ordner, in dem Sie das neue Dokument erstellen möchten.
9. Klicken Sie mit der rechten Maus in das Ordnerfenster.
10. In der nun erscheinenden Auswahlliste wählen Sie beispielsweise den Eintrag Microsoft Word-Dokument aus.
11. Es wird ein neues Word-Dokument erzeugt.
12. Die Namenszeile des neuen Dokuments ist sofort markiert. Sie können sie mit dem Dokumentnamen Ihrer Wahl direkt überschreiben.
13. Bestätigen Sie Ihre Eingabe mit der Eingabetaste.
14. Per Doppelklick öffnen Sie das neue Dokument.

move on

*Neu macht das Programm: Natürlich können Sie auch aus jedem Programm heraus neue Dokumente über das jeweilige **Datei**-Menü erzeugen.*

Inhalte per Drag-und-Drop kopieren

Einer der großen Vorteile des Arbeitens mit dem PC ist die Möglichkeit, Daten nahezu beliebig zu kopieren oder zu verschieben. Auch hierzu bietet Windows verschiedene Alternativen.

Auf dieser Seite lernen Sie, Dateiinhalte zu kopieren. Die nächste Seite erläutert Ihnen das entsprechende Vorgehen für ganze Dateien.

Die einfachste Variante besteht darin, die betreffenden Inhalte zu markieren und per Drag-und-Drop von einem Ordnerfenster, dem „Quellfenster“, in das „Zielfenster“ zu ziehen.

Per Drag-und-Drop kopieren

1. **Öffnen Sie jeweils das Quell- und das Zielfenster, im Beispiel eine Seite der Windows-Hilfe und ein Word-Dokument.**
2. **Positionieren Sie beide Fenster nebeneinander.**
3. **Markieren Sie den zu kopierenden Inhalt im Quellfenster.**
4. **Halten Sie die linke Maustaste gedrückt, und ziehen Sie den markierten Inhalt zum Zielfenster.**
5. **Sobald Sie die Maustaste beim Ziehen im Zielfenster loslassen, kopiert Windows die markierten Inhalte.**

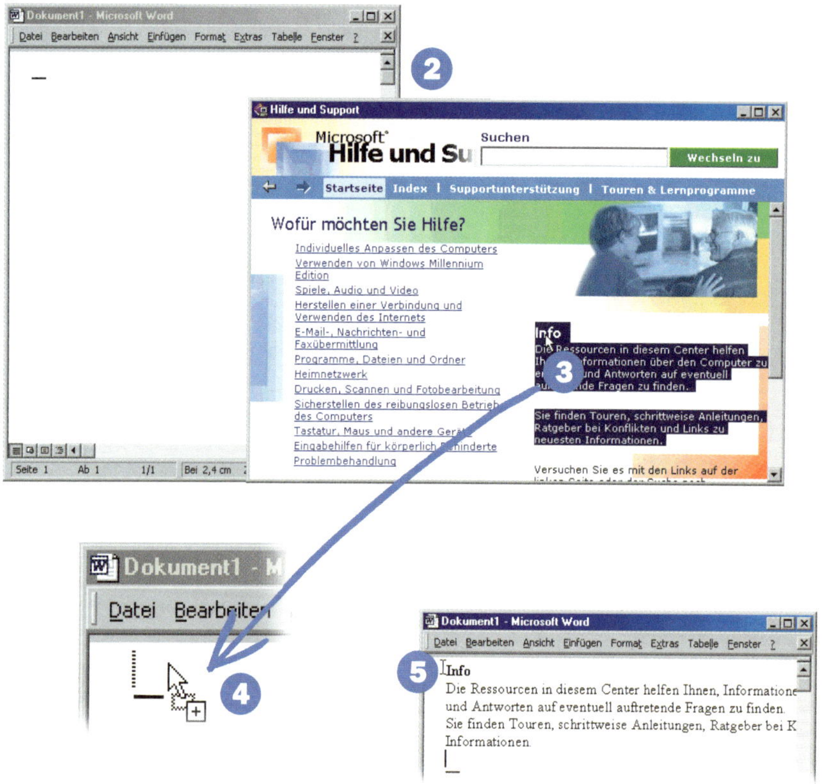

Dateien per Drag-und-Drop kopieren

Um Daten mit anderen auszutauschen oder um eine Datensicherung (siehe auch Kapitel 9 „Wartung muss sein: Festplatten- und Systempflege“) durchzuführen, können Sie diese ebenfalls per Drag-und-Drop kopieren.

Ein Beispiel: Sie möchten eine Bilddatei auf das Diskettenlaufwerk A: kopieren, um die Diskette anschließend an eine Freundin weiterzugeben. Dazu markieren Sie einfach die gewünschte Datei und kopieren sie per Drag-und-Drop. Haben Sie einen Ordner statt einer Datei markiert, kopiert bzw. verschiebt Windows den kompletten Ordner samt Unterordnern und Dateien.

Dabei gilt: Ziehen Sie Dateien bzw. Ordner von einem Ordnerfenster in ein Ordnerfenster desselben Laufwerks, verschiebt Windows die markierten Objekte in das Zielfenster. Beziehen sich die beiden Ordnerfenster auf unterschiedliche Laufwerke, werden die markierten Objekte kopiert.

Dateien per Drag-und-Drop kopieren

1. **Stellen Sie sicher, dass eine formatierte Diskette in Laufwerk A: eingelegt ist.**
2. **Öffnen Sie das Fenster Arbeitsplatz, sodass das Symbol des Diskettenlaufwerks zu sehen ist.**
3. **Öffnen Sie das Ordnerfenster, in dem die zu kopierenden Dateien enthalten sind.**
4. **Markieren Sie die zu kopierenden Dateien, und ziehen Sie diese bei gedrückter linker Maustaste auf das Symbol des Diskettenlaufwerks im geöffneten Zielfenster Arbeitsplatz.**
5. **Lassen Sie die linke Maustaste los.**
6. **Windows kopiert die markierten Dateien zum Diskettenlaufwerk.**

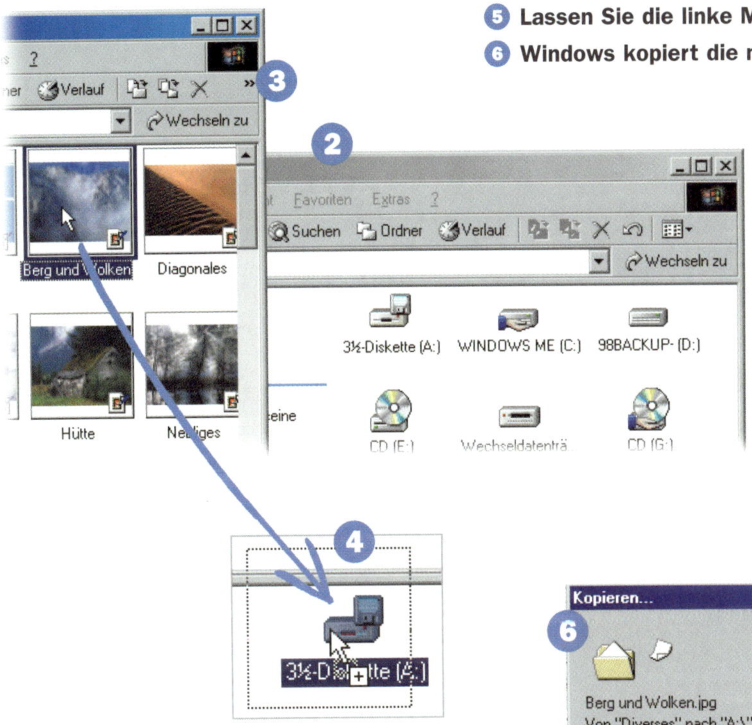

move on

*Umzugsfreudig: Natürlich können Sie Ihre Dateien und Ordner auch an einen anderen Ort verschieben. Klicken Sie dazu mit der rechten Maustaste darauf, und wählen Sie **Ausschneiden**. Öffnen Sie den neuen Ordner, in dem Sie die Datei oder den Ordner ablegen möchten, klicken Sie mit der rechten Maustaste in dessen Fenster, und wählen Sie **Einfügen**.*

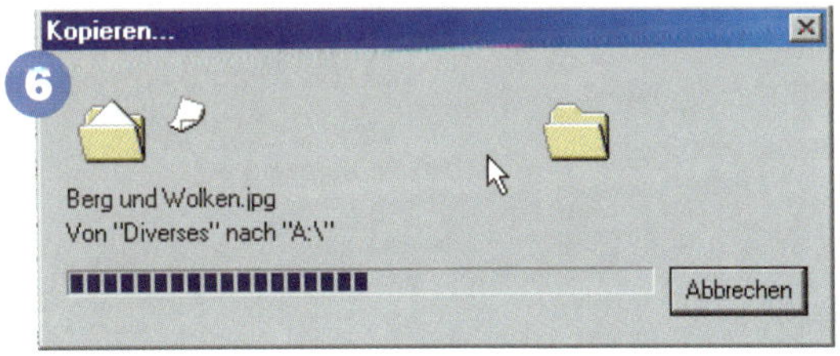

Dateien per Aktenkoffer synchronisieren

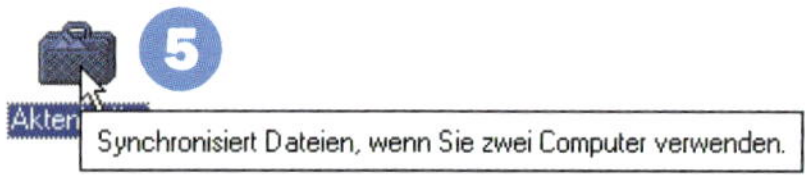

Arbeiten Sie mit mehreren Rechnern? Etwa einem Desktop-PC und einem Laptop? Windows bietet Ihnen eine einfache Möglichkeit, Ihre Dateien auf beiden Rechnern aktuell und synchron zu halten: mit dem Aktenkoffer (siehe Abbildung). Sie finden ihn normalerweise auf dem Desktop vor.

Wenn Sie den Aktenkoffer verwenden möchten, um Dateien vom Hauptcomputer auf den tragbaren Computer zu kopieren und um später verschiedene Dateiversionen abzugleichen, müssen die beiden Computer allerdings miteinander verbunden sein – beispielsweise über ein Netzwerk (siehe Kapitel 7 „Come together: Windows im Netzwerk“).

Und so funktioniert das Arbeiten mit dem Aktenkoffer:

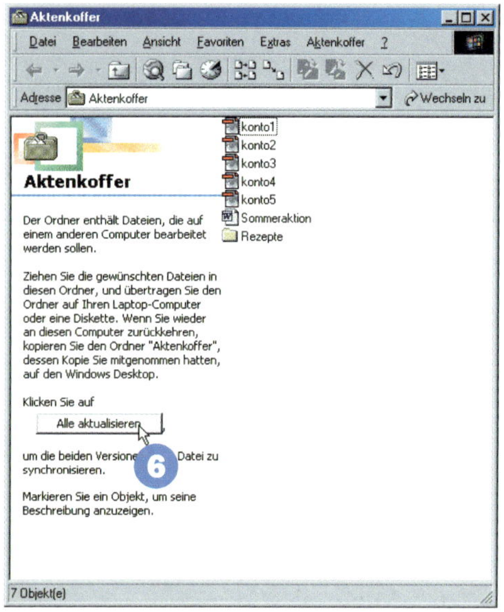

Dateien auf verbundenen Computern per Aktenkoffer synchronisieren

1. **Stellen Sie sicher, dass die Computer miteinander verbunden sind.**
2. **Öffnen Sie per Doppelklick den Aktenkoffer auf dem tragbaren Computer, und kopieren Sie die gewünschten Dateien vom Hauptcomputer.**
3. **Anschließend können Sie die Netzwerkverbindung lösen und die Dateien auf dem tragbaren Computer bearbeiten.**
4. **Wenn Sie die Bearbeitung der Dateien abgeschlossen haben, verbinden Sie die beiden Computer erneut.**
5. **Öffnen Sie den Aktenkoffer auf dem tragbaren Computer, und führen Sie eines der folgenden Verfahren durch:**
6. **Klicken Sie zum Aktualisieren sämtlicher Dateien im Menü Aktenkoffer auf Alle aktualisieren.**
7. **Wenn Sie nicht alle Dateien aktualisieren möchten, wählen Sie die zu aktualisierenden Dateien aus, und klicken Sie im Menü Aktenkoffer auf Auswahl aktualisieren.**

tipp

*Einen neuen Aktenkoffer erstellen: Klicken Sie auf dem Desktop mit der rechten Maustaste auf **Arbeitsplatz** und anschließend auf **Explorer**. Klicken Sie auf den Ordner, in dem Sie den neuen Aktenkoffer erstellen möchten. Klicken Sie im Menü **Datei** auf **Neu** und dann auf **Aktenkoffer**. Wenn Sie auf dem Desktop einen neuen Aktenkoffer erstellen möchten, klicken Sie mit der rechten Maustaste auf dem Desktop auf eine beliebige Stelle, zeigen auf **Neu** und klicken anschließend auf **Aktenkoffer**.*

Ordner und Dateien löschen

Manchmal braucht man eine Datei oder einen Ordner einfach nicht mehr. Sie haben zwei Möglichkeiten, Dokumente und Ordner auf Desktopebene zu löschen. In jedem Fall muss das zu löschende Dokument geschlossen sein, bevor es entfernt werden kann.

Dokument über das Kontextmenü löschen

1. **Klicken Sie mit der rechten Maustaste auf das Symbol des Dokuments.**
2. **Das Kontextmenü öffnet sich.**
3. **Wählen Sie den Eintrag Löschen.**
4. **Bestätigen Sie mit Ja.**

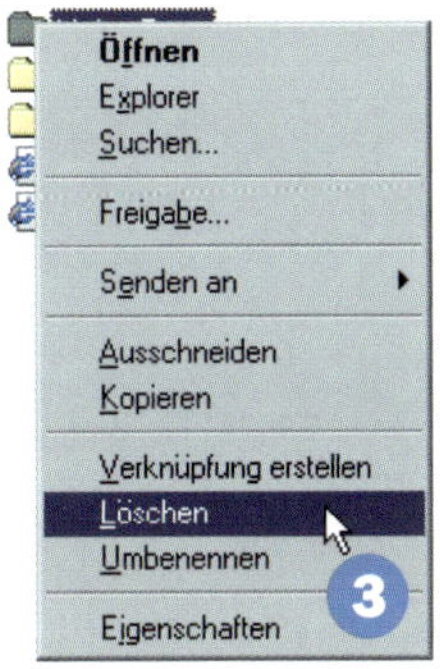

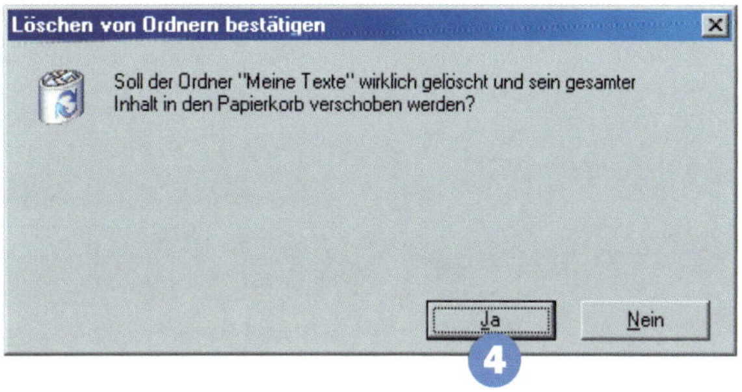

Dokument per Drag-und-Drop in den Papierkorb werfen

5. **Klicken Sie mit der linken Maustaste auf das Symbol des Dokuments.**
6. **Halten Sie die Taste gedrückt, und ziehen Sie das Symbol auf das Papierkorbsymbol.**
7. **Sobald sich das Symbol schwarz färbt, lassen Sie die Maustaste los.**

move on

*Ohne Rückversicherung: Sie können Ihren Papierkorb auch so einrichten, dass die dahin verschobenen Dateien sofort gelöscht werden. Klicken Sie dazu mit der rechten Maustaste auf das Papierkorbsymbol, wählen Sie den Eintrag **Eigenschaften**, und aktivieren Sie auf der Registerkarte **Global** das Kontrollkästchen **Dateien sofort löschen (nicht in den Papierkorb verschieben)**.*

tipp

*Weg ist noch lange nicht weg: Eine in den Papierkorb gelegte Datei kann meist (siehe „move on“) zunächst wiederhergestellt werden, da sie nicht tatsächlich von der Festplatte gelöscht wird. Dies geschieht erst dann, wenn Sie den Papierkorb öffnen, die Datei auswählen und über **Datei/Löschen** endgültig entfernen (siehe übernächste Seite).*

Gelöschte Objekte aus dem Papierkorb zurückholen

Haben Sie irrtümlich einen Ordner oder eine Datei gelöscht? Der Papierkorb bietet Ihnen eine gewisse Chance zur „Rettung" dieser Objekte. Drücken Sie dazu sofort nach dem Löschen die Tastenkombination **Strg+Z**, oder wählen Sie im Kontextmenü den Befehl **Löschen rückgängig machen**. Dann holt Windows das zuletzt gelöschte Objekt aus dem Papierkorb und legt es in den ursprünglichen Ordner zurück.

Bemerken Sie Ihren Fehler erst einige Zeit nach dem Löschen, hilft eine andere Rettungsstrategie, mit der sich alle gelöschten, aber noch im Papierkorb befindlichen Objekte wiederherstellen lassen.

Gelöschte Objekte aus dem Papierkorb zurückholen

1. **Doppelklicken Sie auf das Desktopsymbol des Papierkorbs.**
2. **Markieren Sie im Ordnerfenster des Papierkorbs die zu restaurierenden Dateien oder Ordner.**
3. **Wählen Sie im Menü Datei den Befehl Wiederherstellen, oder klicken Sie in der linken Spalte des Fensters auf die Schaltfläche Wiederherstellen.**
4. **Windows verschiebt die markierten Objekte an den ursprünglichen Speicherort.**

move on

Auf Nimmer-Wiedersehen: Das Zurückholen von gelöschten Ordnern funktioniert nicht nach dem Löschen von einer Diskette, denn hier werden die Dateien durch das Löschen direkt vom Datenträger entfernt. Das Gleiche gilt, falls Sie beim Löschen des Objekts die ***Umschalttaste*** *gedrückt halten.*

Den Papierkorb leeren

Beim Löschen von Dateien und Ordnern werden diese nicht sofort von der Festplatte entfernt, sondern in den so genannten Zwischenspeicher des Papierkorbs gelegt. Erst wenn dieser mit gelöschten Dateien gefüllt ist, entfernt Windows die ältesten gelöschten Objekte endgültig. Es empfiehlt sich deshalb, den Papierkorb von Zeit zu Zeit „per Hand" zu leeren. So entfernen Sie die Dateien und Ordner endgültig und geben den Speicherplatz auf der Festplatte frei.

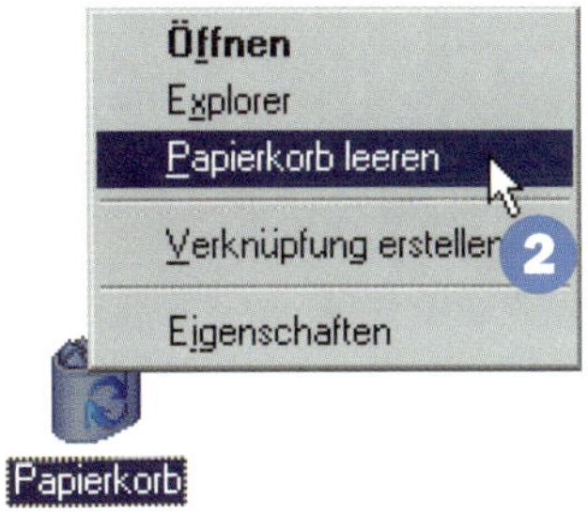

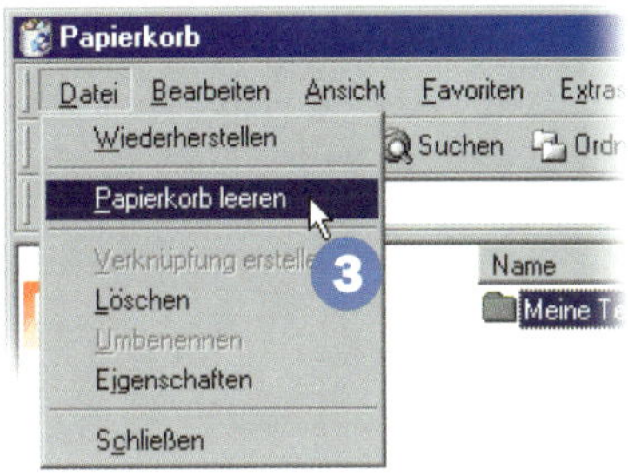

Den Papierkorb leeren

1. **Klicken Sie mit der rechten Maustaste auf das Symbol des Papierkorbs.**
2. **Wählen Sie im Kontextmenü den Befehl Papierkorb leeren.**
3. **Alternativ steht Ihnen im Papierkorb-Fenster im Menü Datei der Befehl Papierkorb leeren zur Verfügung.**
4. **Bestätigen Sie die Sicherheitsabfrage mit Ja.**
5. **Das Papierkorbsymbol – und der Papierkorb – ist jetzt „leer".**

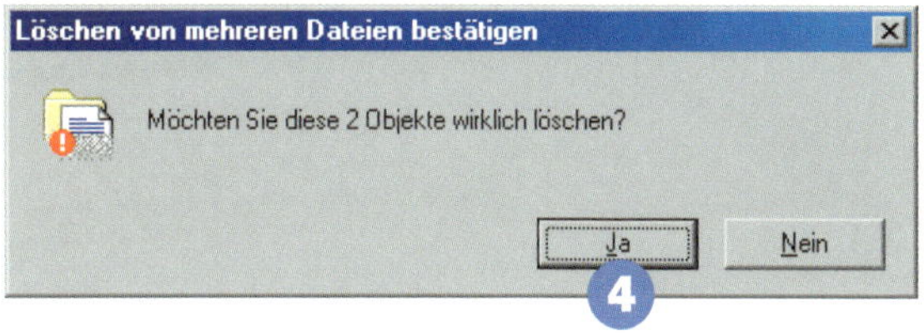

tipp

*Der maßgeschneiderte Papierkorb: Windows erlaubt Ihnen, verschiedene Optionen für den Papierkorb (etwa dessen Größe) einzustellen: Öffnen Sie das Eigenschaftenfenster des Papierkorbs (zum Beispiel über das Kontextmenü). Stellen Sie die gewünschten Eigenschaften des Papierkorbs auf der Registerkarte **Global** oder auf den Registerkarten der einzelnen Laufwerke ein. Schließen Sie das Eigenschaftenfenster über **OK**.*

Suchen nach Ordnern und Dateien

Haben Sie die Orientierung auf Ihren Laufwerken und in Ihren Ordnern verloren? Windows bietet Ihnen die Möglichkeit, eine Datei oder einen Ordner gezielt zu suchen, und zwar über das Untermenü **Suchen** im **Startmenü**.

Dort haben Sie mehrere Möglichkeiten, Ihre Suche einzugrenzen. So fahndet Windows sogar nach dem in der Datei enthaltenen Text, etwa wenn Sie wissen, dass in Ihrem Rezepttext das Wort „Rhabarber-Kompott“ vorkommt. Oder Sie können die Suche zeitlich eingrenzen: Vielleicht wissen Sie ja noch ungefähr, wann Sie das Dokument erstellt bzw. geändert haben?

Dateien finden über das Startmenü und Suchen

1. **Öffnen Sie im Startmenü das Untermenü Suchen, und wählen Sie dort den Eintrag Nach Dateien oder Ordnern.**
2. **Meist hilft Ihnen schon das Eintippen des Suchbegriffs in das Eingabefeld Nach folgenden Dateien oder Ordnern suchen weiter.**
3. **Klicken Sie auf Jetzt suchen.**
4. **Sollte die Suche zu keinem Ergebnis führen, lassen Sie beispielsweise nach Textinhalten oder – über Suchoptionen – nach dem Änderungsdatum suchen.**
5. **Klicken Sie erneut auf Jetzt suchen.**
6. **Sobald Sie fündig geworden sind, doppelklicken Sie auf das Symbol des Dokuments.**
7. **Verlassen können Sie das Dialogfeld jederzeit durch Klicken auf die Schaltfläche Schließen rechts oben im Dialogfenster.**

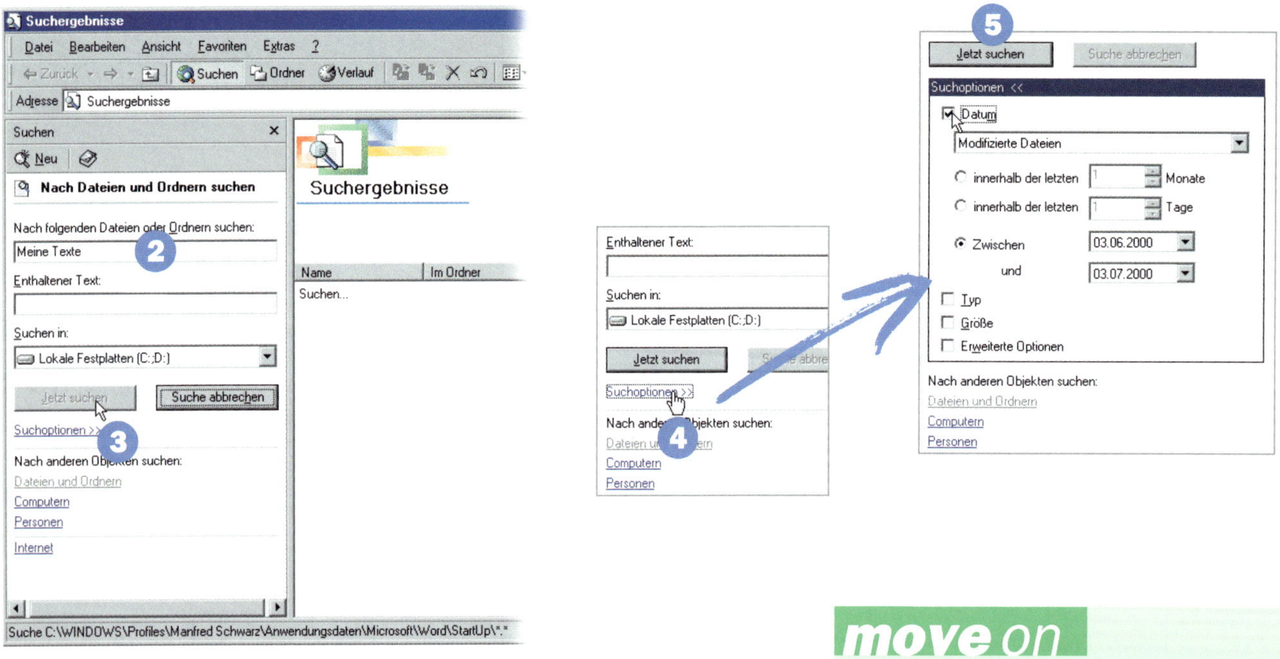

move on

Die Suche beschleunigen: Je genauer Ihre Suchkriterien, desto schneller erfolgt die Suche. Auch die Art der Vorgaben wirkt sich aus. So wird ein Dateiname schneller gefunden als ein in der Datei enthaltener Text. Dauert Ihnen die Suche zu lange, klicken Sie auf ***Suche abbrechen****, und geben Sie andere Suchkriterien ein. In den Feldern* ***Nach folgenden Dateien oder Ordnern suchen*** *und* ***Enthaltener Text*** *können Sie auch Jokerzeichen verwenden.*

Jokerzeichen

Zeichen, die beliebige andere Zeichen vertreten. Die gebräuchlichsten Jokerzeichen sind * (wird für eines oder mehrere beliebige Zeichen gesetzt) und ? (wird für genau ein beliebiges Zeichen gesetzt). Beispiele: ?egen steht für Degen, fegen, gegen etc, *egen steht außerdem für ablegen, anlegen, Schneeregen etc.

Dateien öffnen

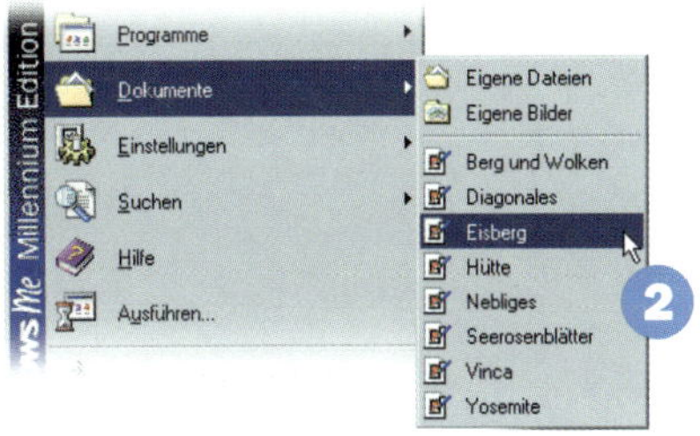

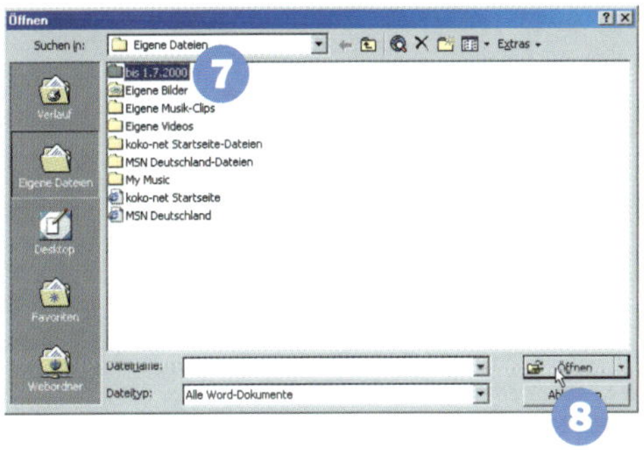

Zum Abschluss dieses Kapitels noch zwei Tipps, wie Sie Dokumente schnell öffnen können. Häufig nimmt die Arbeit an einem Dokument ja mehrere „Sitzungen" in Anspruch, denken Sie nur an eine Diplomarbeit. Sofern Sie Ihre Weiterarbeit daran nicht durch die Arbeit an vielen anderen Dokumenten (genauer: 15) unterbrochen haben, bietet Ihnen Windows eine praktische Anlaufstelle zum Öffnen der zuletzt geöffneten Dateien, und zwar das **Startmenü**.

Per Startmenü zuletzt geöffnete Dokumente öffnen

1. **Öffnen Sie im Startmenü das Untermenü Dokumente.**
2. **Klicken Sie auf das gewünschte Dokumentsymbol aus der Auswahl von bis zu 15 Dokumenten.**
3. **Und schon öffnet sich Ihr Dokument.**

Natürlich dürfen diese Dateien zwischendurch nicht verschoben werden, da Windows sonst den Faden verliert. In diesem Fall finden Sie Ihre Dokumente über die „klassischen" Wege schnell wieder.

Unter **Startmenü/Dokumente** finden Sie alle Dateitypen, da Windows ja für alle Dateitypen zuständig ist. Eine Liste von zuletzt geöffneten programmeigenen Dokumenten finden Sie in vielen Anwendungen im Menü **Datei**, etwa in Microsoft Word. Dieses Menü ist bei allen Windows-Programmen die Zentrale zum Öffnen von Dateien.

Dokumente per Programm-Menü „Datei" öffnen

4. **Öffnen Sie die gewünschte Anwendung (etwa Microsoft Word).**
5. **Wählen Sie im Menü Datei den Eintrag Öffnen.**
6. **Es wird das Dialogfeld Öffnen eingeblendet.**
7. **Standardmäßig wird der Inhalt des Ordners Eigene Dateien gezeigt. Falls erforderlich, müssen Sie nun mehrere ineinander verschachtelte Ordner der Reihe nach öffnen – jeweils per Doppelklick auf dessen Symbol oder durch Markieren und anschließenden Klick auf die Schaltfläche Öffnen.**
8. **Zu guter Letzt öffnen Sie das aufgespürte Dokument wiederum mit einem Doppelklick oder durch Markieren und Klick auf die Schaltfläche Öffnen.**

tipp

*O wie offen: Das Dialogfeld **Öffnen** können Sie, sobald ein Programm wie Microsoft Word gestartet ist, auch schnell per **Strg+O** aufrufen.*

good to **know**

Kapitel 1
Blickkontakt: erstes Kennenlernen von Windows Me
Kapitel 2
Im Schnelldurchlauf: die wichtigsten Grundlagen
Kapitel 3
Den Überblick behalten: Laufwerke, Dateien und Ordner

Kapitel 4

Schreib das auf:

Text eingeben, importieren und bearbeiten

Windows Me stellt die Basis für alle Möglichkeiten und Funktionen Ihres PC dar. Es enthält aber auch als „Bordmittel“ Zubehör wie das kleine Textverarbeitungsprogramm WordPad. Damit lernen Sie in diesem Kapitel die grundlegenden Textfunktionen kennen, wie

1. **Text eingeben**
2. **Text markieren**
3. **Text ausschneiden, kopieren und einfügen**
4. **Textdokumente verwalten sowie**
5. **drucken und faxen.**

Ihr Einstieg in die Textverarbeitung

Mit dem Zubehör-Programm WordPad liefert Ihnen Windows Me ein kleines, aber feines Programm zur Textbearbeitung. Zwar besitzt das Programm im Vergleich zu einem professionellen Textverarbeitungsprogramm wie Microsoft Word nur ausgewählte Funktionen zur Textgestaltung. Aber Sie haben es automatisch nach der Installation von Windows Me „an Bord“, und anhand von WordPad können Sie alle grundlegenden Techniken der Textverarbeitung kennen lernen. Das heißt: Alle Inhalte in diesem Kapitel lassen sich ohne Weiteres auf jedes andere Textverarbeitungsprogramm unter Windows übertragen.

So lernen Sie im Folgenden unter anderem das Markieren, Kopieren und einfache Formatieren kennen.

Let’s go!

ready set …

Sie sollten, wenn möglich, einen Drucker und/oder ein Faxmodem an Ihrem PC installiert haben.

move on

Zeichen setzen: Die Einrichtung und Verwaltung von Schriften für die Textgestaltung erledigen Sie über die Systemsteuerung (siehe auch Kapitel 10 „Me for you: Windows an eigene Anforderungen anpassen“). Wählen Sie dazu die Befehlsfolge ***Startmenü/Einstellungen/ Systemsteuerung/Schriftarten****.*

Arbeiten mit WordPad

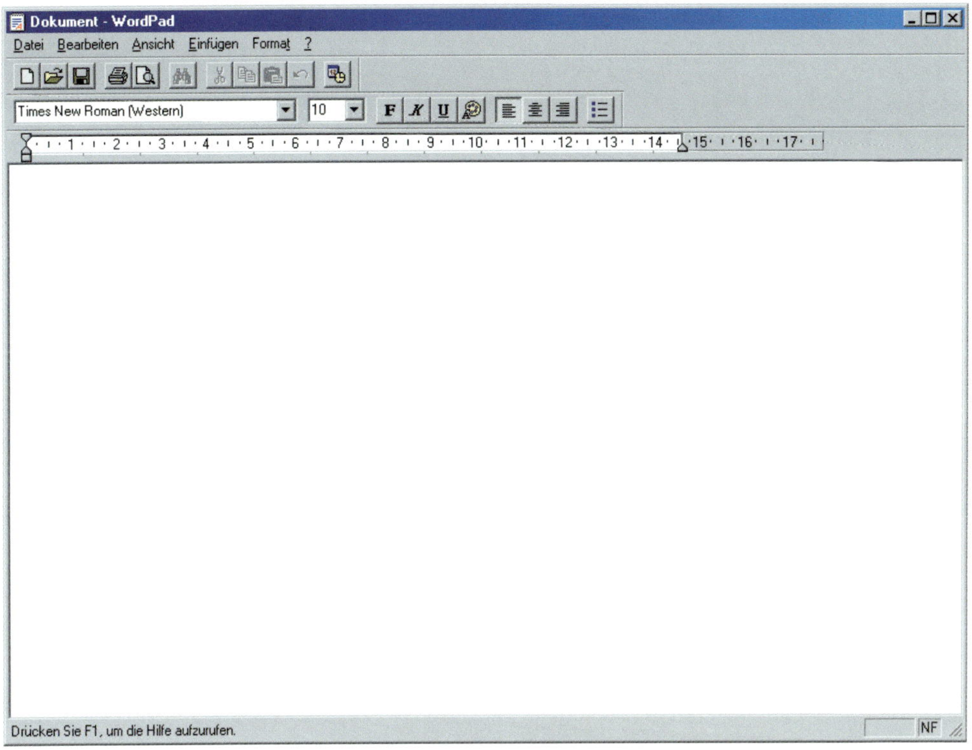

Sobald Sie WordPad gestartet haben, können Sie all Ihr bis jetzt erworbenes Wissen über Programme und Menüs anwenden.

WordPad starten

1. **Öffnen Sie das Startmenü, und wählen Sie im Menü Programme/Zubehör den Eintrag WordPad.**
2. **WordPad wird gestartet und öffnet gleichzeitig ein leeres Dokumentfenster.**

Hier ein kurzer Überblick über das WordPad-Dokumentfenster, in dem Sie Ihren Text bearbeiten können:

Unterhalb der Menüleiste lassen sich in WordPad zwei Symbolleisten mit Schaltflächen einblenden. Diese Schaltflächen bieten Ihnen die wichtigsten Befehle zur Bearbeitung des Dokuments.

Die **Symbolleiste** enthält Schaltflächen zum Öffnen und Speichern, zum Ausdrucken, zum Arbeiten mit der Zwischenablage und so weiter.

Die **Bearbeitungsleiste** bietet Zugriff auf alle Funktionen, mit denen Sie markierte Textbereiche formatieren können.

Unterhalb der Symbolleisten sehen Sie ein **Lineal** mit Randstellern.

Den unteren Rand des Dokumentfensters bildet die **Statusleiste** des Programms.

Sie können die einzelnen Symbolleisten,

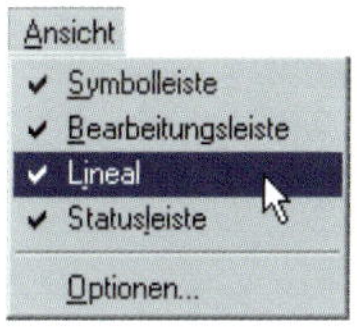

das Lineal sowie die Statusleiste über die Befehle des Menüs **Ansicht** ein- oder ausblenden (siehe Abbildung). Ein Häkchen vor dem betreffenden Befehl weist – wie immer unter Windows – darauf hin, dass die betreffende Leiste eingeblendet ist.

Zwischenablage

Die Zwischenablage enthält eine Kopie der Daten, die zuletzt „kopiert“ oder „ausgeschnitten“ wurden. Mit Hilfe der „Einfügen“-Funktion kann der Inhalt der Zwischenablage in das aktuelle Programm übernommen werden.

tipp

Schnelle Zusatzinfos: WordPad unterstützt die QuickInfo-Funktion, das heißt beim Zeigen auf eine Schaltfläche wird ein Infotext mit dem Namen der Funktion angezeigt.

Ein neues WordPad-Dokument anlegen

Sie können mit WordPad neue Dokumente anlegen, bestehende Dokumente öffnen oder Dokumente speichern. Die betreffenden Befehle rufen Sie im Menü **Datei** bzw. über die Schaltflächen der Symbolleiste ab. Zuerst ein Blick auf die Möglichkeiten, um ein neues Dokument anzulegen:

Ein neues Dokument anlegen

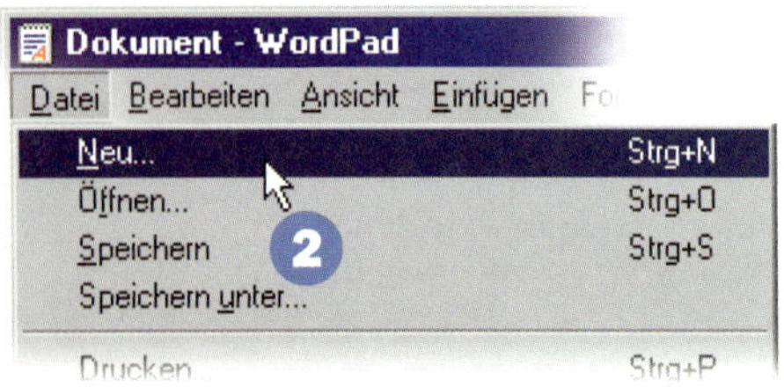

1. **Klicken Sie auf die Schaltfläche Neu der Symbolleiste.**
2. **Alternativ können Sie im Menü Datei den Befehl Neu wählen.**
3. **WordPad öffnet ein Dialogfeld, in dem Sie den Dokumenttyp auswählen können.**

Das Programm unterstützt verschiedene Dateiformate:

Das Format „RTF-Dokument“ (Rich Text Format) können Sie zur Übertragung von formatierten Textdateien zwischen unterschiedlichen Textverarbeitungsprogrammen verwenden.

Wählen Sie den Dokumenttyp „Word 6-Dokument“, falls Sie die Dokumentdateien später mit Microsoft Word 6.0 oder nachfolgenden Versionen öffnen oder bearbeiten möchten.

„Textdokument“ können Sie nutzen, um Textdokumente ohne weitere Formatierung zu verfassen. Diese Dokumentdateien lassen sich auch durch den Windows-Editor (siehe **Startmenü/Programme/Zubehör**) öffnen und bearbeiten.

Mit dem Dateiformat „Unicode-Textdokument“ können Sie sogar Textdokumente in anderen Sprachen wie Kyrillisch, Arabisch, Hebräisch, Kanji etc. erstellen und speichern.

tipp

*Der schnelle Klick: Das Dialogfeld **Neu** lässt sich in WordPad auch direkt über die Tastenkombination **Strg+N** öffnen.*

move on

Formatierung ohne Grenzen? Sie können auch Texte in Microsoft Word erstellen und später mit WordPad bearbeiten. Jedoch unterstützt WordPad nicht alle Word-Formatierungen. Öffnen Sie eine solche mit Microsoft Word bearbeitete Datei in WordPad, können also einzelne Word-Formatierungen verloren gehen.

Dateiformat

Es legt fest, wie eine Datei gespeichert und auf dem Bildschirm und beim Drucken ausgegeben wird, etwa als Text oder als Grafik.

Editor

Ein Programm zum Erstellen von Dateien oder zum Ändern von bestehenden Dateien. Ein Editor ist in der Regel weniger leistungsfähig als ein Textverarbeitungsprogramm. So verfügt ein Editor nicht über Formatierungsoptionen, zum Beispiel für die Verwendung der Kursivschrift.

Ein WordPad-Dokument speichern

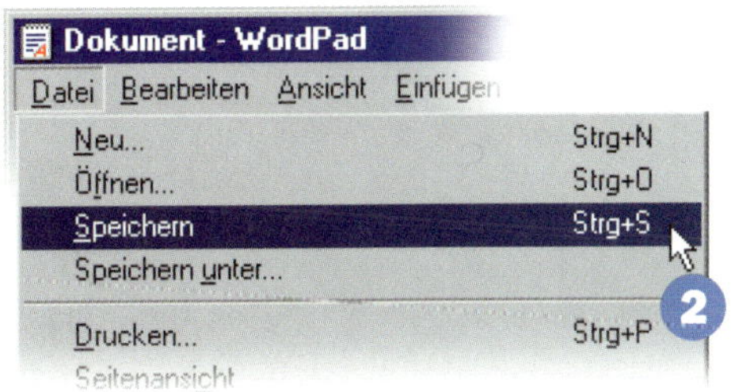

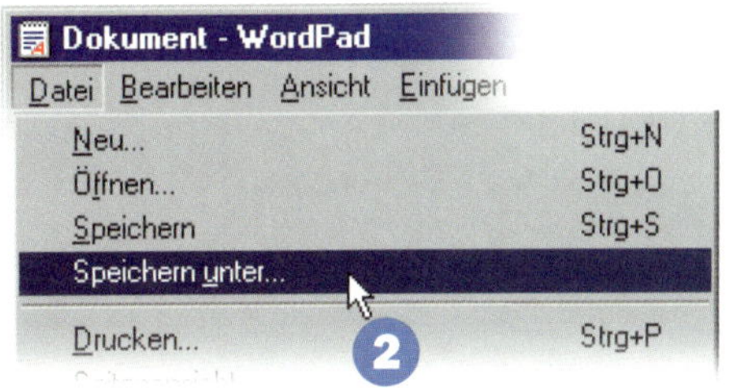

So wie bei anderen Programmen öffnet WordPad beim ersten Speichern eines neuen Dokuments das Dialogfeld **Speichern unter**, in dem Sie den Speicherort und den Dokumentnamen angeben. Dabei gelten die in Kapitel 3 „Den Überblick behalten: Laufwerke, Dateien und Ordner" erwähnten Namenskonventionen.

Ein Dokument speichern

1. **Klicken Sie auf die entsprechende Schaltfläche der Symbolleiste.**
2. **Alternativ wählen Sie im Menü Datei die Befehle Speichern oder Speichern unter.**
3. **Legen Sie das Laufwerk und den Ordner zum Speichern im Listenfeld Speichern in bzw. in der Ordnerliste des Dialogfelds fest.**
4. **Im Listenfeld Dateityp geben Sie das Format zum Speichern an.**
5. **Geben Sie den gewünschten Dateinamen im gleichnamigen Feld ein. (Sie können auf die Dateinamenerweiterung verzichten, da WordPad diese automatisch entsprechend dem Dateityp ergänzt.)**
6. **WordPad legt das Dokument ab.**

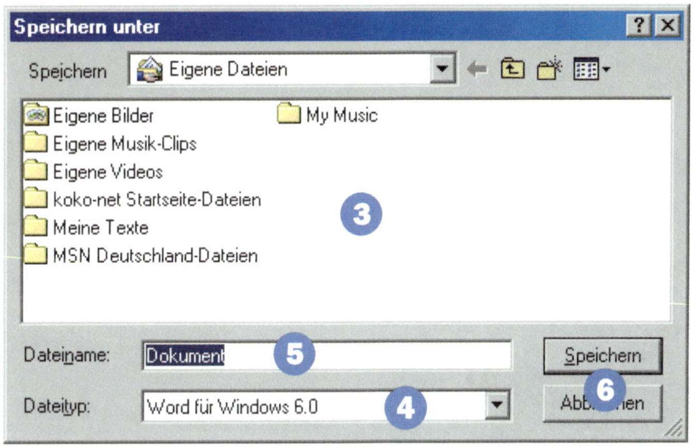

Dateinamenerweiterung

Ein ergänzender Bestandteil des Dateinamens. Er zeigt an, um welche Art von Dokument es sich handelt, zum Beispiel .txt für Textdokument.

tipp

*Die passende Tastenkombination: Zum Speichern können Sie in WordPad (wie in vielen anderen Windows-Anwendungen) auch die Tastenkombination **Strg+S** verwenden.*

WordPad-Dokumente öffnen

Wie Sie generell Dokumente öffnen, haben Sie in Kapitel 3 „Den Überblick behalten: Laufwerke, Dateien und Ordner“ gelernt. Wenn Sie ein WordPad-Dokument öffnen möchten, müssen Sie jedoch zusätzlich einige Dinge beachten: Falls Sie WordPad als einziges Textprogramm installiert haben, reicht in der Regel ein Doppelklick auf die Dokumentdatei aus, um diese mit WordPad zu öffnen. Sobald Sie jedoch ein Programm wie Microsoft Word installiert haben, das ebenfalls die von WordPad unterstützten Text-Dateitypen öffnen kann, müssen Sie die Dokumente aus WordPad heraus öffnen. Das Gleiche gilt beispielsweise bei der Bearbeitung von Textdateien mit der Dateinamenerweiterung .txt.

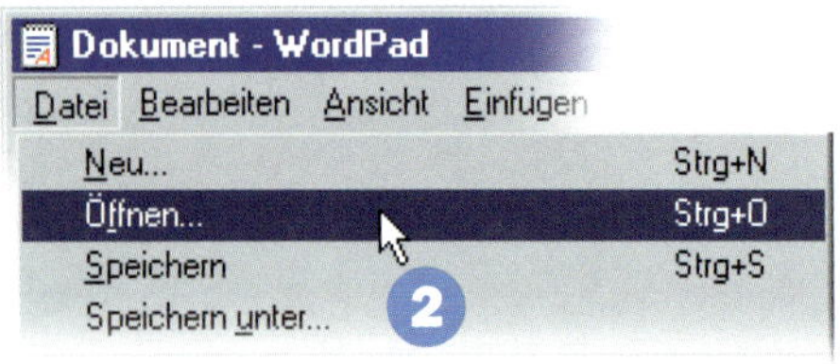

Ein Dokument in WordPad öffnen

1. Klicken Sie in der WordPad-Symbolleiste auf die Schaltfläche Öffnen.
2. Alternativ wählen Sie im Menü Datei den Befehl Öffnen.
3. Markieren Sie im Listenfeld Dateityp den entsprechenden Eintrag, um die gewünschten Textdateien anzuzeigen.
4. Dann wählen Sie im Listenfeld Suchen in das Laufwerk und den Dokumentordner aus. Unterordner öffnen Sie, indem Sie auf die betreffenden Symbole doppelklicken.
5. WordPad zeigt Ihnen nun im Dialogfeld Öffnen die im aktuellen Ordner befindlichen Dateien des eingestellten Dokumenttyps an.
6. Wählen Sie die gewünschte Dokumentdatei aus, und klicken Sie anschließend auf die Schaltfläche Öffnen.

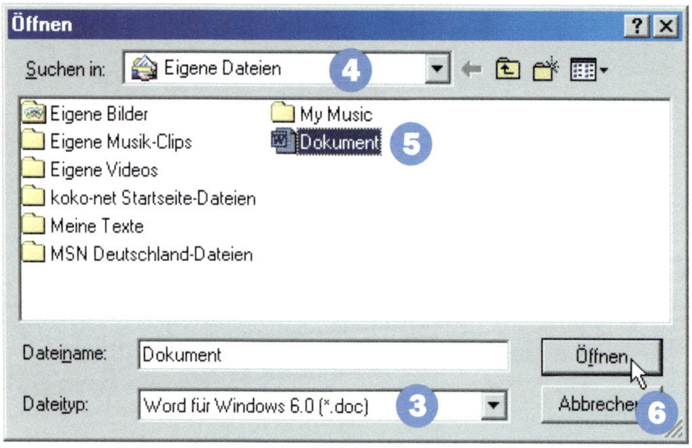

tipp

Auch hier gibt's eine schnellere Alternative: Zum Öffnen können Sie in WordPad auch die Tastenkombination ***Strg+O*** *verwenden.*

Die Einfügemarke positionieren und Text markieren

Genug der Vorrede! Jetzt geht es los mit der „richtigen" Textverarbeitung. Bevor Sie Text eingeben oder Änderungen daran vornehmen können, müssen Sie die Einfügemarke positionieren. Dies erledigen Sie entweder per Mausklick an der gewünschten Stelle oder mit der Tastatur, etwa mit den Pfeiltasten.

Und weiter: Nur markierte Stellen können bearbeitet werden. Deshalb ist das Markieren eine der grundlegenden Techniken in der Textverarbeitung. Markierten Text erkennen Sie stets an der farbigen Hervorhebung (siehe Abbildung).

Im Laufe der Zeit werden Sie für das Positionieren der Einfügemarke und das Markieren sicher Ihren eigenen Stil entwickeln – aus den Möglichkeiten, die Maus und Tastatur Ihnen hierzu bieten.

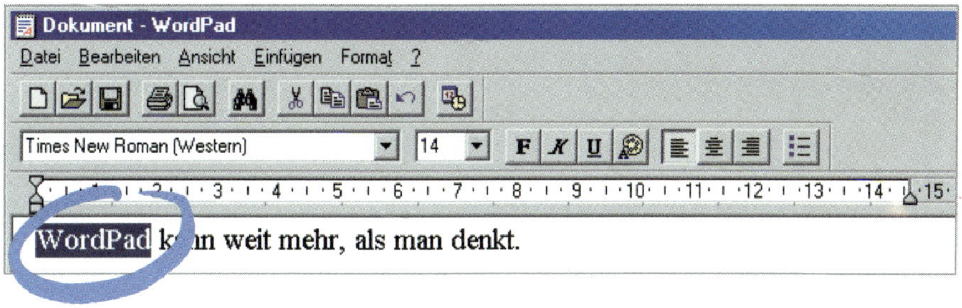

Vier Wege, um Text zu markieren

1. **Beliebiger Abschnitt: Mit gedrückt gehaltener linker Maustaste über den Text ziehen.**
2. **Ein einzelnes Wort können Sie per Doppelklick markieren.**
3. **Zum Markieren einer Zeile positionieren Sie den Mauszeiger an deren linken Rand, bis der Mauspfeil nach rechts oben „kippt", und klicken einmal.**
4. **Ein Absatz wird wie eine Zeile markiert, einziger Unterschied: am Ende müssen Sie doppelklicken.**

tipp

Markieren für Tipper:
Strg+A *Ganzes Dokument*
Umschalt+Ende *Bis zum Zeilenende*
Umschalt+Pos1 *Bis zum Zeilenanfang*
Umschalt+Nach-unten *Um eine Zeile nach unten*
Umschalt+Nach-oben *Um eine Zeile nach oben*
Strg+Umschalt+Nach-unten *Bis zum Absatzende*
Strg+Umschalt+Nach-oben *Bis zum Absatzanfang*
Umschalt+Bild-ab *Um eine Bildschirmseite nach unten*
Umschalt+Bild-auf *Um eine Bildschirmseite nach oben*
Strg+Umschalt+Pos1 *Bis zum Dokumentenanfang*
Strg+Umschalt+Ende *Bis zum Dokumentenende*

tipp

Positionieren für Tipper:
Nach-links-Taste *Ein Zeichen nach links*
Nach-rechts-Taste *Ein Zeichen nach rechts*
Strg+Nach-oben *Ein Absatz nach oben*
Strg+Nach-unten *Ein Absatz nach unten*
Nach-oben-Taste *Eine Zeile nach oben*
Nach-unten-Taste *Eine Zeile nach unten*
Bild-auf *Eine Bildschirmseite aufwärts (Bildlauf)*
Bild-ab *Eine Bildschirmseite abwärts (Bildlauf)*
Strg+Bild-ab *An den Anfang der nächsten Seite*
Strg+Bild-auf *An den Anfang der vorherigen Seite*

Textformatierung mit WordPad I

Richtig spannend wird Textverarbeitung erst, wenn Sie den Text nach Ihren Vorstellungen gestalten, das heißt formatieren.

Als kleines Beispiel soll jetzt ein Text in der Schriftart „Courier“ formatiert werden.

Schriftart festlegen

1. **Geben Sie einen kurzen Text ein.**
2. **Markieren Sie den gesamten Text, indem Sie die Tastenkombination Strg+A drücken oder im Menü Bearbeiten den Befehl Alles markieren wählen.**
3. **Wählen Sie im Listenfeld Schriftart die Schriftart „Courier“.**
4. **WordPad formatiert den gesamten markierten Text in der gewählten Schriftart.**

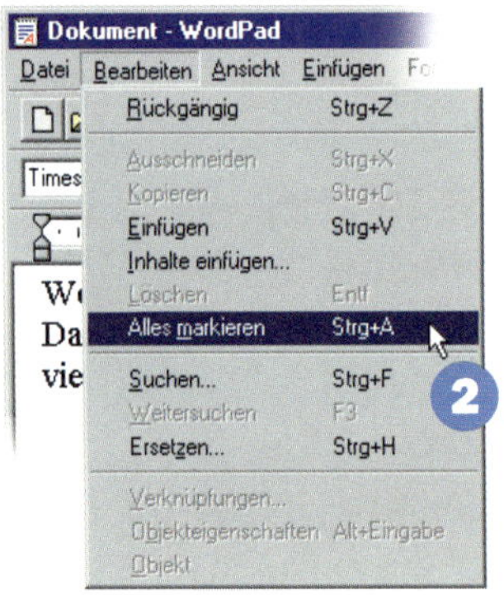

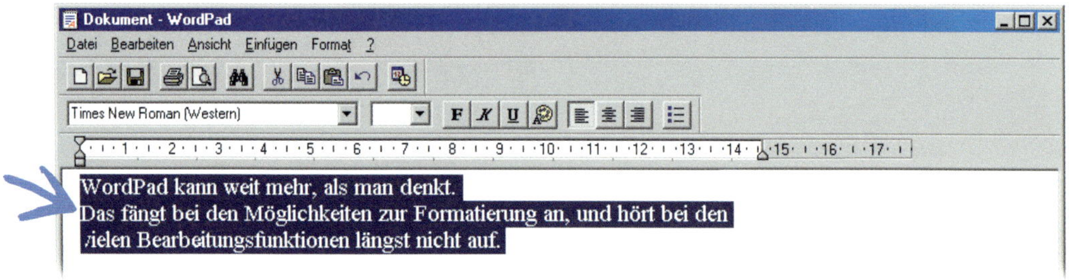

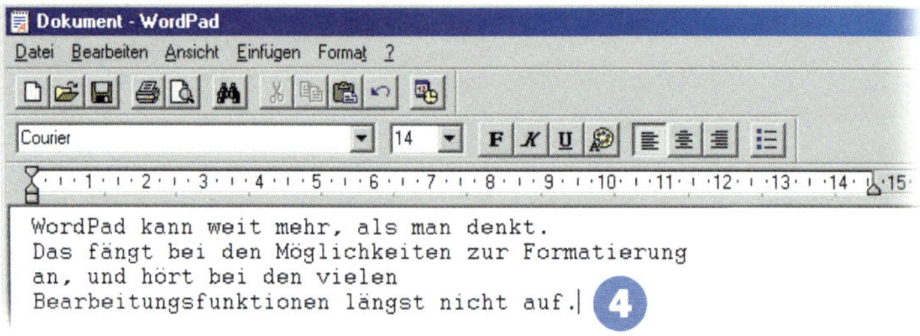

tipp

*Einfach drauf los? Beim Eintippen von Text kümmert sich am Zeilenende WordPad darum, Ihren Text in die neue Zeile „rutschen“ zu lassen. Lediglich am Absatzende drücken Sie einmal die **Eingabetaste**, um zum nächsten Absatz weiterzuschalten.*

tipp

*Gerade beim Formatieren praktisch: Um den letzten Schritt zurückzunehmen, klicken Sie auf die Schaltfläche **Rückgängig**. Der gleichnamige Befehl im Menü **Bearbeiten** sowie die Tastenkombination **Strg+Z** haben die gleiche Wirkung.*

Schriftart

Der Name einer Schrift bzw. Schriftfamilie. Schriftarten besitzen zur Unterscheidung Namen wie Times New Roman, Arial, Verdana etc.

Ausrichtung

Text lässt sich für gewöhnlich in vier Varianten ausrichten: am rechten oder linken Rand (Profis nennen das Flattersatz), mittig (auch zentriert) oder als Block. Entsprechend spricht man von Blocksatz, Linksbündig, Rechtsbündig und Zentriert.

Textformatierung mit WordPad II

Wichtige Attribute bei der Formatierung sind die Ausrichtung, die Schriftgröße und der Schriftschnitt. Zu deren Illustration soll nun in unserem Beispieltext die erste Zeile als Überschrift in der Zeilenmitte zentriert und per Fettschrift und vergrößerten Buchstaben hervorgehoben werden.

Ausrichtung, Schriftschnitt und Schriftgröße ändern

1. **Markieren Sie mit der Maus die erste Zeile.**
2. **Passen Sie den Schriftgrad für den markierten Text über das gleichnamige Eingabefeld der Bearbeitungsleiste auf 24 Punkt an. Sie können diesen Wert direkt in das Feld eintippen, oder Sie öffnen die Liste und wählen eine vorgegebene Größe aus.**
3. **Durch einen Mausklick auf die Schaltfläche** Fett **formatieren Sie den Text entsprechend.**
4. **Klicken Sie in der Bearbeitungsleiste auf die Schaltfläche** Zentrieren**.**
5. **Zum Abschluss klicken Sie hinter die zweite Zeile, um die Einfügemarke dort zu positionieren.**
6. **Durch zweimaliges Drücken der** Eingabetaste **erzeugen Sie zwei Leerzeilen.**

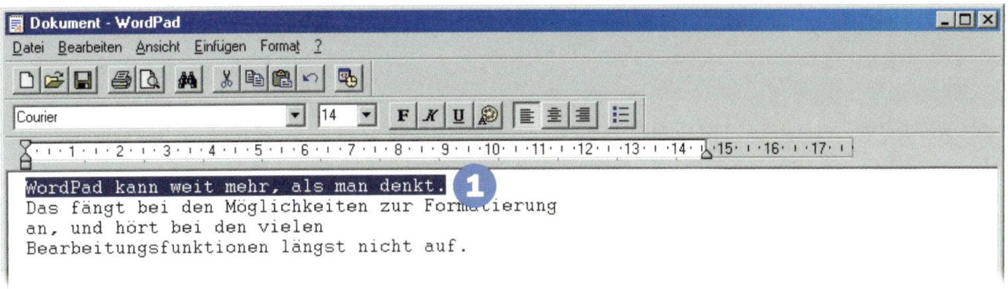

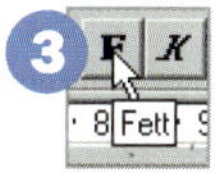

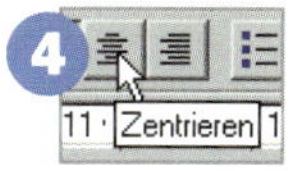

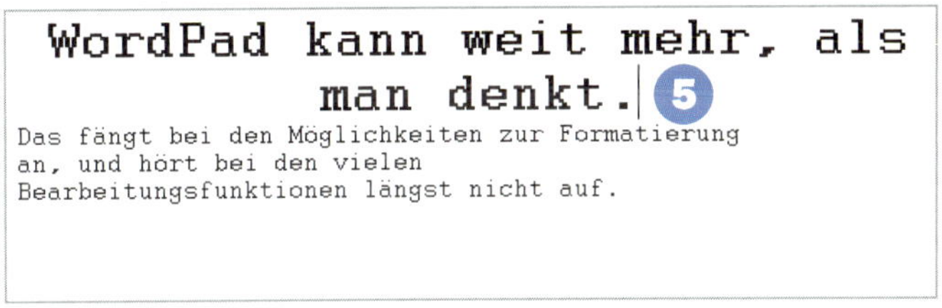

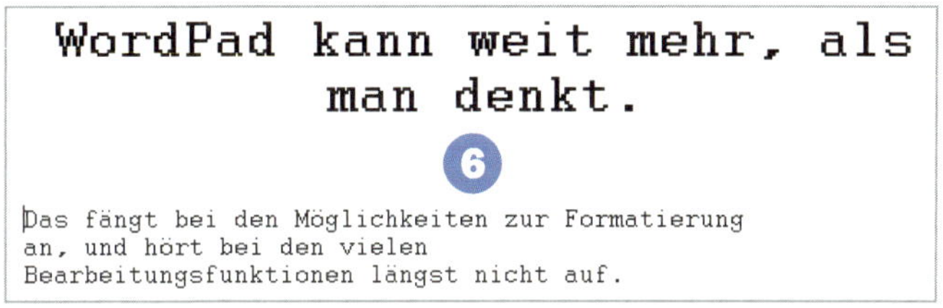

tipp

Hervorgehobene Position: Zur besseren Orientierung werden die jeweils zur Formatierung des aktuell markierten Texts benutzten Schaltflächen „eingedrückt" dargestellt. Ein Mausklick auf die betreffende Schaltfläche hebt das zugehörige Format wieder auf.

Schriftgröße

Die Größe einer Schrift, angegeben in Punkt (pt).

Schriftschnitt

Eine Abwandlung einer Schriftart, für die ein eigener Schriftstil vorliegt, also fett (bold), kursiv (italic) etc. Im Gegensatz dazu werden Effekte wie „unterstrichen" vom Programm erzeugt. Nicht jede Schriftart gibt es in allen Schnitten.

Im Dokument navigieren

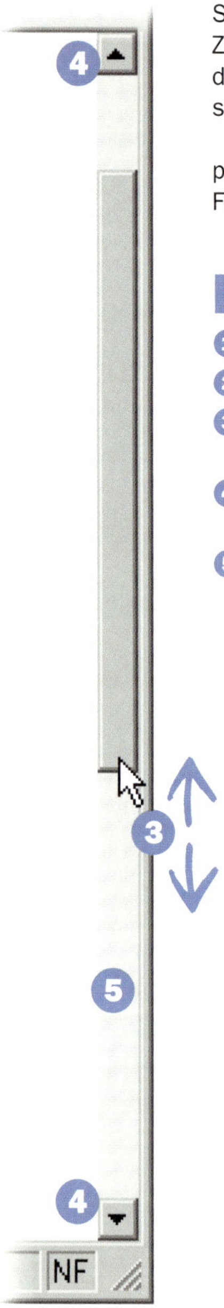

Die Einfügemarke zeigt Ihnen immer die Stelle an, an der Ihr nächstes eingetipptes Zeichen erscheint. Bei leeren Zeilen kann dies natürlich immer nur der Zeilenanfang sein.

Um die Einfügemarke an einer Stelle zu positionieren, die Sie im Moment nicht im Fenster sehen, müssen Sie in Ihrem Dokument „blättern“ (siehe auch Kapitel 2 „Im Schnelldurchlauf: die wichtigsten Grundlagen“). Reicht die Fenstergröße nicht aus, um den kompletten Inhalt anzuzeigen, enthält das Fenster horizontale und/oder vertikale Bildlaufleisten. Das Beispiel zeigt eine vertikale Bildlaufleiste

Den Fensterausschnitt verändern

1. **Öffnen Sie ein Dokument mit einem Text, der über den Fensterausschnitt hinausreicht.**
2. **Klicken Sie mit der Maus auf die Bildlaufleiste.**
3. **Sie können den Bildlaufpfeil per Maus in die gewünschte Richtung ziehen, um den angezeigten Fensterausschnitt zu verschieben.**
4. **Alternativ können Sie auf die beiden Schaltflächen (mit den Pfeilen) am Ende der Bildlaufleiste klicken, um zeilenweise in Ihrem Text zu blättern.**
5. **Ein seitenweises Blättern erreichen Sie durch Klicken auf den Bereich der Bildlaufleiste, der ober- oder unterhalb eines Bildlaufpfeils liegt.**

Textelemente suchen

Wo stand das bloß? Sobald Sie einen längeren Text eingegeben haben, etwa ein Manuskript oder einen längeren Brief, ist es kaum mehr möglich, immer und an jeder Dokumentstelle den Überblick zu behalten, wo denn nun was steht. Wenn Sie in einem solchen Fall einen Abschnitt oder eine Formulierung suchen, können Sie das Suchmodul Ihrer Textverarbeitung nutzen.

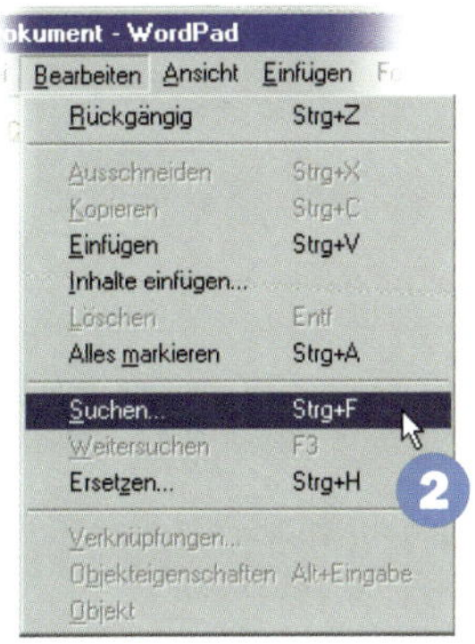

Nach Text suchen

1. **Positionieren Sie die Einfügemarke im Dokument, oder markieren Sie einen Textabschnitt, in dem Sie suchen möchten.**
2. **Wählen Sie im Menü Bearbeiten den Eintrag Suchen, oder drücken Sie Strg+F.**
3. **Geben Sie den Suchtext im Textfeld Suchen nach ein.**
4. **Bei Bedarf markieren Sie die Kontrollkästchen für Groß-/Kleinschreibung oder Nur ganzes Wort suchen.**
5. **Klicken Sie auf Weitersuchen.**
6. **Gefundene Dokumentstellen werden farblich hervorgehoben.**
7. **Per Abbrechen können Sie das Dialogfeld jederzeit verlassen.**

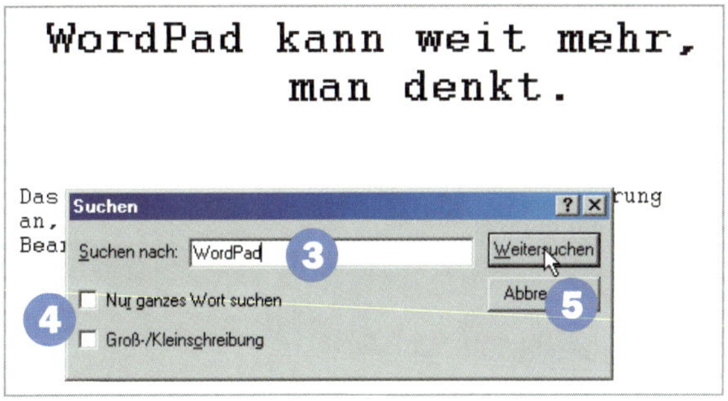

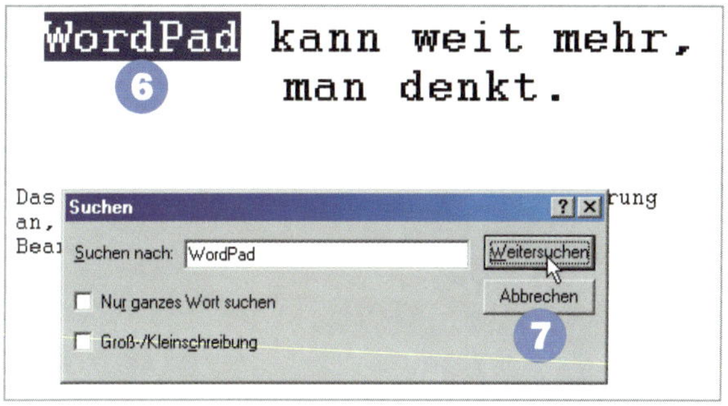

Textelemente ersetzen

Die ebenso praktische „Zwillingsschwester“ der Funktion **Suchen** ist das **Ersetzen**. Damit können Sie WordPad anweisen, Textstellen zu suchen und gleichzeitig gegen andere auszutauschen, falls Sie zum Beispiel einen Namen im gesamten Dokument auswechseln möchten.

Text ersetzen

1. **Um bestimmte Begriffe im Dokument direkt durch andere Begriffe zu ersetzen, wählen Sie im Menü Bearbeiten den Befehl Ersetzen. Alternativ dazu können Sie auch die Tastenkombination Strg+H drücken.**
2. **Im Dialogfeld Ersetzen tippen Sie den Suchbegriff im Feld Suchen nach ein.**
3. **Den neuen Begriff geben Sie im Feld Ersetzen durch ein.**
4. **Über die Schaltfläche Ersetzen können Sie bei jeder gefundenen Dokumentstelle ein eventuelles Ersetzen bestätigen.**
5. **Mit Alles ersetzen führt WordPad den kompletten Vorgang selbsttätig ohne weitere Rückfrage durch.**
6. **Über die Kontrollkästchen können Sie auch hier zusätzliche Kriterien für die Suchaktion angeben.**
7. **Per Abbrechen können Sie das Dialogfeld jederzeit verlassen.**

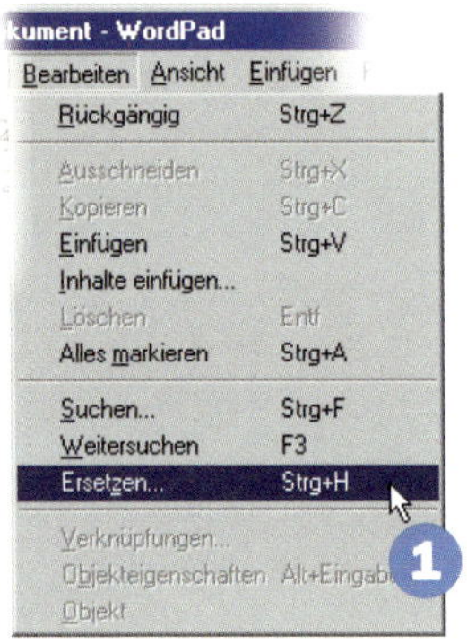

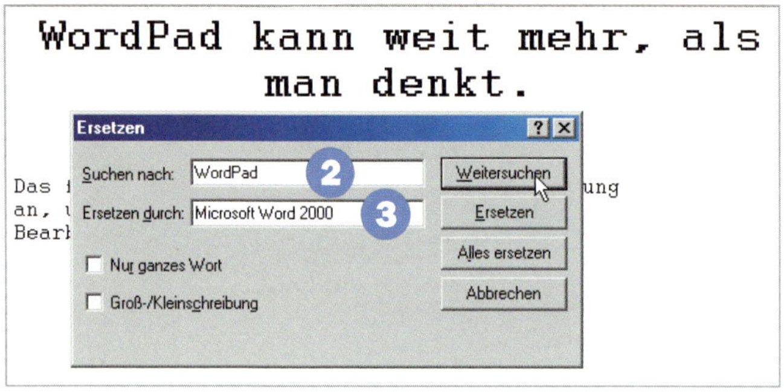

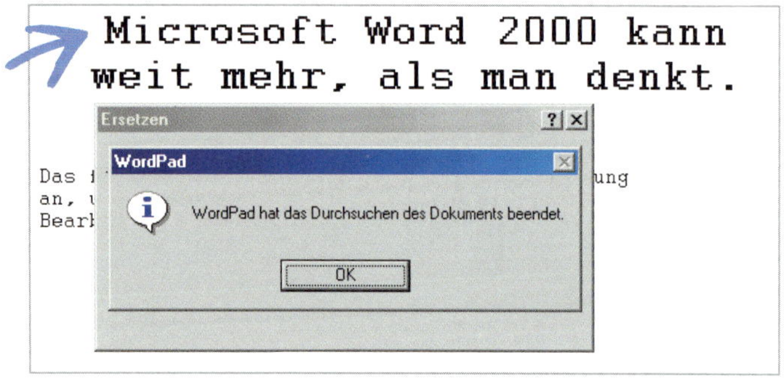

Ausschneiden, Kopieren, Einfügen

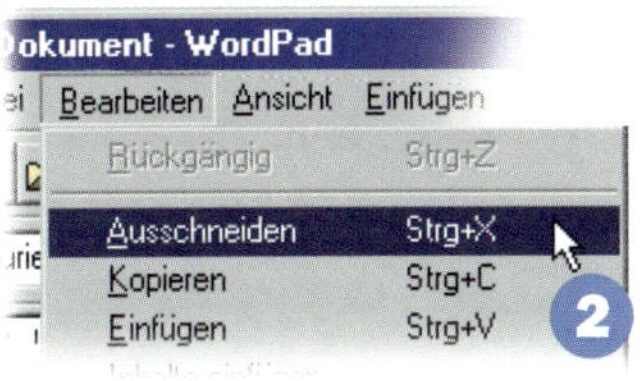

Soll dieser Text wirklich da stehen, wo er im Moment steht? Oder doch lieber auf der übernächsten Seite? Nichts einfacher als das: In WordPad können Sie – wie in jeder Textverarbeitung – Textteile kopieren, ausschneiden und einfügen.

Beim Ausschneiden, Kopieren und Einfügen markieren Sie zunächst den Bereich, den Sie verschieben oder kopieren möchten. Daraufhin speichern Sie ihn in der Windows-Zwischenablage und fügen ihn abschließend an einer anderen Stelle im selben Dokument oder in ein anderes Dokument ein.

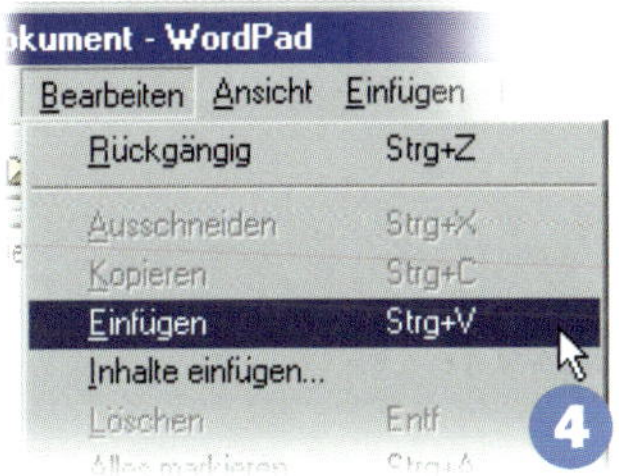

Textelemente ausschneiden und einfügen

1. **Markieren Sie die gewünschten Textelemente.**
2. **Wählen Sie im Menü Bearbeiten den Eintrag Ausschneiden, oder drücken Sie Strg+X.**
3. **Setzen Sie die Einfügemarke an die neue Stelle.**
4. **Wählen Sie im Menü Bearbeiten den Eintrag Einfügen, oder drücken Sie Strg+V.**

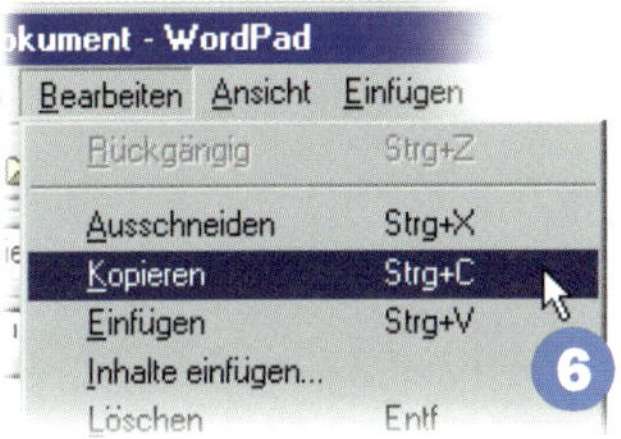

Textelemente kopieren

5. **Markieren Sie die gewünschten Textelemente.**
6. **Wählen Sie im Menü Bearbeiten den Eintrag Kopieren, oder drücken Sie Strg+C.**
7. **Setzen Sie die Einfügemarke an die neue Stelle.**
8. **Wählen Sie im Menü Bearbeiten den Eintrag Einfügen, oder drücken Sie Strg+V.**

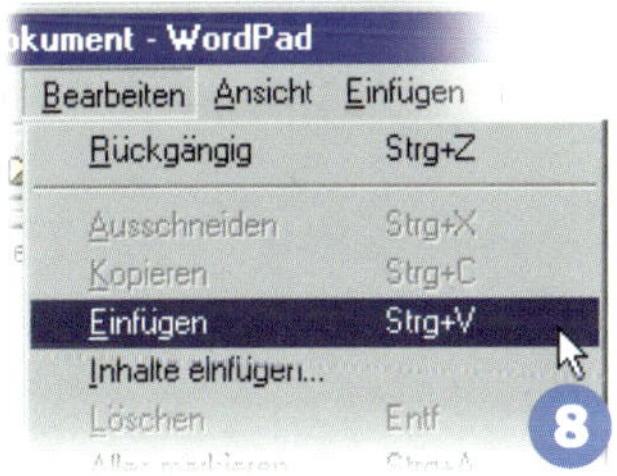

move on

Drag-und-Drop: Sie können Inhalte wie Texte oder Grafiken natürlich auch per Drag-und-Drop kopieren. Mehr dazu lesen Sie in Kapitel 2 „Im Schnelldurchlauf: die wichtigsten Grundlagen“.

Dokumente drucken

Was wäre eine Textverarbeitung ohne die Möglichkeiten und Funktionen für den Ausdruck? Schließlich will man das Ergebnis seiner Bemühungen ja Schwarz auf Weiß besitzen und an andere weitergeben. Zum Beispiel einen Briefbogen, eine Einladung oder, oder, oder.

Hier ein kurzer Blick auf die Möglichkeiten, die Sie beim „normalen" Ausdruck haben. Sie gelten übrigens für alle Windows-Anwendungen.

Dokument drucken

1. **Schalten Sie Ihren Drucker ein.**
2. **Wählen Sie im Menü Datei den Befehl Drucken.**
3. **Oder drücken Sie Strg+P.**
4. **Bei Bedarf legen Sie über die gleichnamige Schaltfläche die Eigenschaften wie die Papiergröße oder weitere Optionen fest.**

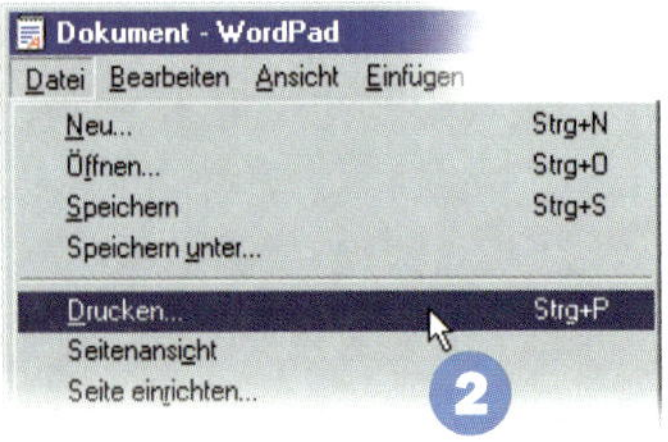

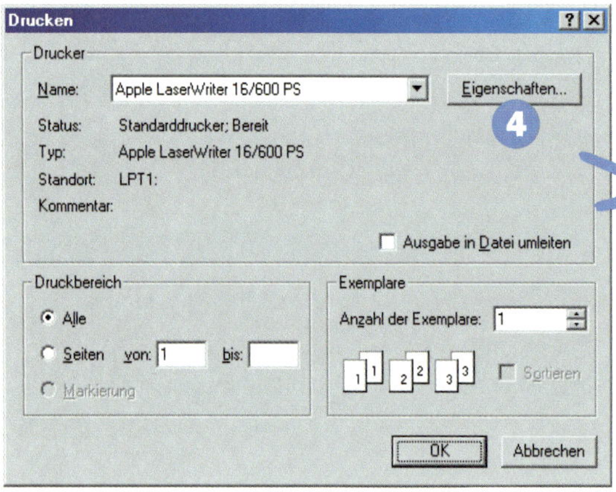

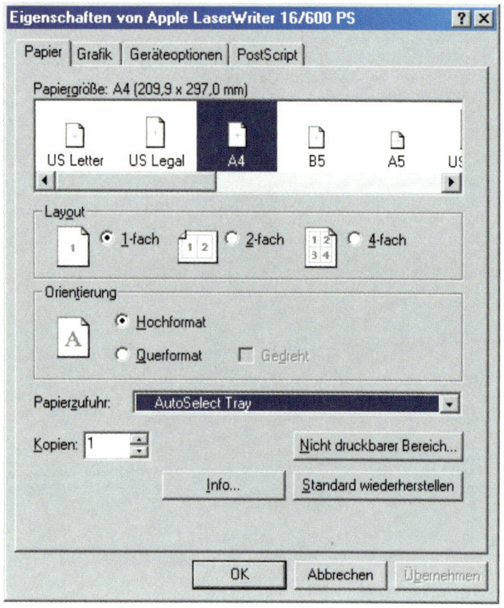

Meist reichen die Standardeinstellungen aus. Interessant sind die Möglichkeiten für den Seitenbereich, das heißt, ob Sie alle Seiten drucken möchten oder Seitenbereiche, wie zum Beispiel die Seiten 8 bis 25. Wichtig ist auch die Angabe der Anzahl der Exemplare.

Papiergröße

Beispiele sind DIN A4 oder Briefumschlag C6.

Dokumente faxen

Eine Alternative, Dokumente zu verschicken, ist das Faxen direkt von Ihrem PC aus. Obwohl Windows kein Faxprogramm beinhaltet, verfügt Ihr Modem möglicherweise über Faxfunktionen. Schlagen Sie gegebenenfalls in der mit dem Computer oder Modem gelieferten Dokumentation nach.

Dokumente faxen

1. **Öffnen Sie das WordPad-Dokument, das Sie per Faxmodem versenden möchten.**
2. **Wählen Sie im Menü Datei den Eintrag Drucken.**
3. **Sofern Sie ein Faxmodem installiert haben, erscheint es im Dialogfeld Drucken im Auswahlfeld Name. Wählen Sie Ihr Modem aus.**
4. **Klicken Sie auf OK, den Rest erledigt die zu Ihrem Modem zugehörige Faxsoftware.**

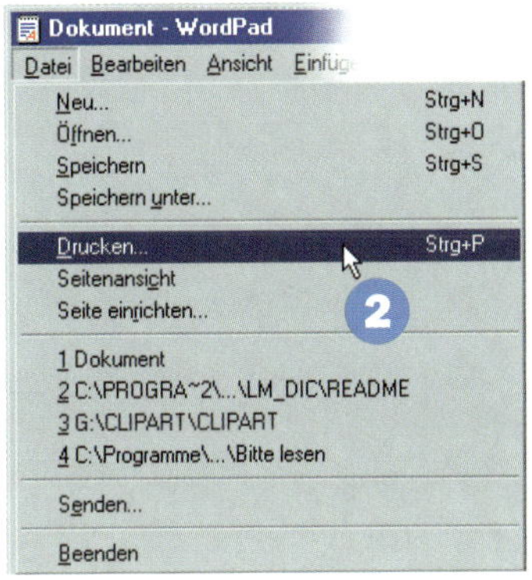

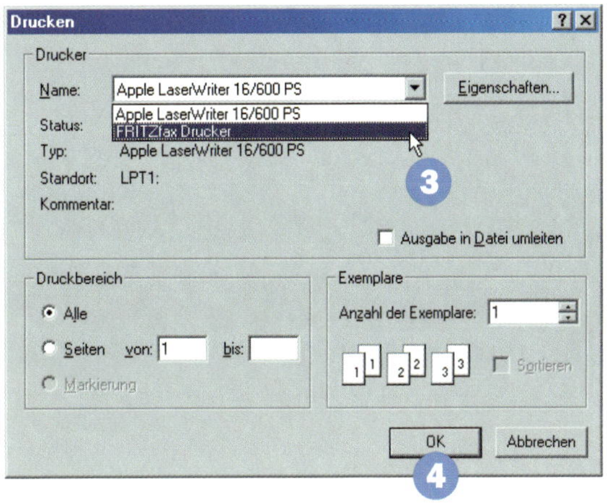

move on

Faxen übers Web: Wenn Sie über einen Internetzugang verfügen, können Sie möglicherweise Faxnachrichten mit einem webbasierten Faxdienst über das Internet senden. Dabei ist es unerheblich, ob Sie ein eigenes Faxgerät oder Faxmodem besitzen (siehe auch Kapitel 8 „Ab ins Datenmeer: mit dem Internet Explorer ins Web“).

tipp

Ganz konventionell: Natürlich können Sie Ihr Faxdokument auch erst auf dem Drucker ausgeben, und dann per herkömmlichem Faxgerät versenden.

sidestep

Teure – und ein wenig peinliche – Anrufe: Kein noch so erfahrener PC-Anwender ist ab und an vor kleinen „Fehlleistungen“ gefeit. Etwa wenn man die kostenpflichtige Hersteller-Hotline anruft, die zur Behebung des Problems nur einen einzigen Tipp geben muss: das externe Modem auch einzuschalten.

Faxmodem

Ein Modem, das Daten nicht nur zu einem anderen Computer, sondern auch zu einem Faxgerät senden kann. Dazu muss es die Daten in ein entsprechendes Faxformat umwandeln können.

Modem

Kurzform für Modulator/Demodulator. Damit lassen sich Computerdaten über normale Telefonleitungen übertragen.

good to **know**

Kapitel 1
Blickkontakt: erstes Kennenlernen von Windows Me
Kapitel 2
Im Schnelldurchlauf: die wichtigsten Grundlagen
Kapitel 3
Den Überblick behalten: Laufwerke, Dateien und Ordner
Kapitel 4
Schreib das auf: Text eingeben, importieren und bearbeiten

Punkt, Punkt,

Kapitel 5

Komma, Strich: *Malen und Zeichnen*

Zum Zubehör von Windows Me gehören auch Programme zur Bilderstellung und -bearbeitung. In diesem Kapitel lernen Sie einige Grundbegriffe rund um Grafiken und um das Zubehör-Programm Paint kennen:

1. **Farbtiefe**
2. **Grafikformate**
3. **Grafiken**
4. **Arbeiten mit Paint**
5. **Exportieren von Grafiken in andere Programme.**

Das Arbeiten mit Bildern

Ein Bild sagt mehr als tausend Worte – das weiß jeder. Doch wie erstellt man Bilddateien? Wie passt man sie entsprechend den eigenen Anforderungen an? Und wie fügt man Bilder in Dokumente ein?

Ihr Windows Me-PC hilft Ihnen auch dabei. Selbstverständlich ist es in solch einem kurzen Kapitel nicht einmal annähernd möglich, Ihnen das Wichtigste über Grafiken aufzuzeigen. Dieses Kapitel ist deshalb nicht mehr als eine Kurzeinführung in einige wichtige Begriffe im Bereich der Computergrafik. Es will Sie ein wenig sensibel für das Thema machen – und neugierig auf eigene Entdeckungstouren, etwa mit dem Programm Paint. Dieses Zubehör-Programm ist ein universelles Zeichen- und Bearbeitungsprogramm für Windows-Bilddateien. Sie können damit eigene Grafiken und Zeichnungen erstellen oder vorhandene Bilddateien laden und bearbeiten. Diese Dateien können dann in anderen Windows-Programmen verwendet werden, etwa in WordPad oder Microsoft Word. Oder Sie erstellen damit einen eigenen Desktop-Hintergrund (siehe Kapitel 10 „Me for you: Windows an eigene Anforderungen anpassen“).

Daneben erhalten Sie ein wenig Grundwissen über Grafikformate und Farbtiefe. Wissen, das Sie vor allem beim Austausch von Bilddateien nutzen können.

Sind Sie bereit zu einer kurzen „Bilder-Tour“?

sidestep

Vorsicht, Bilder! Haben Sie schon einmal eine E-Mail mit einem angehängten Bild bekommen – und sich darüber geärgert, dass die Übertragung fast eine halbe Stunde gedauert hat? Dann hat Ihr E-Mail-Partner sicher versäumt, die Datei in einem fürs Web passenden Format zu speichern. Ohne das entsprechende Know-how lässt sich eben auch das Web nicht optimal nutzen.

Farbtiefe und Grafikformate

Bilder und einfache Zeichnungen setzen sich am PC aus einzelnen farbigen Bildpunkten zusammen. Solche Bilder werden als „Bitmaps“ oder „Rastergrafiken“ bezeichnet. Das Programm Paint ermöglicht die Anzeige und Bearbeitung solcher Bitmap-Dateien unter Windows.

Bevor es losgeht, finden Sie im Folgenden zum besseren Verständnis ein paar Anmerkungen zur Farbtiefe und zu gebräuchlichen Grafikformaten:

Zum Speichern farbiger Bitmap-Bilder muss jeder einzelne Bildpunkt mit der jeweiligen Farbe in der Bilddatei gespeichert werden. Pro Farbwert wird dabei eine unterschiedliche Anzahl an Bits belegt. Bei einem „reinen“ Schwarzweißbild kann ein Bildpunkt bereits mit zwei Werten, 1 (weiß) oder 0 (schwarz), eindeutig definiert werden. Bei 16 Farben benötigt jeder Farbwert bereits 4 Bit, mit 8 Bit lassen sich 256 Farben festlegen, und 24 Bit ermöglichen die Darstellung von bis zu 16,8 Millionen Farben.

Die Zahl der Farben pro Bildpunkt wird auch als Farbtiefe bezeichnet. Üblicherweise gibt man die Farbtiefe in Bit pro Pixel an. 24 Bit pro Pixel entsprechen einem Bild mit 16,8 Millionen Farben. Entsprechend lassen sich mit 8 Bit pro Pixel 256 unterschiedliche Farben darstellen.

Die Abbildungen auf dieser Seite zeigen eine Bilddatei in drei Varianten: mit 24 Bit Farbtiefe (TrueColor, Abbildung 1), mit 8 Bit (Abbildung 2) und mit 4 Bit (Abbildung 3). Sie sehen, je höher die Farbtiefe, desto besser die Darstellung. Die Kehrseite: Je höher die Farbtiefe, desto größer wird auch die Bilddatei. Dies kann Schwierigkeiten beispielsweise beim Datenaustausch über das Internet machen.

Im Laufe der Zeit haben sich für Bitmap-Bilder verschiedene Grafikformate entwickelt. Diese Grafikformate sind untereinander nicht kompatibel. Hier drei populäre „Vertreter“, die auch Paint unterstützt:

Unter Windows wird allgemein das BMP-Format (Bitmap) zur Speicherung von Bildern verwendet.

Im Internet haben sich das GIF-Format (Graphics Interchange Format) und das JPEG-Format (Joint Photographic Experts Group) zur Speicherung von Bildern etabliert. Beide liefern sehr kleine Bilddateien.

1

2

3

Bildpunkt
Pixel

Komprimierung
Ein Verfahren zum Verringern des Volumens, die zum Speichern bzw. Übertragen eines Datenblocks erforderlich ist.

Pixel
Abkürzung für Picture (Pix) Element. Beschreibt einen Punkt in einem rechtwinkligen Gitter, das sich aus Tausend derartigen Punkten zusammensetzt. Ein Pixel ist das kleinste Element, das die entsprechenden Geräte anzeigen oder drucken können, und das sich per Software zur Erzeugung von Buchstaben, Ziffern oder Grafiken manipulieren lässt.

Mit Paint arbeiten

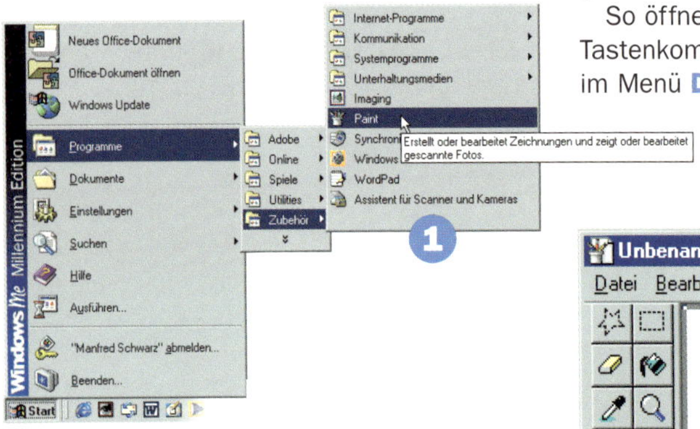

Als „richtiges“ Windows-Programm funktioniert Paint mit denselben Grundtechniken wie zum Beispiel WordPad. Das heißt, Sie nutzen dieselben Befehle und Tastenkombinationen zum Öffnen, Speichern und dergleichen.

So öffnen Sie ein Dokument über die Tastenkombination **Strg+O**, oder Sie wählen im Menü **Datei** den Befehl **Öffnen**. Um ein neues Dokument anzulegen, wählen Sie entsprechend im Menü **Datei** den Befehl **Neu**, oder Sie drücken die Tastenkombination **Strg+N**.

Zuvor müssen Sie Paint natürlich starten.

Paint starten

1. **Zum Starten des Programms wählen Sie im Startmenü den Eintrag Programme/Zubehör/Paint.**
2. **Es erscheint ein leeres Dokument.**

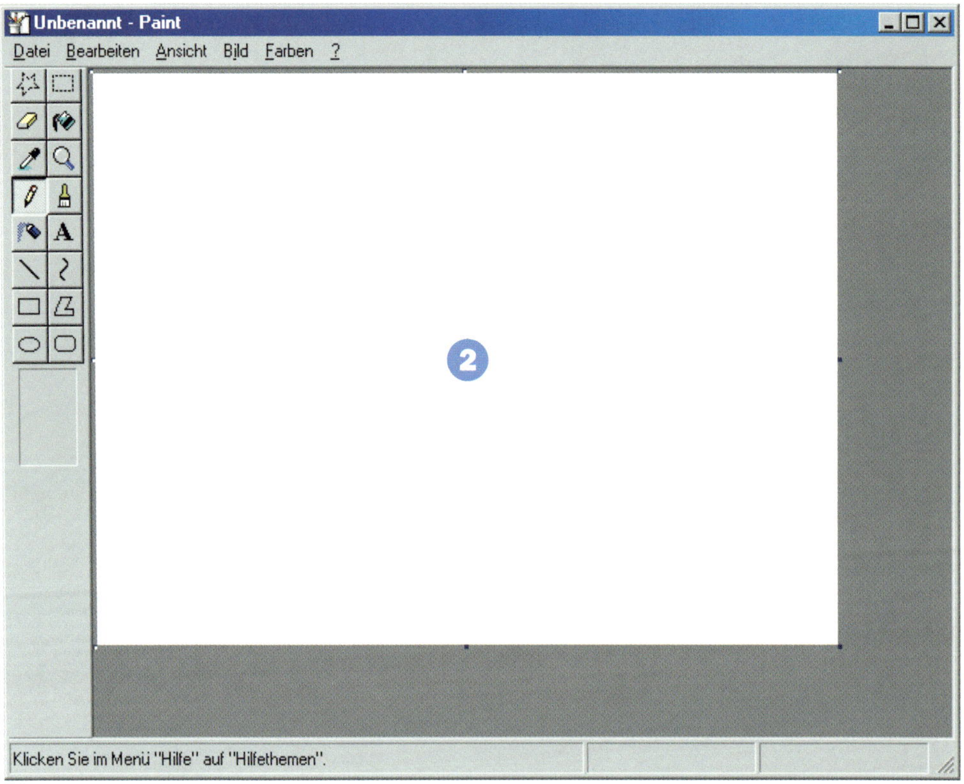

Die Werkzeugleiste von Paint

Die Werkzeugleiste ist die zentrale Schaltstelle für Ihre kreativen Arbeiten mit Paint. Über deren Schaltflächen rufen Sie alle wichtigen Funktionen zum Bearbeiten Ihres Bildes ab.

Sobald Sie mit der Maus über die Schaltflächen zeigen, zeigt Ihnen die QuickInfo, um welches Werkzeug es sich dabei handelt. Im „Werkzeugkasten" von Paint finden Sie: Freihandmarkierung und Rechteckmarkierung, Radiergummi, Farbfüllung, Zoomfunktion, Freihandzeichnen mit Pinsel und Stift, Sprühdose, Linienzeichnen, Kurven und Polygone zeichnen, Rechtecke und Quadrate zeichnen, Ellipsen und Kreise zeichnen, Rechtecke und Quadrate mit abgerundeten Ecken zeichnen sowie das untere „variable" Feld. Darin werden bei Werkzeugen wie Pinsel, Linien etc. die jeweils möglichen Werkzeugformen angezeigt. Mehr Informationen zu den einzelnen Werkzeugen finden Sie in der Online-Hilfe von Paint im Menü **?**.

move on

Werkzeuge schweben lassen: Sie können die Werkzeugleiste (wie auch die anderen Leisten) an jede beliebige Bildschirmposition ziehen. Zeigen Sie auf den Rand der betreffenden Leiste, sodass keine Schaltfläche beeinflusst wird. Halten Sie die Maustaste gedrückt, und ziehen Sie die Leiste vom Rand in Richtung Zeichenbereich weg. Sobald Sie die linke Maustaste loslassen, erhält die Leiste eine Titelleiste („Extras") und wird frei positioniert.

tipp

*Auf Tastendruck ein- und blenden: Über das Menü **Ansicht** können Sie Bildschirmelemente von Paint ein- oder ausblenden: Die Werkzeugleiste lässt sich zudem über die Tastenkombination **Strg+T** aufrufen.*

Farben auswählen und bearbeiten

In Paint können Sie jeweils eine Vorder- und eine Hintergrundfarbe zum Zeichnen wählen. Dazu klicken Sie jeweils eines der Farbfelder in der Farbpalette an. Die oberen 14 Farbfelder enthalten standardmäßig dunkle Farben, während Sie eher helle Farbtöne in der unteren Reihe finden.

Klicken Sie mit der linken Maustaste auf ein Farbfeld, wird die entsprechende Farbe für den Vordergrund benutzt. Ein Klick mit der rechten Maustaste auf ein Farbfeld legt die Hintergrundfarbe fest.

Sie können Farben aber auch individuell einstellen:

Farben bearbeiten

1. **Doppelklicken Sie auf das entsprechende Farbfeld.**
2. **Paint öffnet das Dialogfeld Farben bearbeiten.**
3. **Klicken Sie auf die Schaltfläche Farben definieren. Das Dialogfeld wird um Steuerelemente zur Farbdefinition erweitert.**
4. **„Mischen“ Sie sich Ihre eigene Farbe, und klicken Sie auf die Schaltfläche Farben hinzufügen.**
5. **Schließen Sie das Dialogfeld über OK.**
6. **Ab sofort können Sie auf Ihre neue Farbe in der Farbpalette zugreifen.**

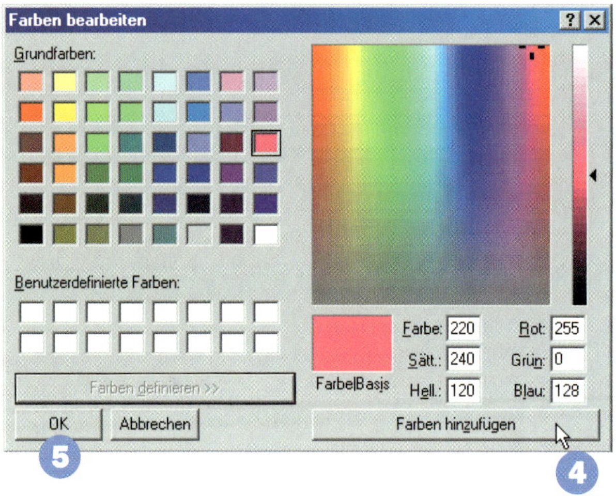

Zum Hintergrund: In Paint mischen Sie Farben immer aus den Grundfarben Rot, Grün und Blau zusammen. Sie können die Mischfarbe daher direkt als Verhältnis dieser Grundfarben angeben. Jede Farbe besitzt einen Anteil zwischen 0 und 255. Sie können diese Werte direkt in die Felder des Dialogfeldes eintragen und über einen Farbwert die Helligkeit und die Sättigung festlegen. Sie können aber auch auf einen Punkt des Farbfelds klicken und anschließend die Helligkeit über das rechts befindliche, senkrechte Helligkeitsfeld anpassen.

Helligkeit

Die Helligkeitskomponente einer Farbe unterscheidet sich von ihrem Farbwert (dem Farbton) und von der Intensität der Farbe (der Sättigung).

Sättigung

In der Farbgrafik benennt man damit den Anteil der Farbe in einem bestimmten Farbton, meist als Prozentwert zwischen 0% und 100%.

Zeichnen mit Paint I

Um zu zeigen, wie das Zeichnen am PC „funktioniert“, soll auf den folgenden Seiten ein kleines Mondgesicht erstellt werden.

Damit Sie im Zeichenbereich die entsprechenden Linien bzw. Flächen zeichnen können, müssen Sie hierzu die betreffenden Farben und Werkzeuge verwenden. Zuerst zum „Kopf“:

Einen Kreis zeichnen

1. **Klicken Sie in der Symbolleiste Extras auf das Werkzeug Ellipse.**
2. **Dieses Werkzeug ermöglicht es, Ellipsen und Kreise zu ziehen (siehe Tipp).**
3. **Im unteren Feld der Werkzeugleiste können Sie die Varianten Umrisslinie, Umrisslinie und gefüllte Fläche sowie Gefüllte Fläche wählen.**
4. **Im Beispiel wurde die unterste Option gewählt.**
5. **Ein Klick mit der linken Maustaste auf ein Feld der Farbpalette bestimmt die Farbe, im Beispiel ist dies Grün.**
6. **Zeigen Sie mit dem Mauszeiger auf einen Punkt im Dokument, halten Sie die linke Maustaste gedrückt, und bewegen Sie die Maus.**
7. **Bei gedrückter Maustaste zeichnet Paint mit dem Ellipsen-Werkzeug die Bewegungen des Mauszeigers nach.**
8. **Geben Sie die Maustaste am gewünschten Endpunkt wieder frei.**

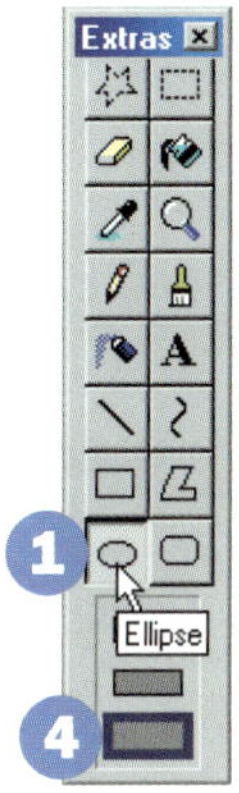

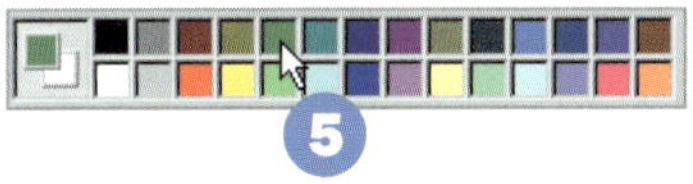

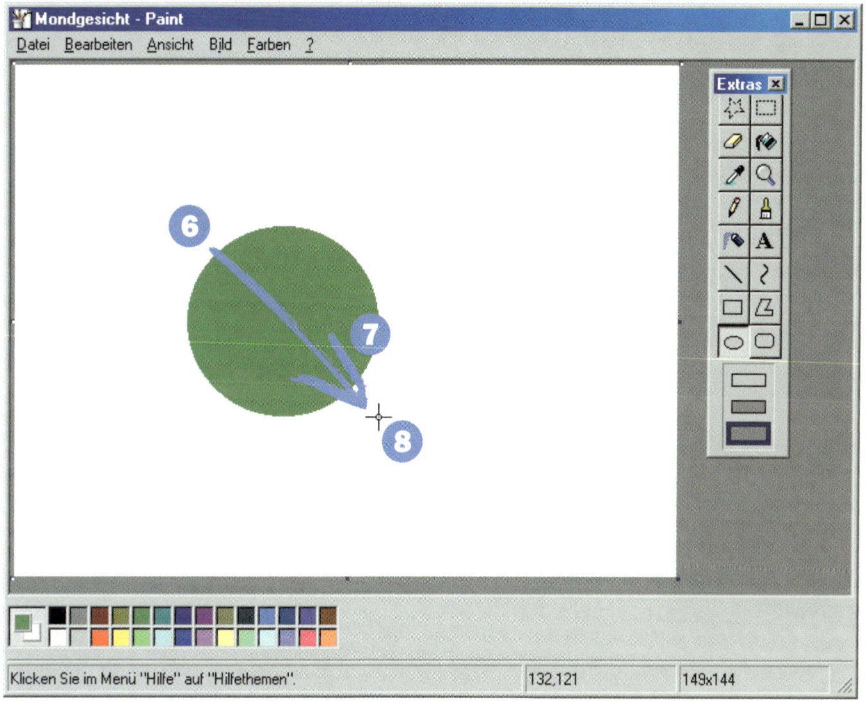

tipp

*Kreis statt Ellipse: Wenn Sie mit dem Ellipsen-Werkzeug einen Kreis zeichnen möchten, drücken Sie die **Umschalttaste**, und halten Sie sie gedrückt, während Sie den Mauszeiger ziehen.*

Zeichnen mit Paint II

Zum Mondgesicht fehlen noch Augen, Nase und Mund. Die erstellen Sie jetzt mit dem Werkzeug **Pinsel**. Dieses Werkzeug ermöglicht es Ihnen, frei definierte Striche unterschiedlicher Stärke zu ziehen. Bei Bedarf korrigieren Sie Pinselstärke und -form durch Anklicken eines der in der Werkzeugleiste unten angezeigten Symbole.

Keine Angst vor Patzern: Mit **Strg+Z** machen Sie jeden Fehler sofort wieder rückgängig.

Linien und Freihandlinien zeichnen

1. **Klicken Sie in der Symbolleiste Extras auf das Werkzeug Pinsel.**
2. **Wählen Sie die Farbe aus, im Beispiel ist dies Gelb.**
3. **Zeigen Sie mit dem Mauszeiger auf einen Punkt der Zeichnung, halten Sie die linke Maustaste gedrückt, und bewegen Sie die Maus.**
4. **Bei gedrückter Maustaste zeichnet Paint mit dem Pinsel die Bewegungen des Mauszeigers nach.**
5. **Geben Sie die Maustaste am gewünschten Endpunkt wieder frei.**
6. **Wiederholen Sie die entsprechenden Schritte für alle Elemente, also Augen, Nase und Mund.**

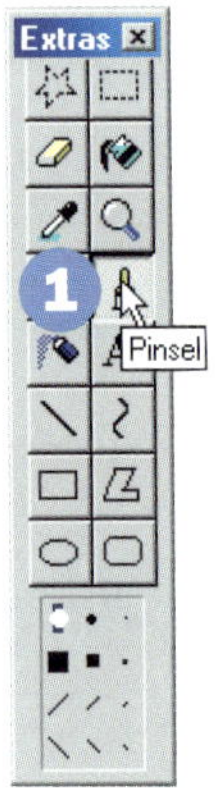

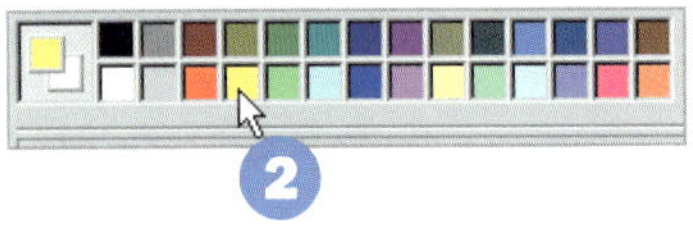

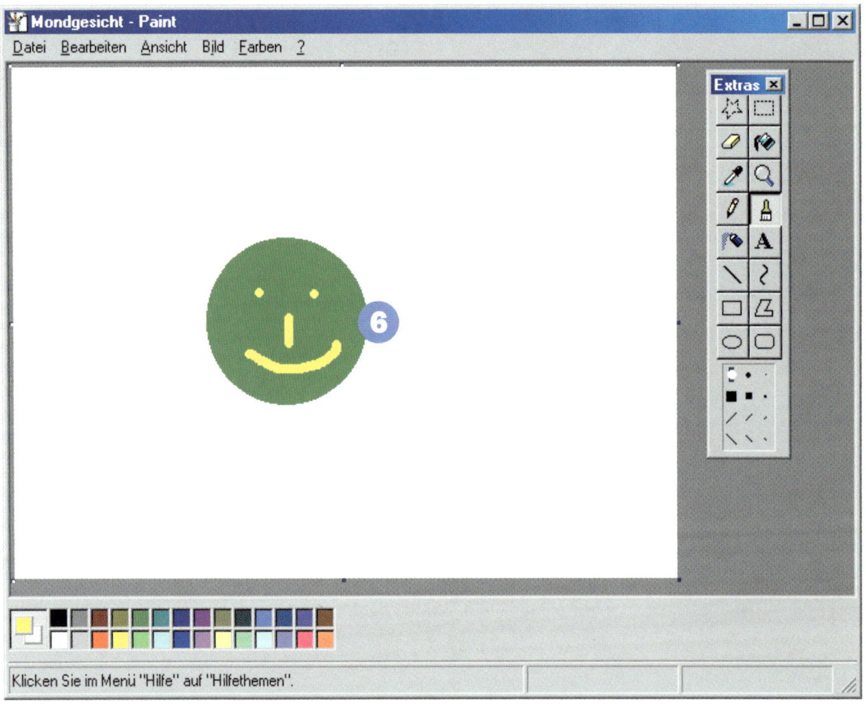

Zufrieden mit Ihrem Kunstwerk? Dann sollten Sie es abspeichern (**Strg+S**), vielleicht möchten Sie es ja in Kapitel 10 „Me for you: Windows an eigene Anforderungen anpassen“ für Ihren Desktop-Hintergrund verwenden.

Bildteile markieren und übertragen

Jede Paint-Grafik kann in anderen Anwendungen verwendet werden, die die entsprechenden Grafikformate „verstehen". Als Beispiel soll das „Mondgesicht" in ein WordPad-Dokument übertragen werden.

Zum Kopieren oder Verschieben kompletter Bildteile können Sie auch in Paint die unter Windows verfügbaren Befehle **Ausschneiden**, **Kopieren** und **Einfügen** verwenden. Sie stehen – wie gewohnt – im Menü **Bearbeiten** zur Verfügung.

Bevor Sie einen Bereich ausschneiden, verschieben oder kopieren können, müssen Sie diesen zunächst markieren. Paint stellt Ihnen hierzu die beiden obersten Werkzeuge der **Extras**-Leiste zur Verfügung. Die rechte Schaltfläche markiert rechteckige Bereiche. Mit der linken Schaltfläche, der Freihandauswahl, können Sie Bereiche mit beliebiger Form auswählen, indem Sie mit dem Mauszeiger um den gewünschten Bereich „fahren".

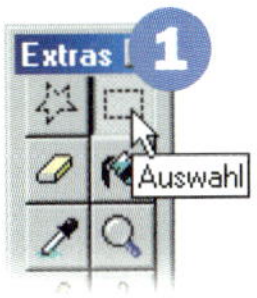

Bildbereiche markieren und kopieren

1. **Wählen Sie in der Symbolleiste Extras das Werkzeug Auswahl zum Markieren eines rechteckigen Bildbereichs.**
2. **Zeigen Sie auf die linke obere Ecke des zu markierenden Bereichs (das Mondgesicht).**
3. **Halten Sie die linke Maustaste gedrückt, und ziehen Sie die Maus zur diagonal gegenüberliegenden Ecke.**
4. **Sobald Sie die linke Maustaste loslassen, wird die Größe der Markierung durch ein gestricheltes Rechteck fixiert.**
5. **Rufen Sie im Menü Bearbeiten den Befehl Kopieren auf.**
6. **Oder drücken Sie die Tastenkombination Strg+C.**
7. **Paint überträgt den markierten Bildbereich in die Windows-Zwischenablage.**

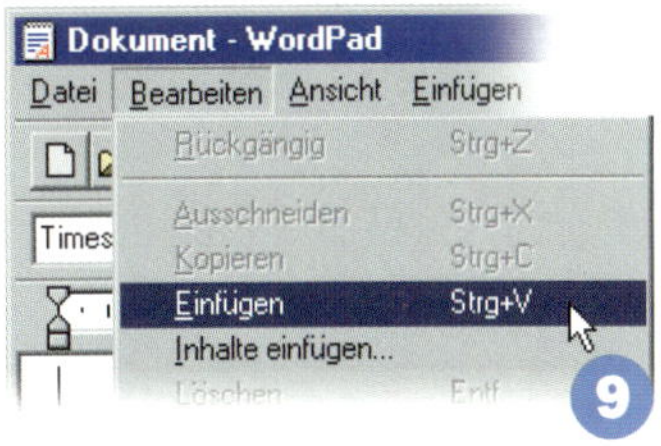

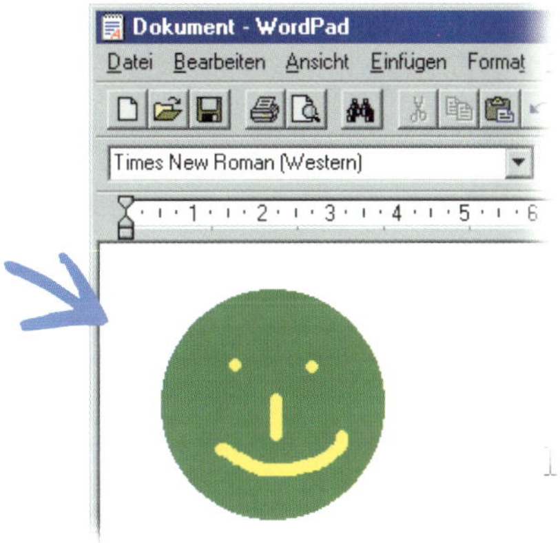

Eine Paint-Grafik einfügen

8. **Starten Sie das Programm WordPad, und legen Sie ein neues Dokument an.**
9. **Wählen Sie im Menü Bearbeiten den Befehl Einfügen.**
10. **Oder betätigen Sie die Tastenkombination Strg+V, um den Inhalt der Zwischenablage einzufügen.**
11. **Sie können nun das WordPad-Dokument mit der eingefügten Grafik speichern.**

good to know

Kapitel 1
Blickkontakt: erstes Kennenlernen von Windows Me
Kapitel 4
Schreib das auf: Text eingeben, importieren und bearbeiten

Kunterbunt

Kapitel 6

und laut: *Audio, Video & Co.*

In diesem kurzen Kapitel machen Sie erste Bekanntschaft mit den Multimediafunktionen und -programmen von Windows Me, das heißt

1. **dem Windows Media Player**
2. **dem Audiorecorder**
3. **dem Windows Movie Maker**
4. **den Spielen und Netzwerkspielen.**

Hier wird Multimedia groß geschrieben

Multimedia ist bei Windows Me weit mehr als ein Schlagwort. Mit Me machen Sie Ihren Computer zu einem richtigen Medien- und Spielecenter sowie Audio- und Videoschnittplatz.

Der Microsoft Windows Movie Maker bietet Ihnen die Möglichkeit, Audio- und Videosequenzen zu bearbeiten, die Sie beispielsweise mit Ihrem Camcorder oder Ihrer Digitalkamera aufgezeichnet haben. Damit schneiden Sie Videos, die Sie Ihrer Familie oder Ihren Freunden vorführen, mit denen Sie wichtige Ereignisse festhalten oder die Sie als Unterrichtsmaterial verwenden können. Sie können sogar eine Bildschirmpräsentation mit auf dem Computer gespeicherten oder importierten Bildern zusammenstellen.

Die Windows Millennium Edition erleichtert Ihnen zudem das Speichern und Anzeigen von Bildern aus einer Digitalkamera oder einem Scanner auf Ihrem Computer. Sie können Ihre Bilder verwalten oder mit eigenen Bildern einen Bildschirmschoner erstellen.

Mit dem Windows Media Player spielen Sie Audio-CDs, Webradiostationen oder – entsprechende Hardware vorausgesetzt – DVDs ab.

Und das Spielen auf dem Computer wird noch spannender, weil Sie unter Windows Me Multiplayer-Spiele im Netzwerk und im Internet spielen können.

Sie sehen, Windows setzt Ihrer Kreativität keine Grenzen. Spielen Sie damit!

ready set...

Um alle Funktionen in diesem Kapitel auszuprobieren, benötigen Sie CD-Laufwerk, Mikrofon, Lautsprecher, Videokamera und Internetzugang.

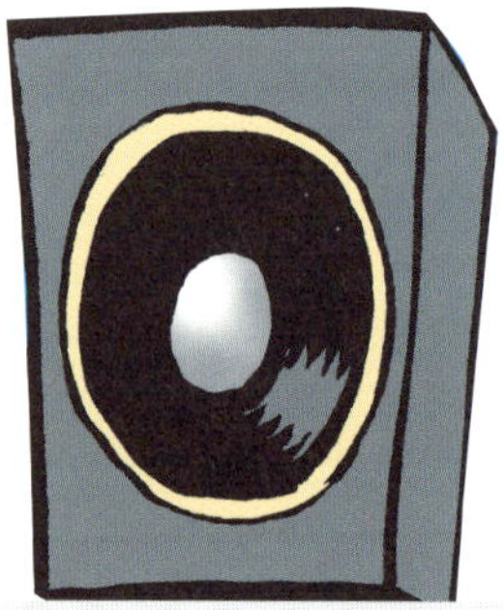

Windows Media Player I

Mit dem Windows Media Player können Sie sowohl Sound- als auch Videodateien wiedergeben. Der Media Player gehört ebenfalls zum Windows-Zubehör und ist so etwas wie Ihr „Regiepult“ zur Wiedergabe von Multimediadateien.

Den Media Player starten

1 **Wählen Sie im Startmenü den Eintrag Programme/Media Player, oder klicken Sie auf die Verknüpfung auf dem Desktop.**

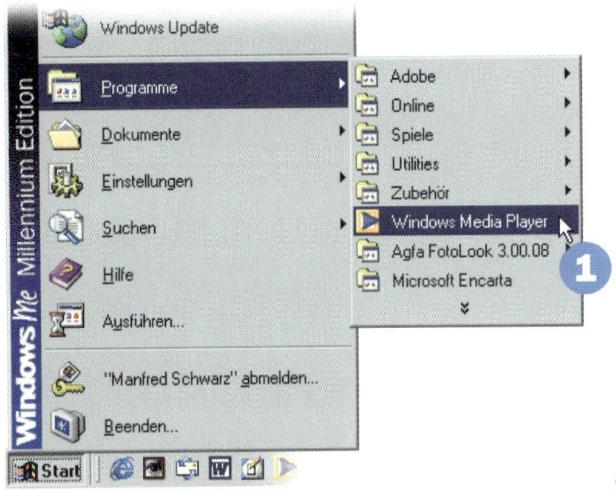

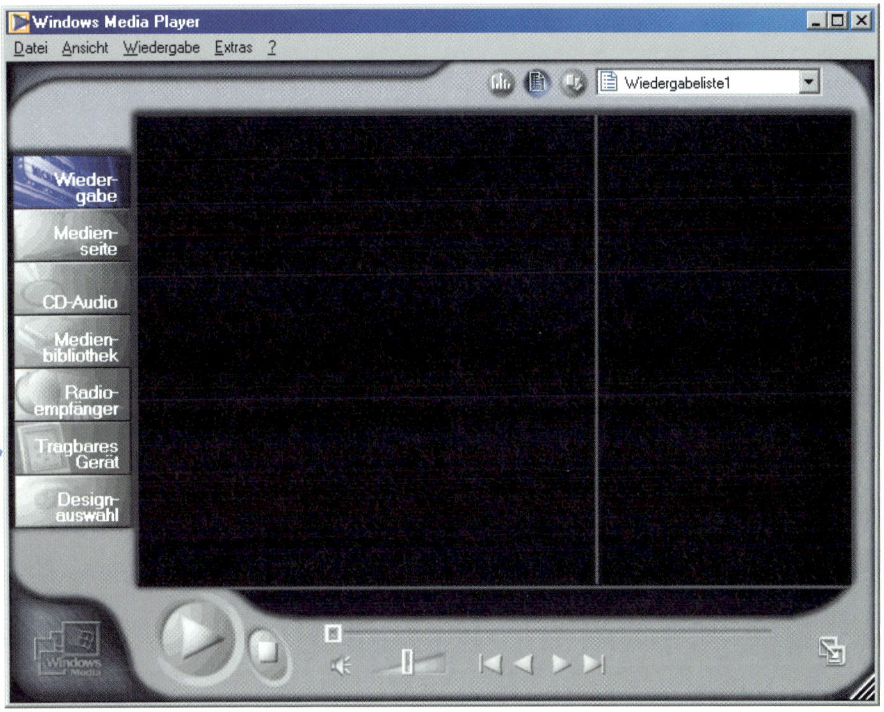

Das Fenster des Media Players besteht aus einer Menüleiste, einer Reihe von Schaltflächen zur Wiedergabesteuerung, einem Bildbereich für Videos sowie einem Schieberegler. Er zeigt die aktuelle Wiedergabeposition in der Datei an, und Sie können über ihn die Wiedergabeposition per Maus verändern.

Die Feineinstellung der Wiedergabeposition regulieren Sie über die Schaltflächen unterhalb des Schiebereglers:

Wiedergabe: Die Wiedergabe eines Tondokuments oder eines Videos starten.

Stopp: Die Wiedergabe des laufenden Tondokuments oder Videos anhalten.

Pause: Unterbricht die Wiedergabe der Mediendatei.

Die Lautstärke für die Tonwiedergabe können Sie über den Schieberegler verändern.

Windows Media Player II

Der Media Player bietet verschiedene Möglichkeiten, um eine Ton- oder Videodatei wiederzugeben.

Am einfachsten wählen Sie eine Mediendatei direkt im Ordnerfenster per Doppelklick an. Windows startet automatisch den für das Dateiformat passenden Media Player, der dann für die Wiedergabe sorgt. Bei Tondokumenten wird der Bereich des Fensters auf die Schaltflächen zur Wiedergabe, die Menü- und Symbolleisten und den Infobereich reduziert.

Alternativ können Sie den Media Player, wie auf der vorherigen Seite gesehen, über das **Startmenü** oder über die Desktop-Verknüpfung aufrufen. Wählen Sie anschließend im Menü **Datei** den Befehl **Öffnen**. Über die Schaltfläche **Durchsuchen** lässt sich das Dialogfeld **Öffnen** einblenden, in dem Sie Ihre lokalen Dateien auswählen können. Das Listenfeld **Dateiformat** erlaubt Ihnen dabei die Auswahl bestimmter Dateitypen. Sobald Sie eine Datei wählen und die Schaltfläche **Öffnen** betätigen, wird der Dateiname in das Dialogfeld **Öffnen** übernommen. Dieses Dialogfeld schließen Sie über die **OK**-Schaltfläche. Der Player beginnt sofort mit der Wiedergabe der Datei.

Zum Experimentieren finden Sie im Ordner **\Windows\Media** verschiedene WAV-Dateien zur Wiedergabe. Videodateien im MPEG-, AVI- oder QuickTime-Format finden Sie oft auf CD-ROMs, die beispielsweise Computerzeitschriften beigelegt sind.

Sie können den „Look and Feel“ des Windows Media Player Ihren Wünschen anpassen:

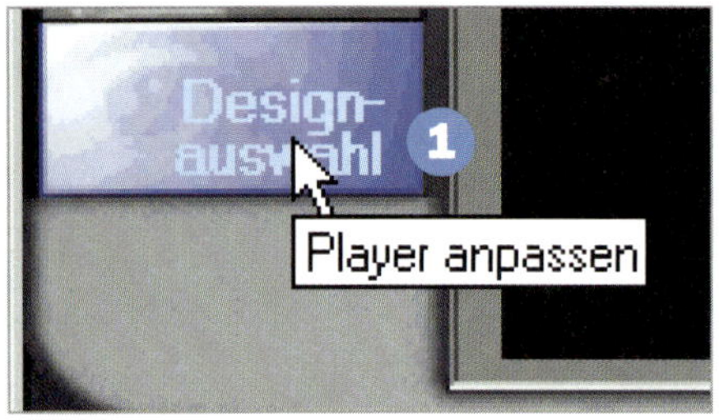

Das Design des Media Players ändern

1. **Klicken Sie auf die Schaltfläche Designauswahl.**
2. **Wählen Sie in der Liste ein Design aus, und klicken Sie auf die Schaltfläche Übernehmen.**
3. **Es erscheint nun der Kompaktmodus auf dem Bildschirm.**
4. **Durch Klicken auf die rechts unten auf Ihrem Bildschirm befindliche Schaltfläche schalten Sie zurück in den Vollmodus.**

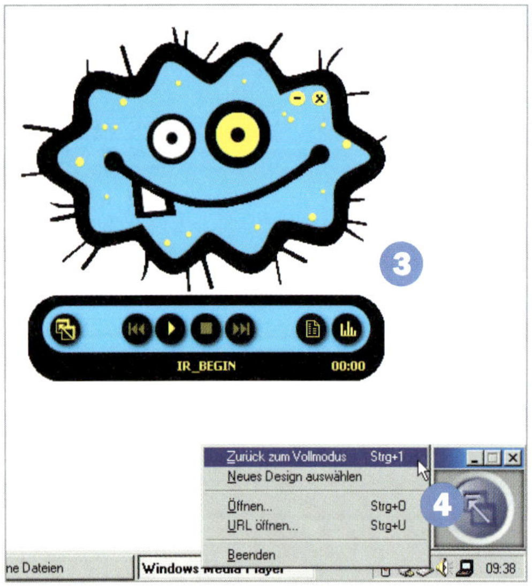

move on

AVI-Videodateien wiedergeben: Sie können auch die von früheren Windows-Versionen bekannten AVI-Videodateien abspielen. Doppelklicken Sie dazu einfach auf die Datei im Ordnerfenster.

tipp

Alles ist möglich? Leider nicht ganz, denn zur Speicherung von Videodaten werden spezielle Komprimierungsverfahren gewählt. Es kann daher durchaus vorkommen, dass Sie nicht jede Videodatei mit dem Media Player wiedergeben können.

AVI

Abkürzung für „Audio Video Interleaved“. Ein Multimediadateiformat unter Windows zur Speicherung von Video, inklusive Ton.

MPEG

Abkürzung für „Moving Pictures Experts Group“. Standards für die Komprimierung von Audio- und Videodaten, der vom Joint ISO/IEC Technical Committee on Information Technology vorgelegt wurde.

QuickTime

Die Multimediaerweiterungen für die Software von Apple Macintosh, die auch für Windows verfügbar sind.

WAV

Von wave, dem englischen Begriff für Welle. Ein Dateiformat von Windows zum Speichern von Sound.

Windows Media Player III

Wenn Sie über einen Internetzugang (siehe Kapitel 8 „Ab ins Datenmeer: mit dem Internet Explorer ins Web") verfügen, können Sie mit dem Media Player auch Radiostationen im Internet anwählen oder Musiksites besuchen. Hierzu bietet der Media Player verschiedene Schaltflächen in der Symbolleiste.

Internetradio mit dem Media Player

1. **Klicken Sie auf die Schaltfläche Radioempfänger.**
2. **Der Media Player öffnet anschließend den Dialog zum Verbindungsaufbau ins Internet.**
3. **Nach der Verbindungsaufnahme mit einem Webserver wird eine Liste mit Radiostationen heruntergeladen und im Internet Explorer angezeigt.**
4. **Über das Feld Sendersuche können Sie die verfügbaren Sender nach bestimmten Kriterien (etwa Sprache, Ort oder Stichwort) filtern.**
5. **Wird die Liste der gewünschten Sender angezeigt, brauchen Sie lediglich einen Eintrag über das zugehörige Optionsfeld anzuklicken, und der Internet Explorer nimmt Verbindung zur betreffenden Radiostation auf und lädt die Webdaten aus dem Internet.**

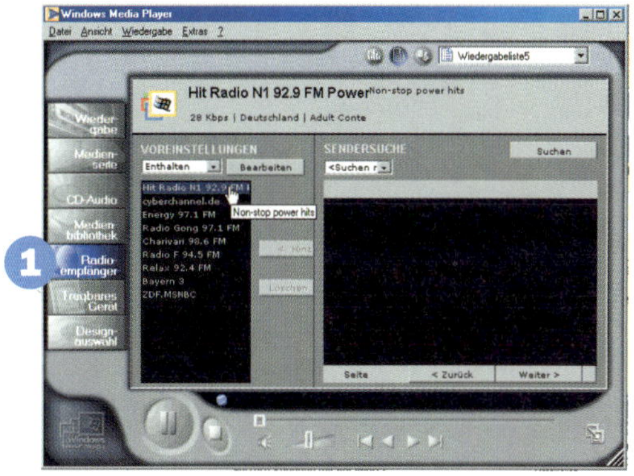

Je nach Radiostation wird Ihnen eine spezielle Webseite des Senders im Internet Explorer angezeigt. Auf dieser Webseite können Sie dann das Programm wählen oder Zusatzinformationen abrufen.

Sobald eine Verbindung zum Webserver des Radiosenders besteht, beginnt der Media Player bereits mit dem Herunterladen der Sounddaten. Je nach Übertragungskapazität dauert es aber einige Sekunden, bis die Wiedergabe des Radioprogramms beginnt.

move on

Musik zum Mitnehmen: Mithilfe der Funktion ***Tragbares Gerät*** *können Sie Audiodateien aus Ihrer Mediensammlung auf Ihr tragbares Gerät oder eine Speicherkarte kopieren. Sie können auch aus dem Internet per Download übertragene lizenzierte Dateien oder von CDs kopierte Dateien auf Ihr tragbares Gerät übertragen. Sie müssen dazu jedoch diese Dateien Ihrer Medienbibliothek hinzufügen, bevor Sie sie auf Ihr tragbares Gerät kopieren.*

Der Audiorecorder I

Zur Aufnahme und Wiedergabe von Tondateien verfügt Windows über den Audiorecorder. Das typische Dateiformat des Audiorecorders heißt WAV. Die Dateinamenerweiterung lautet entsprechend .wav.

Um Tondokumente wiedergeben zu können, muss Ihr Computer mit einer Soundkarte ausgestattet sein. Und zur Aufnahme von Tondokumenten benötigen Sie ein Mikrofon.

Zur Wiedergabe von Audiodateien haben Sie zwei Möglichkeiten: Sie starten den Audiorecorder (siehe unten) und laden anschließend eine Audiodatei über den Befehl **Öffnen** im Menü **Datei**. Im Dialogfeld **Öffnen** können Sie Ordner sowie Name der Audiodatei einstellen.

Oder Sie wählen eine .wav-Datei in einem Ordnerfenster per Doppelklick an. Windows öffnet das Fenster des Audiorecorders und zeigt den Namen der Audiodatei in der Titelleiste an.

Sobald der Name einer Audiodatei in der Titelleiste des Audiorecorderfensters erscheint, können Sie auf die Schaltfläche **Wiedergabe** klicken.

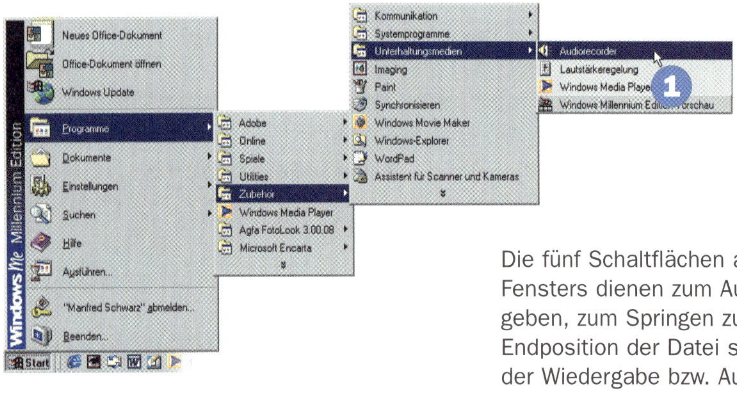

Den Audiorecorder starten

1. **Wählen Sie im Startmenü den Eintrag Programme/Zubehör/Unterhaltungsmedien/Audiorecorder.**
2. **Es erscheint das Fenster des Audiorecorders (wobei allerdings keine Datendatei geladen ist).**

Die fünf Schaltflächen am unteren Rand des Fensters dienen zum Aufzeichnen, Wiedergeben, zum Springen zur Startposition und Endposition der Datei sowie zum Anhalten der Wiedergabe bzw. Aufzeichnung.

Die aktuelle Position im Audiotrack, die Länge der Aufzeichnung sowie die aktuellen Daten werden im Fenster angezeigt. Über den Schieberegler können Sie die Wiedergabe an jeder beliebigen Stelle des Audiotracks aufsetzen.

tipp

Soundcheck: Wenn Sie eine Soundkarte in Ihrem PC installiert haben, finden Sie in der Taskleiste von Windows das Symbol ***Lautstärke*** *in Form eines kleinen Lautsprechers. Ein Doppelklick auf das Symbol öffnet das Fenster zur Lautstärkeregelung. Über die Schieberegler dieses Dialogfelds bestimmen Sie die Lautstärke für die jeweiligen Einheiten und stellen die Balance zwischen linkem und rechtem Kanal ein.*

Der Audiorecorder II

Ist ein Mikrofon an Ihrem Rechner angeschlossen, können Sie mit dem Programm Audiorecorder auch eigene Tondokumente aufzeichnen.

Tondokumente aufzeichnen

1. **Bereiten Sie alles zur Aufnahme vor, und schalten Sie das Mikrofon ein.**
2. **Rufen Sie den Audiorecorder auf, und starten Sie anschließend die Aufzeichnung über die zugehörige Schaltfläche.**
3. **Zum Anhalten der Aufzeichnung klicken Sie auf die Schaltfläche mit dem Rechteck.**

Tondokument als wav-Datei speichern

4. **Klicken Sie im Menü Datei auf den Befehl Speichern oder Speichern unter.**
5. **Bei einem neu aufgenommenen Tondokument oder bei Anwahl des Befehls Speichern unter öffnet der Audiorecorder das Dialogfeld Speichern unter.**
6. **Wählen Sie das Laufwerk sowie den Zielordner (zum Beispiel \Eigene Dateien\Eigene Musik), und geben Sie einen Namen für die Audiodatei ein.**
7. **Bei Bedarf können Sie die Qualität der Speicherung bestimmen, indem Sie auf die Schaltfläche Ändern klicken. Der Audiorecorder öffnet das Dialogfeld Audiodatei wählen, in dem Sie die Qualität der Aufzeichnung festlegen können.**
8. **Klicken Sie auf die Schaltfläche Speichern.**

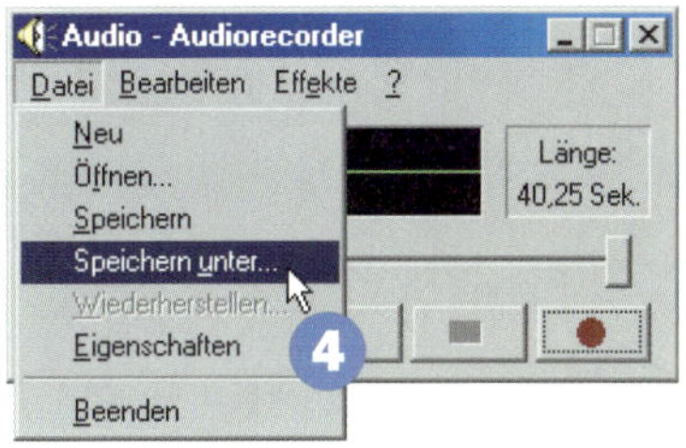

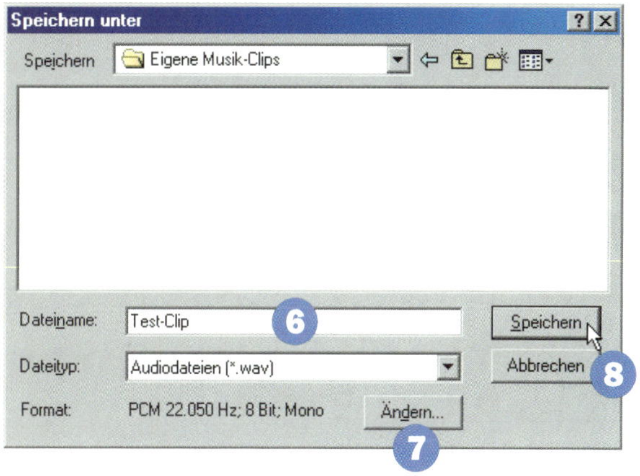

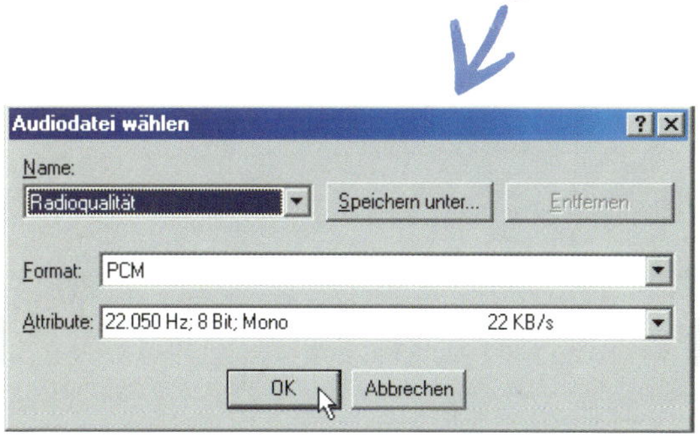

move on

Wer nicht lesen will, ...: Dank Mikro und Soundkarte können Sie in Ihre Textdokumente auch gesprochene Anmerkungen einfügen. Starten Sie beispielsweise WordPad, und verfassen Sie einen Text. Klicken Sie auf die Position im Dokument, an der die Sprachanmerkung eingefügt werden soll. Wählen Sie im Menü ***Einfügen*** *den Befehl* ***Objekt****. Im Dialogfeld markieren Sie das Optionsfeld* ***Neu erstellen****, wählen den Objekttyp* ***Wave-Audio*** *und klicken auf* ***OK****. WordPad ruft den Audiorecorder auf. Nach der Aufnahme speichern Sie das WordPad-Dokument. Sobald jemand Ihr DOC-Dokument in WordPad lädt, sieht er den Text mit dem Symbol (Lautsprecher) des eingebetteten Objekts. Ein Doppelklick darauf startet die Sprachanmerkung.*

Der Windows Movie Maker I

Jetzt werden Sie Ihr eigener Regisseur: Mit dem Windows Movie Maker können Sie Video- und Audiosequenzen importieren, öffnen und dann zu eigenen Videos verarbeiten und zusammenstellen. Diese Videos sind dann eine ideale Ausgangsbasis für Ihre „Familienvideothek“, oder Sie verwenden sie, um Bekannte und Verwandte auf dem Laufenden zu halten, um geschäftliche Informationen zu verteilen oder Lehrgänge zu ergänzen.

Die Videobearbeitung in Windows Movie Maker besteht im Wesentlichen darin, aus vorgegebenem Quellmaterial eine Auswahl von Clips zusammenzustellen.

Diese Videos können anschließend auf dem Computer wiedergegeben, per E-Mail an andere Personen gesendet oder auf einer Website veröffentlicht werden.

Sie ahnen sicher schon, der Windows Media Player bietet unzählige Möglichkeiten. Auf diesen wenigen Seiten kann natürlich nur ein kurzer Einblick in dieses spannende Thema gegeben werden.

Den Windows Movie Maker starten

1 Wählen Sie im Startmenü den Eintrag Programme/Zubehör und dort Windows Movie Maker.

Der Windows Movie Maker besteht aus drei Hauptbereichen:

dem **Sammelbereich**, in dem das aufgenommene Audio- und Videomaterial angezeigt wird;

dem **Vorschaubildschirm**, in dem das Video während der Bearbeitung angezeigt wird; mit Hilfe der Suchleiste können Sie zu jeder Stelle im Video springen, zudem stehen Schaltflächen zur Wiedergabe und Aufzeichnung zur Verfügung;

dem **Arbeitsbereich**, in dem Sie Ihren neuen Film bearbeiten können, beispielsweise durch Hinzufügen, Löschen oder Anordnen von Videoclips oder dem Anlegen von Übergängen.

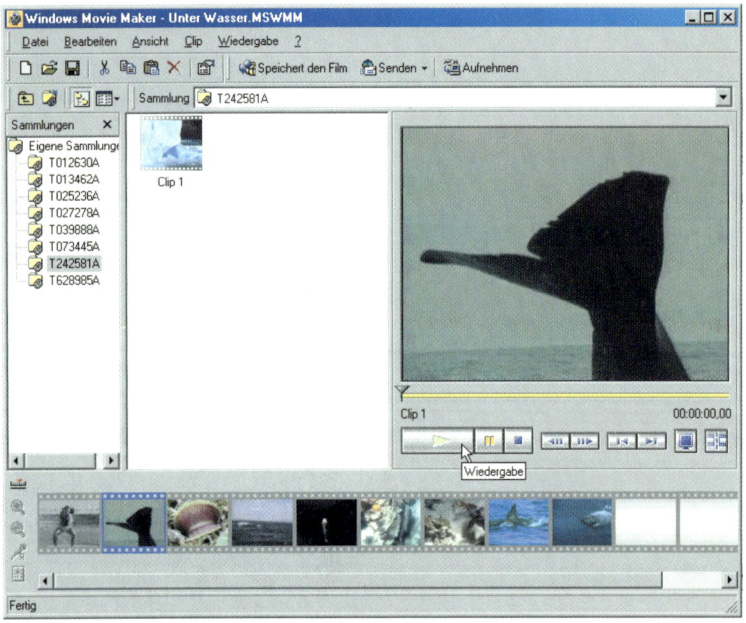

tipp

*Alles über den Windows Movie Maker: Ausführliche Informationen zur Verwendung des Windows Movie Maker erhalten Sie, indem Sie im Fenster vom Windows Movie Maker auf das Menü **?** klicken. Oder Sie rufen in der **Windows-Hilfe** die Windows Movie Maker-Tour auf.*

Der Windows Movie Maker II

Hier – im Zeitraffer – ein kleines Beispiel, wie Sie mit dem Windows Movie Maker arbeiten können: Angenommen, Sie verfügen über eine 30-minütige Aufzeichnung einer Hochzeitsfeier. Erstellen Sie daraus einen Clip von den hektischen Vorbereitungen und weitere Clips von der Ankunft der Gäste und von Braut und Bräutigam. Ein anderer Clip könnte das Ja-Wort und ein weiterer den ersten Kuss darstellen. Abrunden können Sie Ihr Video durch zusätzliche Clips vom Anscheiden der Torte oder, oder, oder.

Sie haben nun eine Auswahl von Videoclips, die Sie am PC in die gewünschte Reihenfolge bringen. Anschließend können Sie Ihr Werk in der Vorschau betrachten.

Die Zeit für das Finetuning ist damit gekommen. Nach einigen kleinen Änderungen haben Sie die 30-minütige Übertragung zu einem dreiminütigen „knackigen" Video komprimiert – und gespeichert.

Bevor Sie auf der nächsten Seite beispielhaft sehen, wie Sie ein eigens Video per E-Mail versenden, noch ein paar Bemerkungen zu den technischen Voraussetzungen. Zum Übertragen von Videos auf Ihren Computer benötigen Sie: Videokamera oder Videorecorder mit Video- und Audioanschlüssen, PC-Videokarte mit Video- und Audioeingang, PC-Soundkarte mit Audioeingang sowie Kabel zum Anschließen Ihrer Videoquelle an den PC.

Um digitale Videos auf den Computer zu übertragen, benötigen Sie eine IEEE-1394-Karte in Ihrem Computer und die entsprechenden Kabel.

Sollte der Windows Movie Maker die Aufnahmemethode Ihrer Videokarte nicht unterstützen, können Sie zur Videoaufnahme die mit der Karte gelieferte Videosoftware verwenden, damit das Video in einem gängigen Videoformat wie AVI speichern und es dann in Windows Movie Maker importieren.

Die genaue Verfahrensweise für die Aufnahme analoger Videos auf dem Computer finden Sie am besten in den mit der Videokamera, dem Videorecorder und der Videokarte gelieferten Dokumentationen.

IEEE-1394

Auch unter der Bezeichnung „FireWire" bekannt. Ein relativ neuer Standard für PC-Anschlüsse mit Eingabe/Ausgabefunktionen. IEEE-1394 stellt Hilfsmittel zur Verfügung, um digitale Geräte – etwa PCs und andere elektronische Geräte – miteinander zu verbinden.

Der Windows Movie Maker III

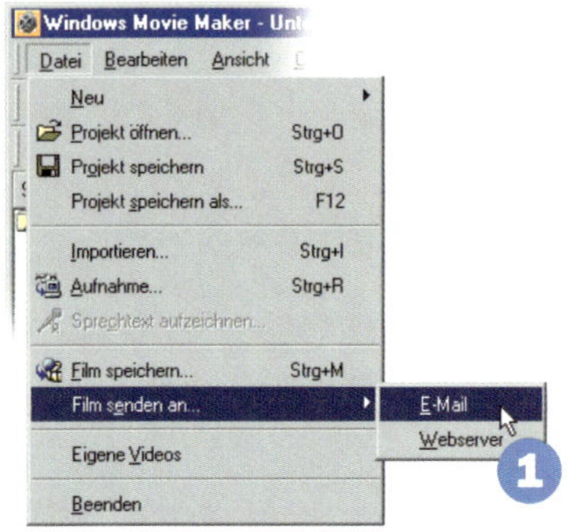

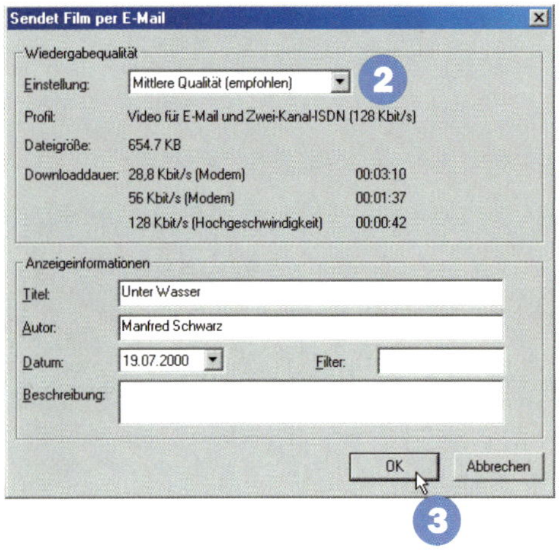

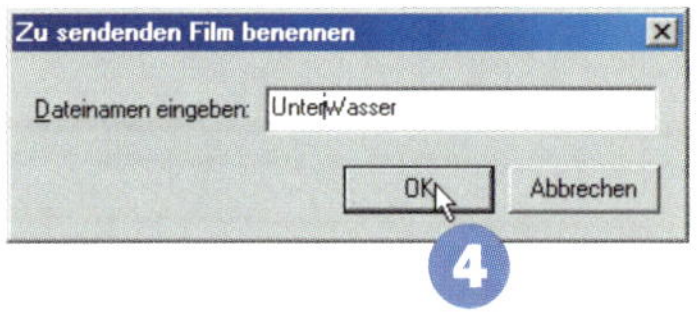

Nun verlassen Sie wieder die graue Theorie und schauen sich an, wie einfach es ist, Videos per E-Mail an Freunde und Verwandte senden. Da die Videos ohnehin im Windows Media Player-Dateiformat gespeichert sind, werden sie stark komprimiert, jedoch ohne dabei ihre hohe Qualität einzubüßen.

Abhängig von der Leistung des Modems, das Ihre Adressaten benutzen, können Sie Ihre Videos auch auf eine Dateigröße verkleinern, die ein schnelles Downloaden ermöglicht. Generell gilt: Mit einer größeren Datei erzielen Sie zwar eine bessere Auflösung, verlängern jedoch gleichzeitig die Downloadzeit.

Hier ein kleines Beispiel:

Ein Video per E-Mail senden

1. **Zeigen Sie im Menü Datei auf Film senden an, und klicken Sie dann auf E-Mail.**
2. **Wählen Sie aus der Liste Einstellung die gewünschte Qualitätseinstellung aus.**
3. **Geben Sie im Bereich Anzeigeinformationen die Informationen ein, die angezeigt werden sollen, wenn die Datei von anderen Benutzern im Windows Media Player betrachtet wird. Klicken Sie auf OK.**
4. **Geben Sie im Feld Dateinamen eingeben einen Namen für das Video ein.**
5. **Wählen Sie unter Filme als E-Mail senden Ihr E-Mail-Programm aus.**
6. **Abhängig vom verwendeten E-Mail-Programm befolgen Sie entweder die Schritte unter Filme als E-Mail-Anlage senden, oder Sie senden das Video direkt in einer E-Mail-Nachricht.**

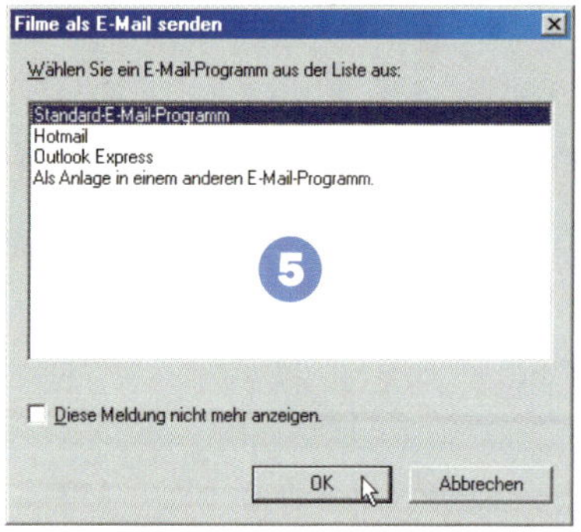

Scanner und Kameras

Im neuen Ordner **Scanner und Kameras** (Abbildung 1) in der Systemsteuerung können Sie digitale Bildaufnahmegeräte einfach verwalten. So brauchen Sie nur nach dem Öffnen des Ordners auf **Gerät hinzufügen** (Abbildung 2) zu klicken, um mit Hilfe eines Assistenten einen Scanner bzw. eine digitale Kamera oder Videokamera auf Ihrem Computer zu installieren. Über diesen Ordner können Sie jederzeit weitere Bildaufnahmegeräte hinzufügen.

Nach der Installation der Hardware können Sie den **Assistenten für Scanner und Kameras** (Abbildung 3) aufrufen, um Bilder auf Ihrem Computer zu speichern. (Um den Assistenten aufzurufen, öffnen Sie das **Startmenü**, zeigen auf **Programme** und dann auf **Zubehör**.)

Im Ordner **Eigene Bilder** speichern Sie zentral all Ihre Bilder, einschließlich der mit einer Digitalkamera aufgenommenen oder aus dem Internet heruntergeladenen. Dieser Unterordner des Ordners **Eigene Dateien** bietet Ihnen eine Miniaturansicht der ausgewählten Bilder. Damit können Sie Bilder in der Vorschau anzeigen, ohne sie in einem Programm einzeln öffnen zu müssen.

Das Symbol **Scanner und Kameras** wird in der Systemsteuerung angezeigt, nachdem Sie erstmalig einen Scanner oder eine digitale Kamera installiert haben. Sie öffnen den Ordner **Scanner und Kameras**, indem Sie die Befehlsfolge **Startmenü/Einstellungen/Systemsteuerung** und dort **Scanner und Kameras** wählen.

Sie können diese Funktion anschließend immer dann verwenden, wenn Sie weitere Scanner, digitale Foto- und Videokameras und Bildaufzeichnungsgeräte installieren möchten.

Nach der Installation können Sie jedes dieser Geräte mit einem Programm auf Ihrem Computer verknüpfen. So können Sie zum Beispiel festlegen, dass nach Betätigen der Scantaste auf dem Scanner das gescannte Bild automatisch in dem gewünschten Programm geöffnet wird.

1

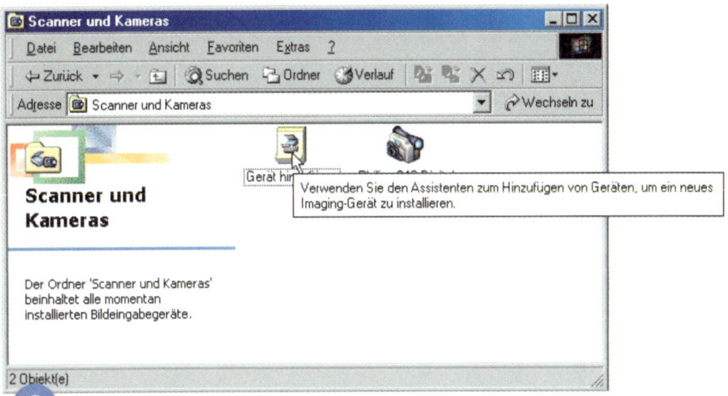

2

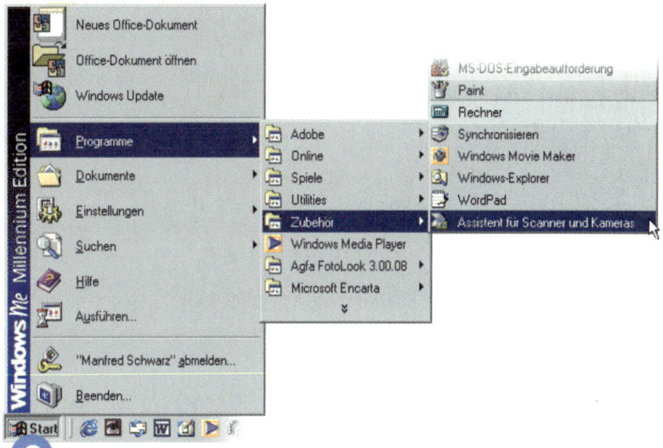

3

tipp

*Die eingebaute Bildbearbeitung: Mit dem Zubehör-Programm Kodak Imaging können Sie Bilddateien, wie Faxdokumente und gescannte Bilder, anzeigen, mit Anmerkungen versehen und bearbeiten. Sie rufen Kodak Imaging über **Startmenü/Programme/Zubehör** auf.*

Spiele unter Windows I

Ab und an will man sich am PC auch entspannen. Windows Me ist da Ihr idealer „Spielpartner“, denn es wird mit einigen Spielen ausgeliefert. Hier ein kurzer Überblick.

Bei **Minesweeper** gilt es, in einem Minenfeld die sicheren Bereiche durch Anklicken einzelner Felder in möglichst kurzer Zeit zu markieren. Das Ziel von Minesweeper besteht darin, alle Minen möglichst schnell zu finden, ohne eine Mine aufzudecken.

Klassisches Solitär ist ein in Windows nachgebildetes Kartenspiel. Ziel von Solitär ist es, aus den Karten im so genannten Ausgangsstoß vier Zielstöße zu legen, bei denen die Karten Ass bis König sortiert abgelegt sind.

Der Spielbereich von **Freecell** besteht aus vier Zielfeldern, vier Leerfeldern und dem Kartenspiel, das zum Spielanfang in acht Reihen mit dem Bild aufgedeckt ausgegeben wird. Sie haben gewonnen, wenn Sie vier Kartenstapel in den Heimfeldern abgelegt haben: einen Stapel für jede Farbe in der Reihenfolge der Werte.

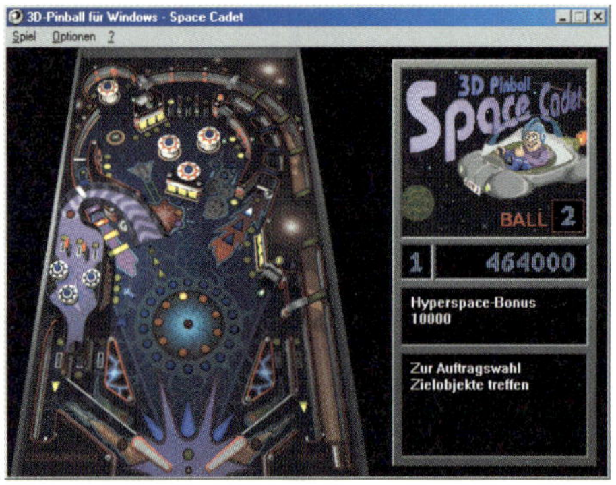

Pinball ist ein Flipper-Spiel, bei dem Sie eine Kugel durch Drücken der **Leertaste** in das Spielfeld schießen. Die Hebel am unteren Rand des Spielfelds lassen sich über die Tasten **Y** und **M** bewegen. Die Tasten **X** und **N** erlauben es, den Flipper „anzuheben“.

Das Ziel von **Spider Solitär** ist es, in möglichst wenigen Spielzügen alle Karten von den zehn Stapeln im oberen Teil des Fensters zu nehmen. Um Karten von den zehn Stapeln im oberen Teil des Fensters wegzunehmen, verschieben Sie die Karten von einer Reihe zu einer anderen, bis Sie die Karten einer Farbe in der richtigen Reihenfolge vom König bis zum Ass angeordnet haben.

Bei **Klassisches Hearts** gewinnt, wer am Spielende die wenigsten Punkte hat. Dazu wählen Sie jeweils drei Karten aus, die Sie an einen Mitspieler weitergeben. Klicken Sie auf die Karten, die Sie weitergeben möchten.

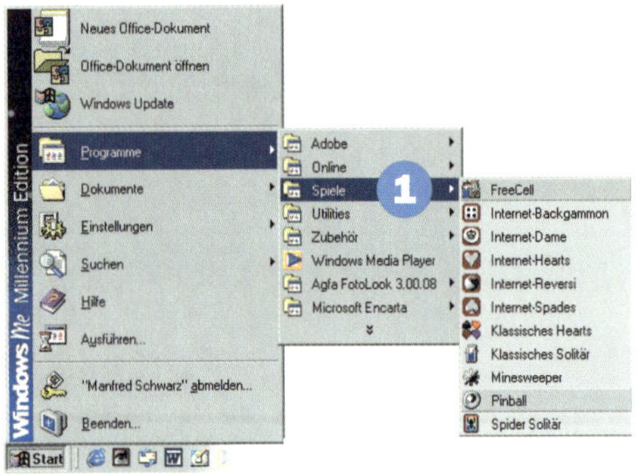

Ein Windows Me-Spiel spielen

1. **Klicken Sie auf Start, zeigen Sie auf Programme und auf Spiele, und klicken Sie dann auf das gewünschte Spiel.**
2. **Das Spiel wird automatisch gestartet.**
3. **Um die Spielregeln zu erlernen, klicken Sie im jeweiligen Spiel auf das Menü ? und dort auf Hilfethemen.**
4. **Bei Auswahl eines Internetspiels (siehe nächste Seite) stellt Windows Me eine Internetverbindung zur MSN Gaming Zone her, wo Ihnen automatisch ein Mitspieler zugewiesen wird.**

move on

*Test der DirectX-Fähigkeiten: Windows Me unterstützt den DirectX-Standard für Spiele. Version 7.0 ist in Windows Me integriert. Ob Ihre Hardware die betreffenden Funktionen unterstützt, lässt sich mit einem Testprogramm ermitteln: Öffnen Sie das **Startmenü** und dort **Ausführen**, geben Sie in das Feld **Öffnen** „dxdiag“ ein, und klicken Sie auf **OK**. Windows startet dann das Diagnoseprogramm, das die Eigenschaften Ihres Systems ermittelt und ein Dialogfeld mit verschiedenen Registerkarten einblendet.*

sidestep

Ein junggebliebener Veteran: Eines der ältesten Computerspiele ist Tetris. Der Russe Alexei Paschitnov, der es anfangs nur im damals noch sowjetischen Moskau verteilte, erfand es bereits 1985. Inzwischen wurde es millionenfach verkauft und ist sicher eines der populärsten Computerspiele überhaupt.

Spiele unter Windows II

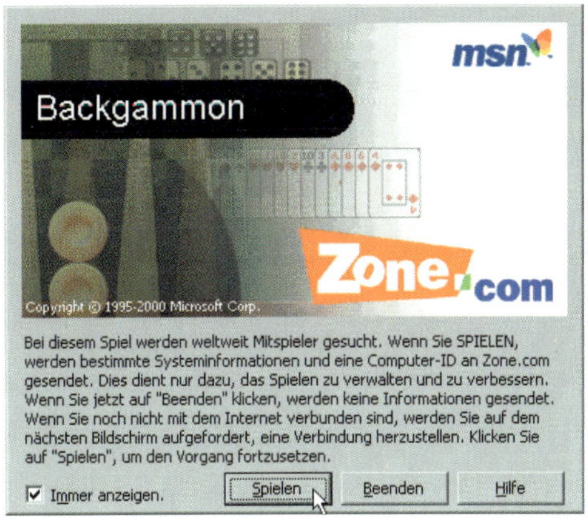

Spielen macht erst richtig Spaß, wenn man mit- und gegeneinander spielt. Windows Me hat deshalb auch einige Internet- bzw. Netzwerk-Spiele an Bord, und zwar die folgenden fünf Multiplayer-Spiele: Backgammon, Dame, Reversi, Hearts, Spades.

Das Prinzip dabei: Sie starten das Spiel, wählen sich ins Internet ein, warten kurz, während nach anderen Spielern in der MSN Gaming Zone gesucht wird, und machen dann den ersten Spielzug. Die Gameserver im Internet suchen automatisch nach Spielern, die die gleiche Sprache und den gleichen Schwierigkeitsgrad wie Sie gewählt haben. Sie brauchen dazu keinem Club beizutreten, müssen nicht nach einer entsprechenden Website suchen oder Software herunterladen, sondern können einfach loslegen und spielen.

tipp

Chatten mit anderen Spielern: Während des Spielens können Sie mit Ihren Spielpartnern auch im integrierten Chatraum chatten. Selbst wenn die Mitspieler in einem anderen Land wohnen oder eine andere Sprache sprechen, werden Ihre Nachrichten durch die Verwendung einer Liste von Chat-Standardnachrichten automatisch in die jeweilige Sprache übersetzt.

move on

Spielst Du mit mir? Natürlich können Sie via Internet auch andere Spiele miteinander spielen. Dazu muss das betreffende Programm auf beiden Computern installiert sein. Und beide Spielpartner müssen online gehen. Darüber hinaus benötigen Sie das Programm NetMeeting (siehe auch Kapitel 8 „Ab ins Datenmeer: mit dem Internet Explorer ins Web“).

Chat

Unterhaltung mit anderen Benutzern über den Computer. Die Unterhaltung läuft dabei in Echtzeit ab, also live. Geben Teilnehmer eine Textzeile ein und schließen die Eingabe mit der Eingabetaste ab, erscheint die Zeile wenige Augenblicke danach auf den Bildschirmen der anderen Teilnehmer, die dann entsprechend darauf antworten können.

good to **know**

Kapitel 3
Den Überblick behalten: Laufwerke, Dateien und Ordner

Kapitel 7

Come together:

Windows im Netzwerk

Immer mehr Menschen haben zwei oder gar mehr Windows-PCs zu Hause. Windows Me macht es Ihnen einfach, diese miteinander zu vernetzen. In diesem Kapitel lernen Sie

1. **die Voraussetzungen für ein Heimnetzwerk kennen**
2. **ein Heimnetzwerk mit dem Assistenten einzurichten**
3. **Drucker und Dateien freizugeben**
4. **eine Installationsdiskette für das Heimnetzwerk zu erstellen**
5. **die Internetverbindungsfreigabe einzurichten.**

Auf gute Zusammenarbeit!

Es wäre doch toll, wenn man alle seine Rechner miteinander verbinden könnte. Nicht nur, dass man mit einem eigenen Netzwerk Freunde beeindrucken kann – es bietet vor allem jede Menge Vorteile.

Sie können von jedem Computer im Netzwerk aus Dateien bearbeiten, die auf einem beliebigen anderen Computer gespeichert sind.

Drucker können gemeinsam von allen Computern genutzt werden: Sind Sie es nicht leid, zum Drucken Disketten zwischen Computern hin- und hertragen zu müssen?

Zudem kann durch ein Heimnetzwerk ein Internetanschluss von allen Computern im Heimnetzwerk gemeinsam genutzt werden.

Über ein Heimnetzwerk können Sie auch zusammen mit anderen Familienmitgliedern an einem Projekt arbeiten oder Multiplayer-Spiele spielen.

Und all dies geht dank des Netzwerk-Assistenten denkbar schnell und einfach. Da Windows von seinen Machern von Anfang an auf Netzwerkeinsätze hin ausgerichtet wurde, können Sie auch leicht ältere Windows-Versionen mit Ihrem Windows Me-Rechner vernetzen.

Los geht's.

ready set ...

Die Netzwerkkarten inklusive Verkabelung sollten bereits installiert sein.
Halten Sie eine leere, formatierte Diskette bereit.

sidestep

Jeder hat mal klein angefangen: Zu Beginn waren im Internet gerade einmal vier Rechner miteinander vernetzt, und zwar im Jahre 1969 in Los Angeles, Stanford, Santa Barbara und Salt Lake City.

Ressourcen

Jeder Teil eines Computersystems oder eines Netzwerks, den man einem Programm oder einem Prozess während der Ausführung zuteilen kann (wie Festplatte, Drucker oder Speicher).

Voraussetzungen für ein Heimnetzwerk

Für ein Heimnetzwerk benötigen Sie folgende Komponenten:

Computer: Zwei oder mehr Computer sind erforderlich.

Netzwerkfähige Betriebssysteme: Auf mindestens einem Computer muss Microsoft Windows Me laufen. Dieser Computer ist dann der Server des Netzwerks, also der Computer, der die Netzwerkdienste koordiniert. Auf allen anderen Computern im Heimnetzwerk muss Windows 95 oder höher ausgeführt werden.

Netzwerkmedien: Dazu gehören etwa die Kabel, über Sie die Ihre Computer miteinander verbinden.

Netzwerkadapter: Sie sorgen für die physikalische Verbindung eines Computers mit dem Netzwerk. Entsprechend muss auf jedem Computer ein Steckplatz für die Installation des Netzwerkadapters verfügbar sein.

Internetverbindung (optional): Dazu gehören die erforderliche Hardware und die Kabel zum Herstellen einer Internetverbindung (siehe Kapitel 8 „Ab ins Datenmeer: mit dem Internet Explorer ins Web"). Wenn Sie die Internetverbindungsfreigabe verwenden, sodass die Computer Ihres Heimnetzwerks gemeinsam einen Internetanschluss nutzen können, benötigt Ihr Server zwei Netzwerkadapter und entsprechend zwei Steckplätze bzw. Anschlüsse hierfür.

Server

In einem lokalen Netzwerk (LAN) ein Computer, der den Zugriff auf das Netzwerk und dessen Ressourcen steuert, wie Drucker und Festplattenlaufwerke, und den im Netzwerk als Arbeitsplatzstationen arbeitenden Computern Ressourcen zur Verfügung stellt.

Den Assistenten für das Heimnetzwerk starten

Mit Windows Millennium Edition lässt sich schnell und einfach ein Heimnetzwerk installieren. Die Installation erfolgt im Prinzip in drei Schritten:

1. Einrichten des Windows Me-Computers, der als Server fungiert. Der Assistent für das Heimnetzwerk stellt sicher, dass Ihr Computer netzwerkfähig ist, und richtet das Netzwerk nach Ihren Bedürfnissen ein. Falls Sie eine Internetverbindung freigeben möchten, sollten Sie für die Verbindung diesen Computer einrichten.
2. Erstellen einer Installationsdiskette für das Heimnetzwerk. Auch dabei hilft Ihnen der Assistent für das Heimnetzwerk.
3. Einrichten der einzelnen Computer.

Dazu legen Sie die Installationsdiskette für das Heimnetzwerk in jeden Computer ein, der in das Netzwerk einbezogen werden soll, und führen den Assistenten aus.

Wir gehen im Folgenden davon aus, dass Ihr Me-Computer der Server ist.

Genug der Vorrede:

Den Assistenten für das Heimnetzwerk starten

1. **Wählen Sie im Startmenü die Befehlsfolge Programme/Zubehör/Kommunikation/Assistent für das Heimnetzwerk.**
2. **Es erscheint der Startbildschirm des Assistenten. Er führt Sie durch die Installation und erläutert dabei die einzelnen Optionen.**
3. **Klicken Sie auf Weiter.**

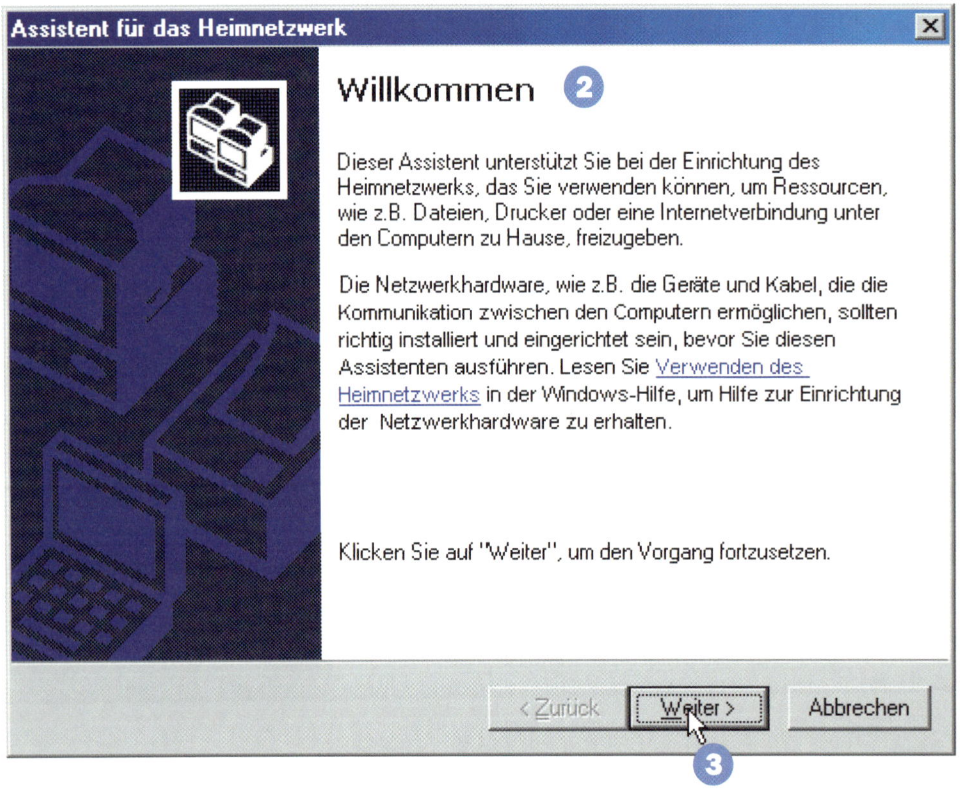

move on

Nichts bleibt, wie es ist: Wenn Sie die Einstellungen für das Heimnetzwerk ändern möchten, führen Sie den Assistenten erneut in der Systemsteuerung aus und nehmen die gewünschten Änderungen vor.

Internetverbindung einrichten

Zu Beginn fragt Sie der Assistent, ob Sie die Internetverbindung von Ihrem Server verwenden wollen. Hier können Sie Ihre bestehende Verbindung wählen (siehe Kapitel 8 „Ab ins Datenmeer: mit dem Internet Explorer ins Web“).

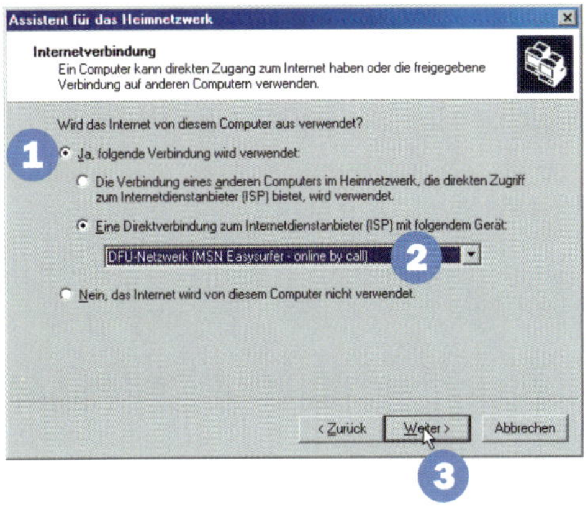

Internetverbindung angeben

1. **Aktivieren Sie im Dialogfeld Internetverbindung die erste Option Ja, folgende Verbindung wird verwendet sowie Eine Direktverbindung zum Internetdienstanbieter (ISP) mit folgendem Gerät:.**
2. **Wählen Sie in der Pulldownliste den entsprechenden Eintrag aus.**
3. **Bestätigen Sie mit Weiter.**

Internetverbindungsfreigabe einrichten

4. **Aktivieren Sie im Dialogfeld Internetverbindungsfreigabe die Option Ja.**
5. **Wählen Sie in der Pulldownliste das Gerät aus, mit dem Ihr Computer mit dem Heimnetzwerk verbunden wird, also Ihre Netzwerkkarte.**
6. **Bestätigen Sie mit Weiter.**
7. **Verneinen Sie im folgenden Dialogfeld Internetverbindung sicherheitshalber die Frage, ob der Computer automatisch eine Internetverbindung herstellen soll.**
8. **Bestätigen Sie mit Weiter.**

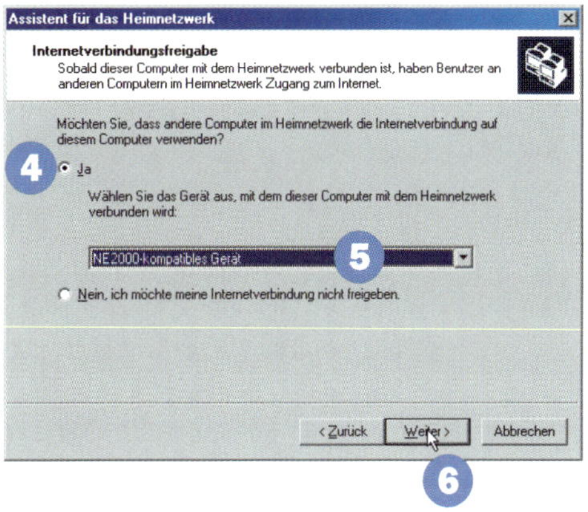

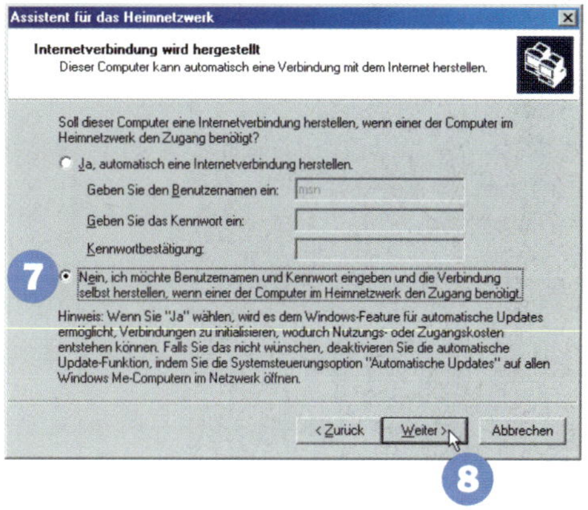

move on

*Automatisches Windows-Update: Wenn Sie im Dialogfeld **Internetverbindung** die Option **Ja** wählen, ermöglichen Sie es Windows, automatische Updates zu laden. Mehr dazu in Kapitel 10 „Me for you: Windows an eigene Anforderungen anpassen“.*

Pulldownmenü

Ein Menü, das aus einer Menüleiste „heruntergezogen“ (englisch: pull-down) wird und so lange verfügbar bleibt, wie es geöffnet ist.

Computer- und Arbeitsgruppennamen

Um im Netzwerk miteinander kommunizieren zu können, müssen Ihre Rechner wissen, wie sie „heißen“, das heißt zu welcher Arbeitsgruppe sie gehören und welchen eindeutigen Namen sie tragen

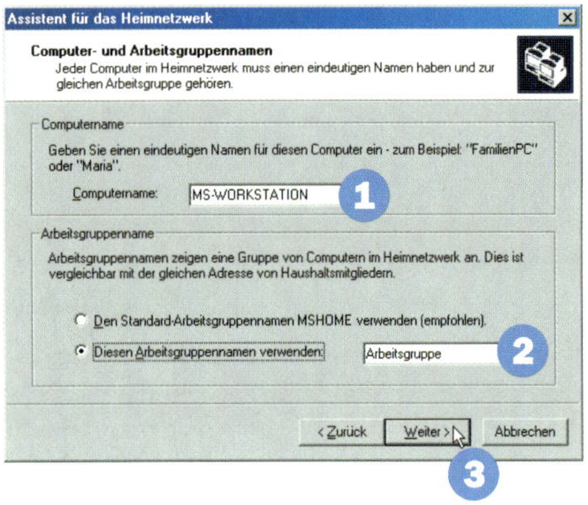

Computer- und Arbeitsgruppennamen angeben

1. **Geben Sie im Feld Computername einen Namen für Ihren PC ein.**
2. **Aktivieren Sie im Bereich Arbeitsgruppenname die entsprechende Option, und geben Sie gegebenenfalls Ihren Arbeitsgruppennamen ein.**
3. **Bestätigen Sie mit Weiter.**

Dateien und Drucker freigeben

Nun zu einer der Hauptfunktionen des Heimnetzwerks: der Datei- und Druckerfreigabe. Damit ist gemeint, dass Sie von einem anderen Computer aus auf Daten Ihres Windows Me-Rechners zugreifen können – und umgekehrt.

Unter Druckerfreigabe versteht man entsprechend, dass alle an einem Netzwerk angeschlossenen Computer den Drucker eines anderen Netzwerk-Rechners nutzen können.

Dateien und Drucker freigeben

1. **Aktivieren Sie im Dialogfeld Dateien und Drucker freigeben die Option Ordner "Eigene Dateien" und alle darin enthaltenen Ordner.**
2. **Klicken Sie auf die Schaltfläche Kennwort.**
3. **Geben Sie ein Kennwort ein, und bestätigen Sie es. Verlassen Sie das Kennwort-Dialogfeld durch Klicken auf OK.**
4. **Aktivieren Sie die Kontrollkästchen für die Drucker, die Sie freigeben möchten.**
5. **Bestätigen Sie mit Weiter.**

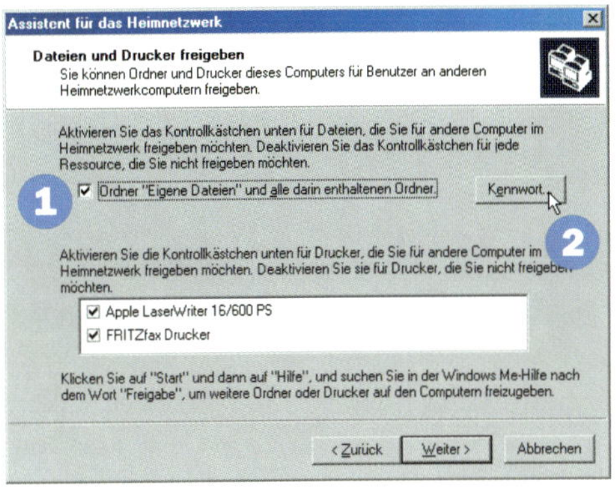

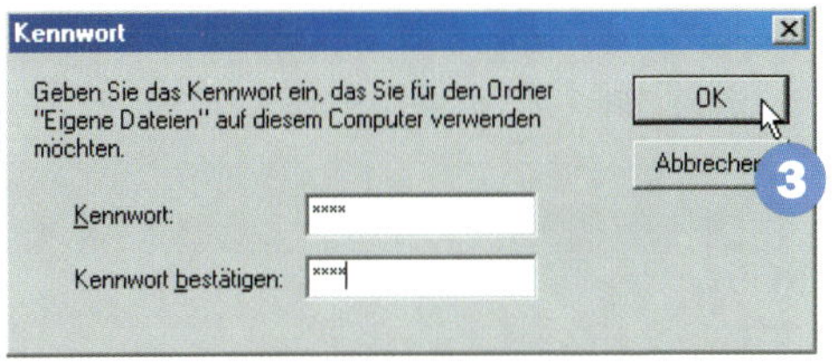

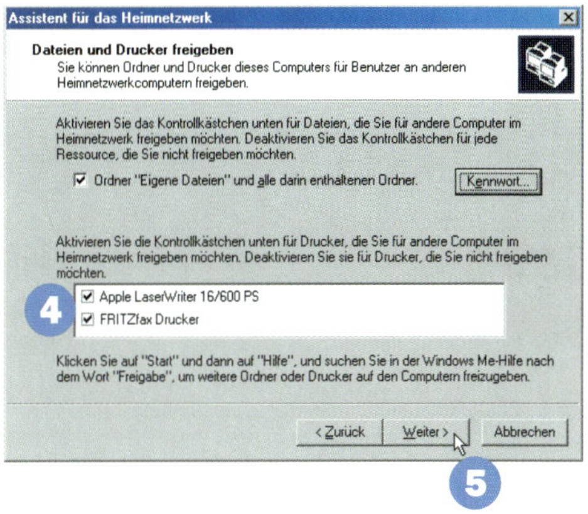

Installation beenden

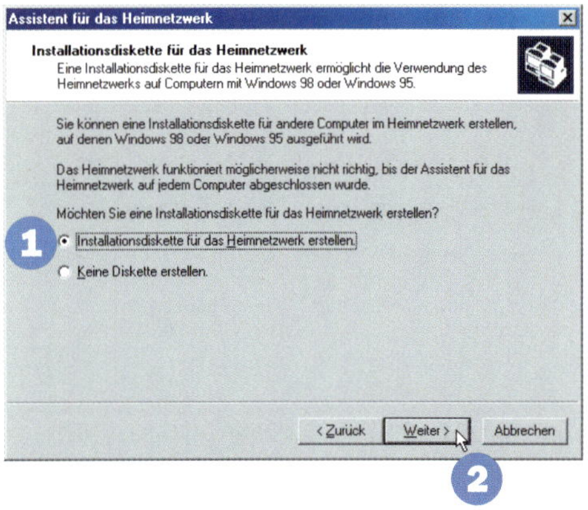

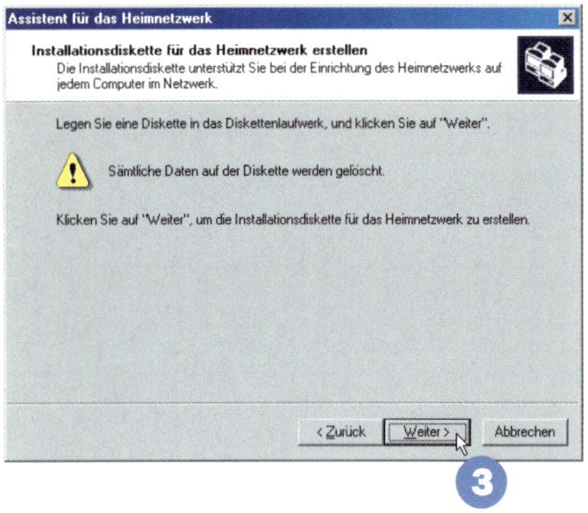

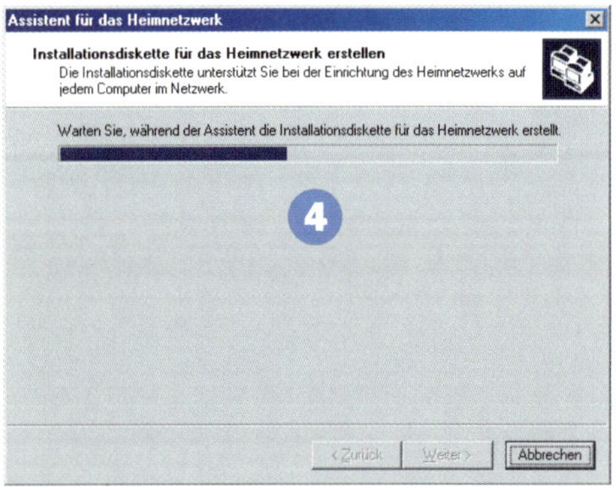

Damit alle Computer in Ihr Netzwerk eingebunden werden können, müssten Sie eigentlich auf jedem Computer alle nötigen Einstellungen vornehmen. Der Assistent für das Heimnetzwerk nimmt Ihnen auch diese Aufgabe weitgehend ab: durch das Erstellen einer Installationsdiskette für das Heimnetzwerk.

Installationsdiskette erstellen und Installation beenden

1. **Aktivieren Sie die Option Installationsdiskette für das Heimnetzwerk erstellen.**
2. **Bestätigen Sie mit Weiter.**
3. **Legen Sie eine Diskette in das Diskettenlaufwerk ein, und bestätigen Sie die Warnmeldung mit Weiter.**
4. **Die Installationsdiskette wird erstellt und die Installation ist damit fast abgeschlossen.**
5. **Bestätigen Sie mit Fertig stellen.**
6. **Die Dateien werden kopiert.**
7. **Es erscheint das abschließende Dialogfeld des Assistenten.**
8. **Nehmen Sie die Diskette aus dem Laufwerk, und beschriften Sie sie.**
9. **Starten Sie Ihren Computer durch Anklicken von Ja neu.**

Bis gleich.

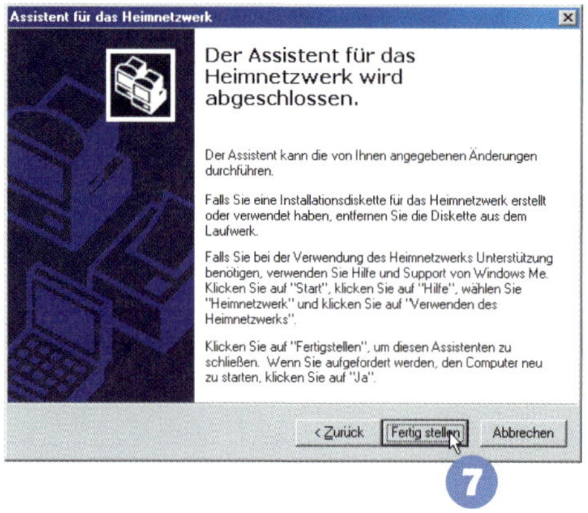

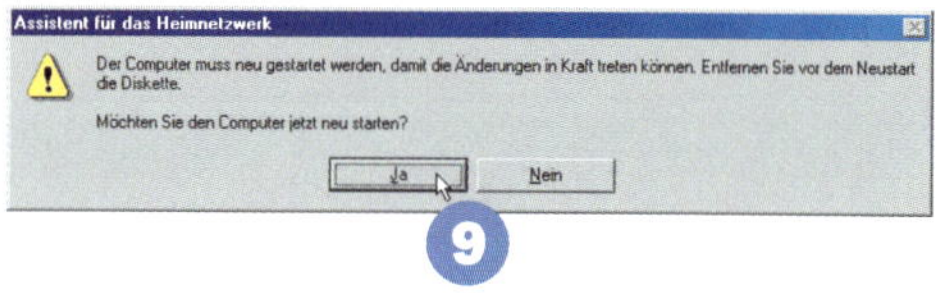

Andere Rechner für das Netzwerk einrichten I

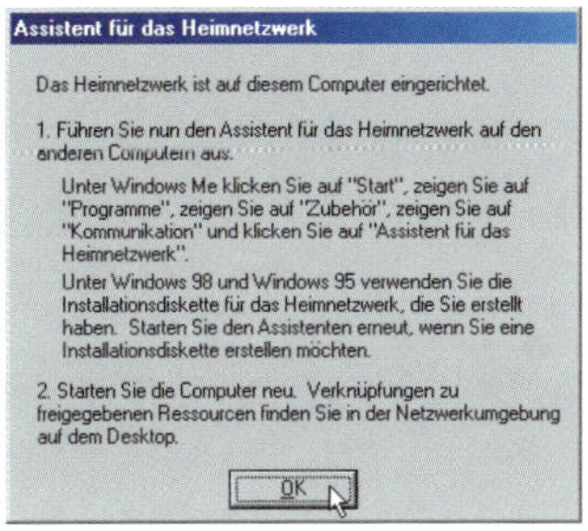

Erst einmal meldet Ihr Server nach dem Neustart „Vollzug“ (Abbildung oben).

Nun sind die anderen Computer an der Reihe. Dazu brauchen Sie einfach nur die soeben erstellte Installationsdiskette. Wir richten unser Augenmerk nun auf die anderen Netzwerkrechner, das heißt, die hier aufgeführten Schritte sind für alle Netz-PCs auszuführen. Weiter geht's:

Netzwerk auf den anderen Computern einrichten

1. **Legen Sie die soeben erstellte Diskette in das Laufwerk des neuen Netzwerkrechners ein.**
2. **Klicken Sie auf das Symbol Arbeitsplatz und dort auf das Symbol Ihres Diskettenlaufwerks.**
3. **Starten Sie das Setup-Programm per Doppelklick.**
4. **Bestätigen Sie das Willkommen-Dialogfeld mit Weiter.**
5. **Das Programm startet.**
6. **Im Dialogfeld Internetverbindung aktivieren Sie die Option Nein, das Internet wird von diesem Computer nicht verwendet.**
7. **Bestätigen Sie mit Weiter.**

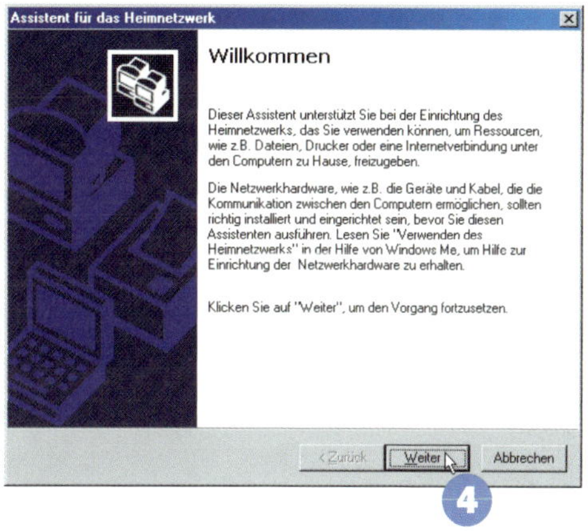

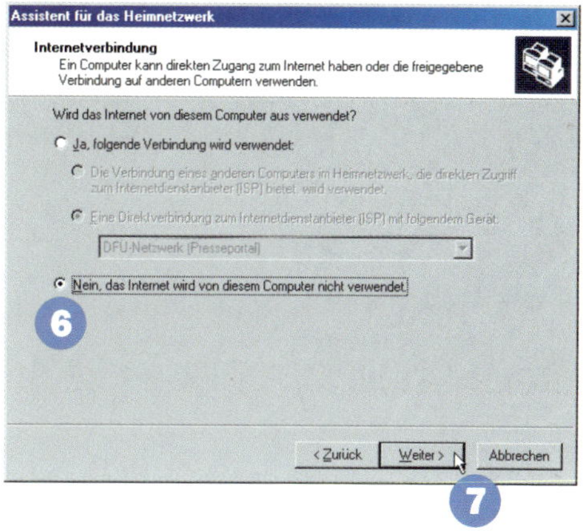

Andere Rechner für das Netzwerk einrichten II

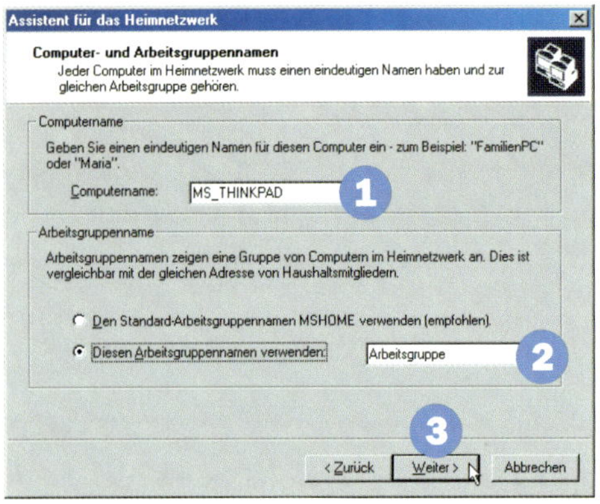

Auch Ihre Netzwerkrechner brauchen einen Namen, und sie müssen zur „richtigen“ Arbeitsgruppe gehören.

Computer- und Arbeitsgruppennamen angeben

1. Geben Sie im Feld Computername einen Namen für Ihren PC ein.
2. Aktivieren Sie im Bereich Arbeitsgruppenname die entsprechende Option, und geben Sie den Arbeitsgruppennamen Ihres Servers ein.
3. Bestätigen Sie mit Weiter.

Nun zur Datei- und Druckerfreigabe.

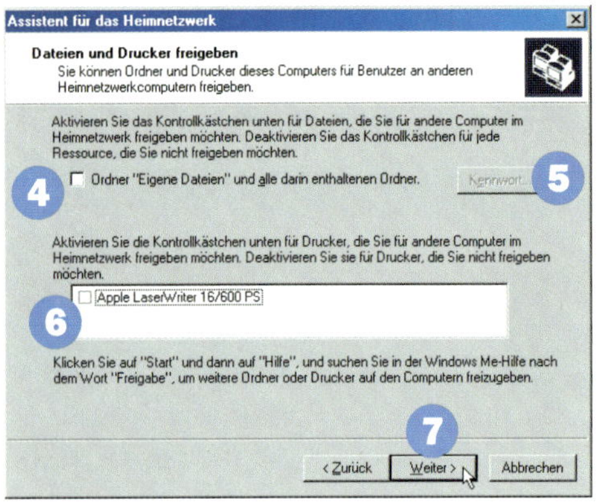

Dateien und Drucker freigeben

4. Aktivieren Sie – falls gewünscht – im Dialogfeld Dateien und Drucker freigeben die Option Ordner "Eigene Dateien" und alle darin enthaltenen Ordner.
5. Klicken Sie gegebenenfalls auf die Schaltfläche Kennwort, geben Sie ein Kennwort ein, und bestätigen Sie es.
6. Aktivieren Sie gegebenenfalls die Kontrollkästchen für die Drucker, die Sie freigeben möchten.
7. Bestätigen Sie mit Weiter.

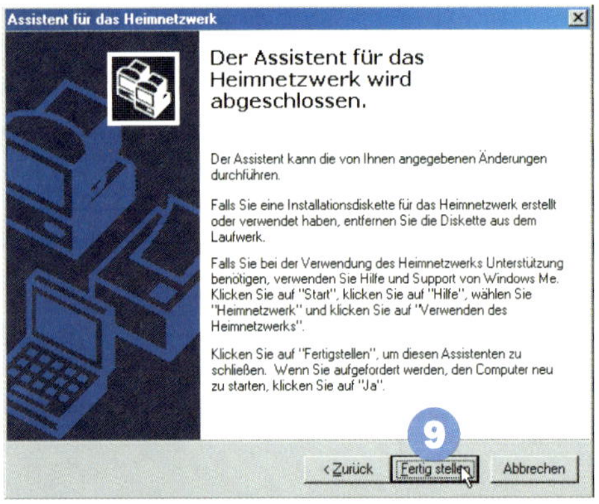

Installation beenden

8. Es erscheint das abschließende Dialogfeld des Assistenten.
9. Bestätigen Sie mit Fertig stellen.
10. Nehmen Sie die Diskette aus dem Laufwerk und beschriften Sie sie.
11. Starten Sie Ihren Computer durch Klick auf Ja neu.
12. Nach dem Neustart meldet auch Ihr neuer Netz-PC „Vollzug“.

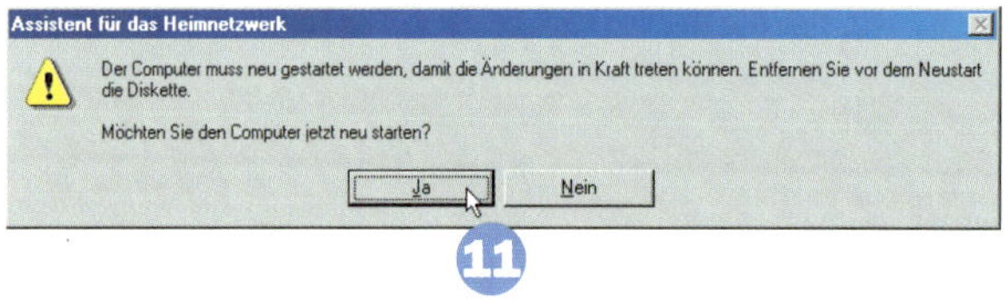

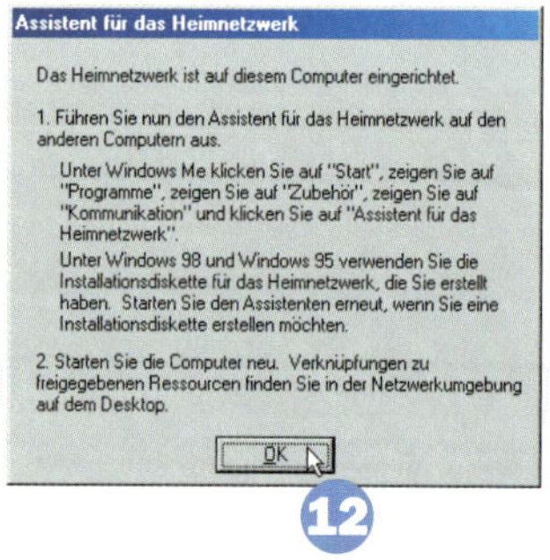

Die Netzwerkanmeldung einstellen

Sie kennen aus Kapitel 1 „Blickkontakt: erstes Kennenlernen von Windows Me" bereits die Windows-Anmeldung. Da Sie ja nun ein Netzwerk eingerichtet haben, können Sie sich alternativ auch per Netzwerkanmeldung bei Ihrem PC anmelden.

Die Netzwerkanmeldung einstellen

1. **Klicken Sie auf dem Desktop mit der rechten Maustaste auf das Symbol Netzwerkumgebung.**
2. **Im Kontextmenü wählen Sie den Eintrag Eigenschaften.**
3. **Auf der Registerkarte Konfiguration wählen Sie im Feld Primäre Netzwerkanmeldung den Eintrag Client für Microsoft-Netzwerke.**
4. **Bestätigen Sie mit OK.**
5. **Ab sofort erscheint nach dem Starten von Windows das Dialogfeld Netzwerkkennwort eingeben.**

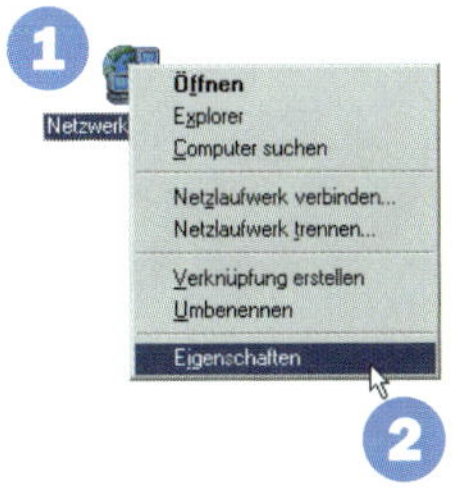

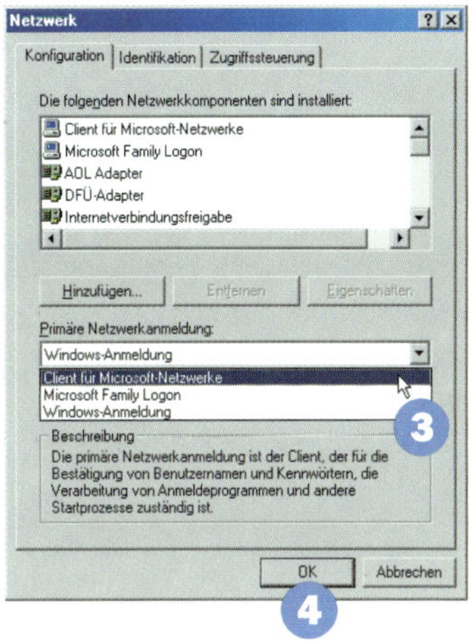

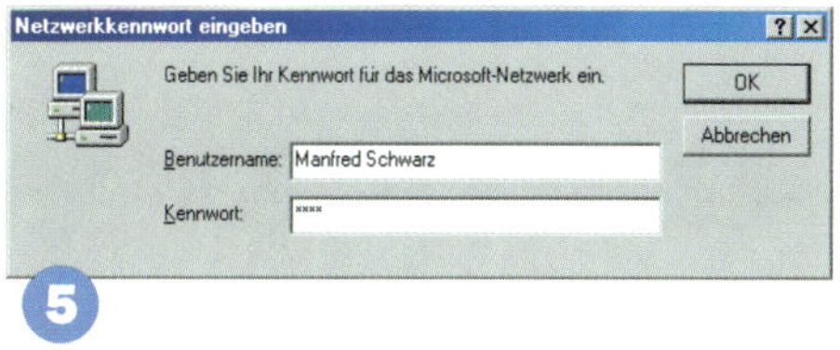

Weitere Ordner freigeben

Sie können jederzeit Dateien und Ordner für andere Netzwerkteilnehmer freigeben. Auf dem zweiten Rechner hatten Sie den Ordner **Eigene Dateien** noch nicht freigegeben. Das holen Sie jetzt nach.

Ordner freigeben

1. **Klicken Sie den gewünschten Ordner mit der rechten Maustaste an, und wählen Sie im Kontextmenü den Eintrag Eigenschaften und dann die Registerkarte Freigabe.**
2. **Wählen Sie im Dialogfeld die Option Freigeben als. Den Freigabenamen können Sie ändern, müssen es aber nicht.**
3. **Bestätigen Sie mit OK.**
4. **Sie erkennen am veränderten Ordner-Symbol (genauer: der zusätzlichen Hand), dass der Ordner nun freigegeben ist.**

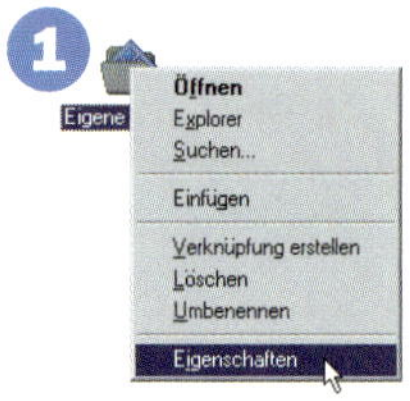

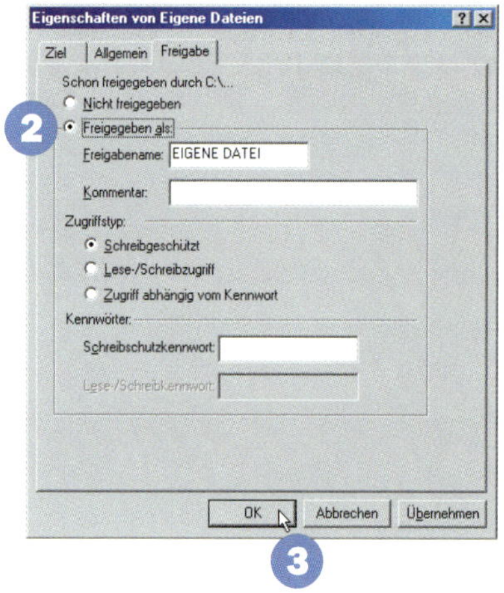

tipp

Don't touch? Über das Optionsfeld ***Zugriffstyp*** *können Sie einstellen, ob andere Benutzer im Netzwerk Ihre Dateien bearbeiten dürfen oder nicht. Wenn in dem Verzeichnis auch Änderungen vorgenommen werden sollen, klicken Sie die Option* ***Lese-/Schreibzugriff*** *an.*

Netzwerkrechner suchen

Das war's schon. Gratulation! Sie haben ein Netzwerk eingerichtet und ein erstes Verzeichnis freigegeben, das Sie von nun an gemeinsam auf allen Rechnern nutzen können.

Sind alle Rechner neu gestartet? Okay, dann schauen Sie jetzt in die jeweiligen Ordner **Netzwerkumgebung** auf dem Desktop.

Netzwerk-Rechner suchen

1. **Doppelklicken Sie auf das Symbol Netzwerkumgebung auf dem Desktop.**
2. **Ein Doppelklick auf das Symbol Gesamtes Netzwerk sollte Ihnen nun das Symbol Arbeitsgruppe (bzw. den von Ihnen gewählten Namen) anzeigen.**
3. **Doppelklicken Sie darauf, und es werden alle angemeldeten (und eingeschalteten) Rechner angezeigt.**
4. **Durch Doppelklicken auf eines der Rechnersymbole öffnen Sie dessen Ordnerfenster und können die freigegebenen Ordner und Dateien nutzen.**

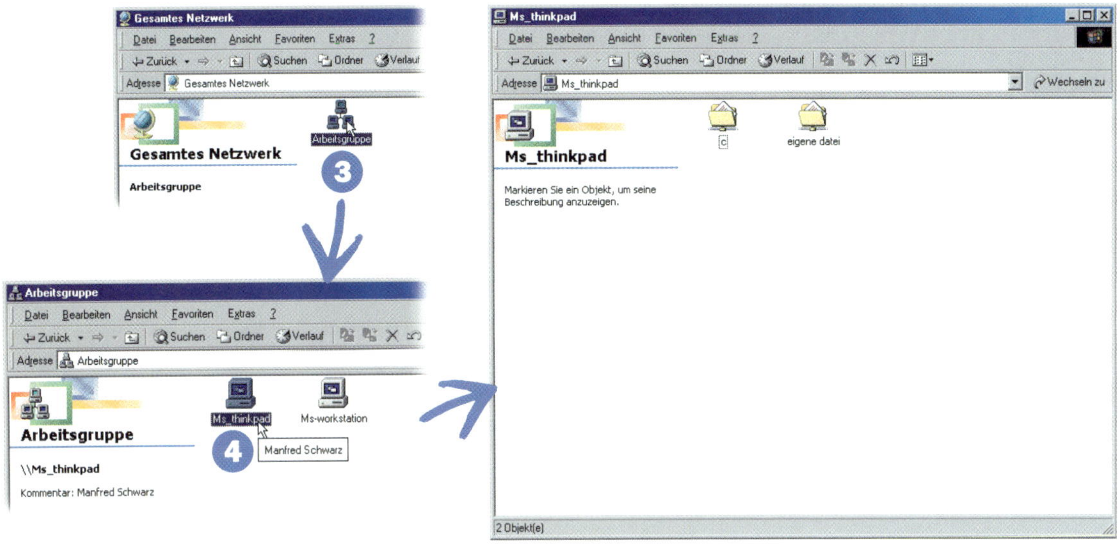

good to ***know***

Kapitel 1
Blickkontakt: erstes Kennenlernen von Windows Me
Kapitel 2
Schnelldurchlauf: die wichtigsten Grundlagen
Kapitel 7
Come together: Windows im Netzwerk

Ab

Kapitel 8

ins Datenmeer:

mit dem Internet Explorer ins Web

Das Internet wird immer wichtiger. Deshalb wurde es konsequent in Windows Me integriert. Lesen Sie in diesem kurzen Überblick das Wichtigste über

1. **die Voraussetzungen zum Surfen**
2. **den Internet Explorer**
3. **Outlook Express**
4. **MSN Easysurfer**
5. **MSN Messenger.**

Startklar für den Sprung ins Datenmeer

Kaum eine technische Entwicklung hat in den vergangenen Jahren für mehr Wirbel gesorgt als das Internet. World Wide Web, E-Mail und E-Commerce haben sich zu einer unvergleichlichen Erfolgsstory entwickelt, besonders das World Wide Web – kurz WWW oder Web – mit seinen Millionen miteinander verknüpfter Seiten.

Bevor Sie ins Internet starten können, müssen Sie einige kleine Hürden nehmen. Modems sind inzwischen leicht zu installieren und werden meist mit der benötigten Software ausgeliefert. Windows „erkennt“ die meisten Geräte nach dem Anschließen sogar automatisch und stellt geeignete Software hierfür bereit.

Zu den Vorbereitungen gehört auch die Entscheidung für einen Internetdienstanbieter. Was dabei zu bedenken ist, lesen Sie ebenfalls in diesem Kapitel.

Bleibt noch die Einrichtung des Internetzugangs, die Sie in der Regel nur einmal durchzuführen brauchen. Dabei werden Sie vom Windows Internet-Assistenten Schritt für Schritt durch die erforderlichen Eingaben und Einstellungen geführt.

Unverzichtbar zum Surfen im Internet ist ein so genannter Browser wie beispielsweise der in Windows Me enthaltene Microsoft Internet Explorer.

Let’s surf!

ready set ...

Der Microsoft Internet Explorer sollte bereits installiert sein.
Sie benötigen einen Telefonanschluss und ein Modem oder einen ISDN-Adapter (siehe nächste Seite).

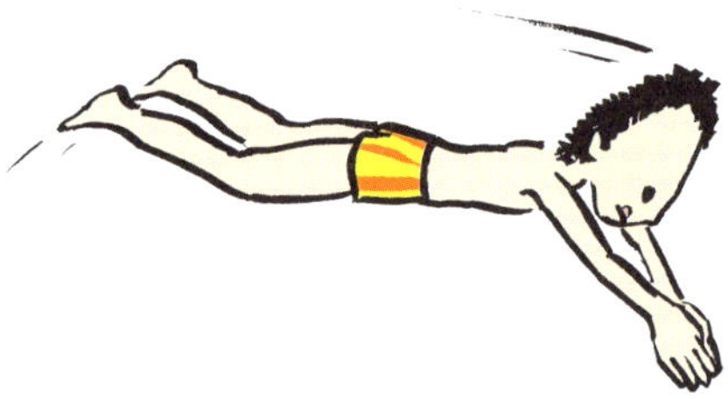

move on

*DFÜ-Netzwerk installiert? Öffnen Sie im **Startmenü** den Befehl **Einstellungen/Systemsteuerung**. Ist dort der Eintrag **DFÜ-Netzwerk** vorhanden? Wenn nicht, doppelklicken Sie auf **Software**, aktivieren Sie die Registerkarte **Windows Setup**. Wählen Sie dort **Verbindungen**, klicken Sie auf **Details**, und aktivieren Sie **DFÜ-Netzwerk**. Starten Sie das Setup mit **OK**.*

Voraussetzungen fürs Surfen: Hardware und Zugang

Um online zu gehen und um das Internet nutzen zu können, benötigen Sie für die Verbindung zwischen Ihrem PC und Ihrem Telefonanschluss ein Modem oder einen Hochgeschwindigkeitsanschluss mit ISDN. Ganz gleich, ob Modem oder ISDN: nach dem Anschließen des Gerätes zwischen Telefonnetz und PC müssen noch entsprechende Treiber für Windows installiert werden. Folgen Sie der Installationsanleitung zum Modem oder ISDN-Gerät. Installieren Sie die Treiber, wie dort beschrieben oder wie folgt mit dem Windows-Assistenten:

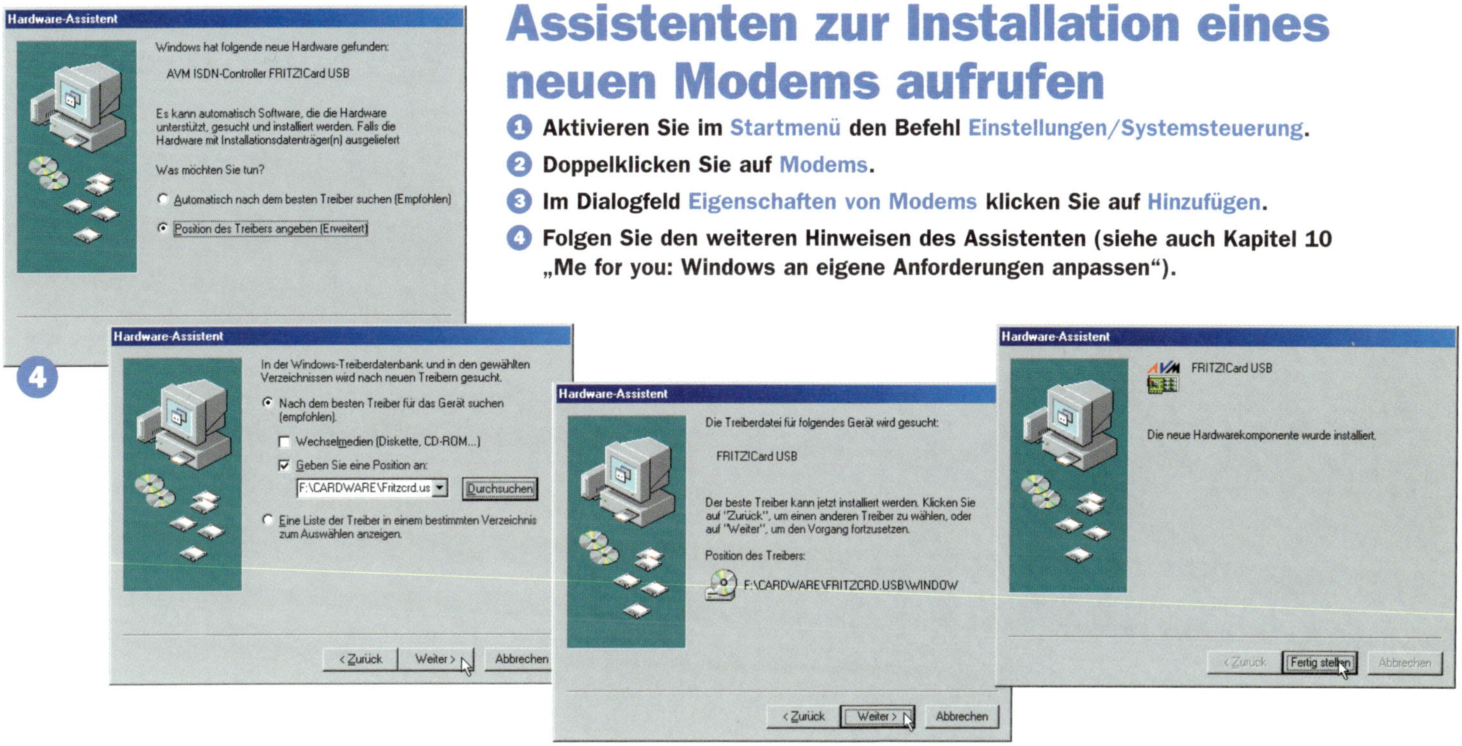

4

Assistenten zur Installation eines neuen Modems aufrufen

1. **Aktivieren Sie im Startmenü den Befehl Einstellungen/Systemsteuerung.**
2. **Doppelklicken Sie auf Modems.**
3. **Im Dialogfeld Eigenschaften von Modems klicken Sie auf Hinzufügen.**
4. **Folgen Sie den weiteren Hinweisen des Assistenten (siehe auch Kapitel 10 „Me for you: Windows an eigene Anforderungen anpassen“).**

move on

*Schnell zu MSN: Zur Installation eines MSN-Zugangs gibt es einen speziellen Assistenten, der Sie von der Einrichtung des Modems bis zur Registrierung begleitet: Doppelklicken Sie auf Ihrem Desktop einfach auf das Symbol **MSN – Internet Access Installation**.*

Voraussetzungen fürs Surfen: der Internet Explorer

Neben Hardware und Provider (siehe folgende Seiten) benötigen Sie einen Browser. Dies ist das Programm, das es Ihnen erst ermöglicht, zu Websites zu surfen und Webdokumente auf Ihrem Computer zu betrachten.

Der Browser „versteht“ alle anzuzeigenden Dokumente des World Wide Web, die als HTML-Dateien (Hypertext Markup Language) abgespeichert sind. Dieses Format stellt sicher, dass die Dokumentinhalte später problemlos von verschiedenen Rechnern und Programmen gelesen werden können.

Wichtig im Web ist auch die eindeutige Adressierung: Deshalb besitzt jedes Dokument eine eigene und eindeutige Adresse. Über diese als Uniform Resource Locator (URL) bezeichnete Adresse (zum Beispiel **www.microsoft.com/germany**) können Sie das Dokument von jedem beliebigen Punkt im Internet abrufen.

Um beim Lesen den Wechsel zu weiteren Dokumenten zusätzlich zu vereinfachen, können HTML-Dokumente Querverweise zu anderen Dokumenten oder zu anderen Stellen im Dokument enthalten. Diese als Hyperlinks bezeichneten Querverweise entsprechen in der Wirkung den in den Windows-Hilfeseiten benutzten Verweisen. Durch Anklicken wird automatisch das betreffende Folgedokument in den Browser geladen.

Ihr Begleiter auf Ihren Surftouren ist der Microsoft Internet Explorer, der zum Lieferumfang von Windows Me gehört.

An dieser Stelle soll der Internet Explorer nur einmal testhalber gestartet werden, ganz einfach, um zu sehen, ob er – nachdem alle anderen Voraussetzungen fürs Surfen erfüllt sind – startbereit ist. Auch wenn Sie noch keine Internetverbindung eingerichtet haben, können Sie den Microsoft Internet Explorer bereits starten. In diesem Fall wird zunächst der **Assistent für den Internetzugang** eingeblendet (siehe nächste Seite). Falls Sie zu diesem Zeitpunkt noch keinen Zugang einrichten möchten, sondern sich den Internet Explorer erst mal offline anschauen möchten, klicken Sie auf **Abbrechen**. Für einen ersten „Trockenversuch“ können Sie auch ohne Zugangseinrichtung weitermachen.

Den Internet Explorer starten

1. **Doppelklicken Sie auf dem Windows-Desktop auf das Symbol Internet Explorer.**
2. **Oder wählen Sie im Startmenü die Befehlsfolge Programme/Internet Explorer.**
3. **Falls der Microsoft Internet Explorer automatisch versucht, eine Webseite direkt nach dem Start zu öffnen, kommt es, da Sie nicht online sind, zu der Fehlermeldung „Die Seite kann nicht angezeigt werden“, die Sie jedoch nicht weiter beachten müssen.**
4. **Beenden Sie das Programm über das Menü Datei und den Befehl Schließen.**

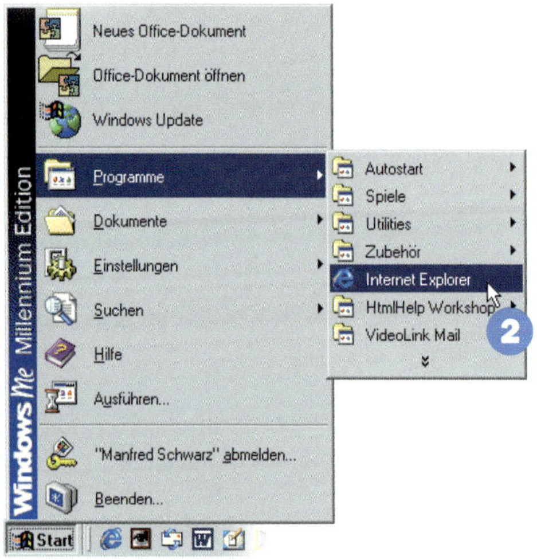

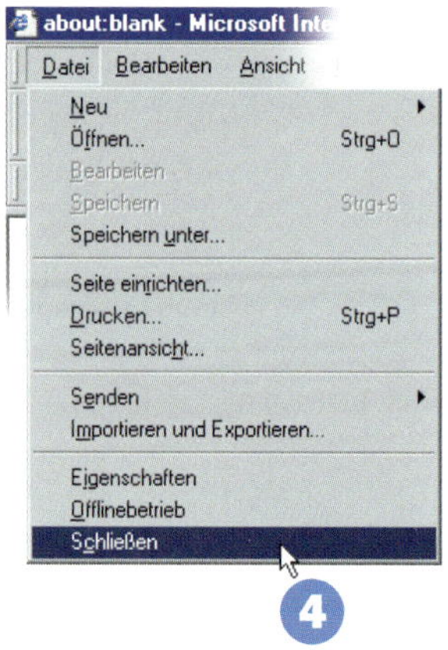

Den Internetzugang einrichten I

Den Internetzugang erhalten Sie über so genannte Provider oder Internetdienstanbieter. Bekannte Provider sind T-Online, MSN, AOL und CompuServe. Zu unterscheiden ist zwischen Providern, bei denen Sie sich als Nutzer registrieren, und so genannten Internet-by-Call-Angeboten. Internet-by-Call bedeutet: Sie nutzen den Internetzugang ohne Anmeldung, die entstehenden Kosten werden über Ihre Telefonrechnung abgebucht.

Das Einrichten des Internetzugangs erfolgt am einfachsten mithilfe des zugehörigen Windows-Assistenten. Halten Sie Ihre Zugangsdaten bereit – dann kann es losgehen. Sie benötigen zumindest die Zugangstelefonnummer, einen Benutzernamen und ein Kennwort. Haben Sie sich bei einem Provider registrieren lassen, erhalten Sie diese Daten und gegebenenfalls weitere Informationen in der Regel per Post. Die entsprechenden Angaben für Internet-by-Call-Zugänge finden Sie im Internet, in Zeitschriften etc. Das Beispiel in den Abbildungen auf den folgenden Seiten ist ein Internet-by-Call-Zugang über den Internetdienstanbieter MSN.

Assistent für den Internetzugang starten und Modem auswählen

1. **Auf Ihrem Windows-Desktop finden Sie das Symbol Assistent für den Internetzugang. Doppelklicken Sie darauf. (Ist das Symbol nicht auf Ihrem Desktop vorhanden, finden Sie es im Startmenü unter Programme/Zubehör/Kommunikation.)**
2. **Im ersten Dialogfeld („Willkommen“) klicken Sie auf die dritte Option Manuelle Einrichtung der Internetverbindung.**
3. **Klicken Sie auf die Schaltfläche Weiter.**
4. **Aktivieren Sie die Option Verbindung über Telefonleitung und Modem, und klicken Sie auf Weiter.**
5. **Im dritten Dialogfeld wählen Sie Ihr Modem oder Ihr ISDN-Gerät in der Liste aus (nähere Informationen entnehmen Sie bitte der Beschreibung zu Ihrer ISDN-Karte oder Ihrem ISDN-Adapter).**
6. **Klicken Sie erneut auf Weiter.**

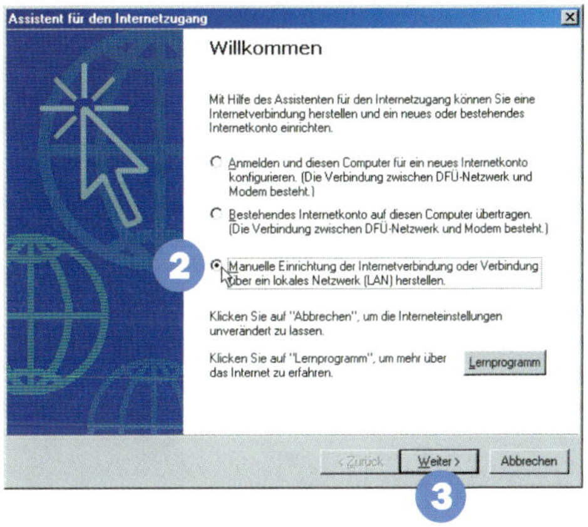

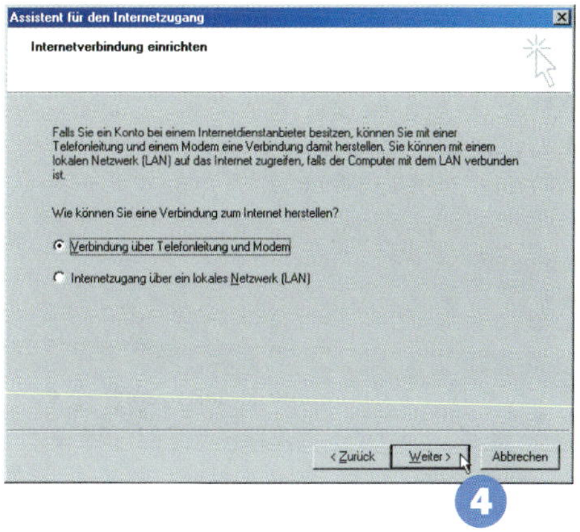

Den Internetzugang einrichten II

Nun richten Sie die Verbindung zu Ihrem Provider ein. In den Beispielabbildungen finden Sie alle nötigen Daten, um den Zugang zu MSN einzurichten.

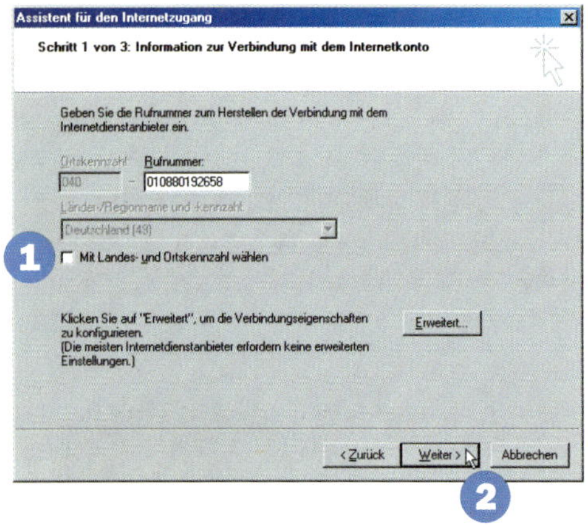

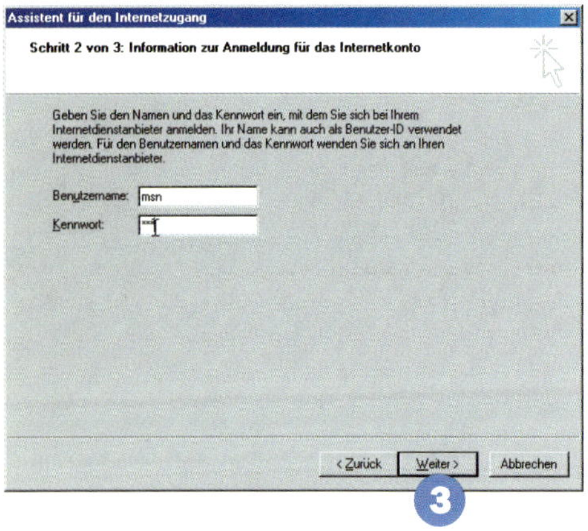

Die Verbindung zum Internetdienstanbieter einrichten

1. **Sofern in den Informationen zu Ihrem Internetzugang nicht anders angegeben, deaktivieren Sie die Option Mit Landes- und Ortskennzahl wählen.**
2. **Geben Sie die komplette Zugangstelefonnummer im Feld Rufnummer ein, und klicken Sie auf Weiter.**
3. **Im Schritt 2 von 3 geben Sie den Benutzernamen sowie das erste Zugangskennwort ein (dieses können Sie in der Regel später individuell ändern). Das Kennwort für MSN lautet „msn". Klicken Sie auf Weiter.**
4. **Im Schritt 3 von 3 geben Sie eine Bezeichnung für die Verbindung ein und klicken erneut auf Weiter.**
5. **Im Dialogfeld Internet-E-Mail-Konto einrichten aktivieren Sie die Option Nein.**
6. **Klicken Sie auf die Schaltfläche Weiter.**

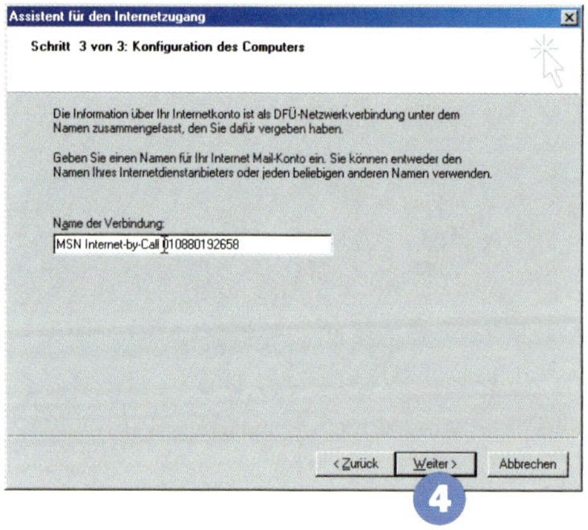

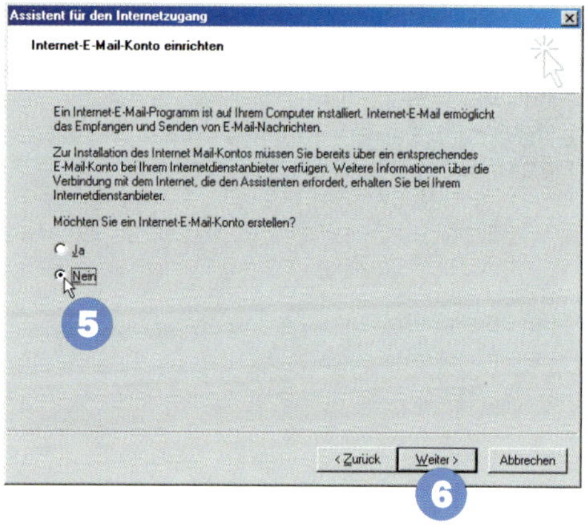

Die Internetverbindung herstellen und trennen

Mit dem nächsten Mausklick ist Ihr Internetzugang eingerichtet. Sie sollten ihn – wie voreingestellt – einmal testen. Sie können dabei bereits angeben, ob das Zugangskennwort gespeichert und voreingestellt werden soll. Falls Sie diese Option deaktivieren, um eine unbefugte Verwendung des Internetzugangs zu verhindern, müssen Sie das Kennwort vor jedem Internetzugang über diese Verbindung neu eingeben.

Nachdem Sie auf **Verbinden** geklickt haben, wird der Internet Explorer gestartet, und Sie können surfen. Denken Sie daran, die Verbindung anschließend wieder zu trennen!

Den Internetzugang testen, die Verbindung trennen

1. **Im letzten Dialogfeld des Assistenten ist die Option für eine sofortige Verbindung bereits aktiviert: Klicken Sie auf Fertig stellen.**
2. **Das Dialogfeld Verbinden mit wird angezeigt. Prüfen Sie noch einmal die Angaben, und korrigieren Sie sie gegebenenfalls.**
3. **Klicken Sie auf Verbinden. Der Internet Explorer wird gestartet, und Sie können im World Wide Web surfen.**
4. **Wenn Sie den Internet Explorer beenden (Menübefehl Datei/Schließen), klicken Sie anschließend auf Verbindung trennen. Sie können die Verbindung auch trennen, indem Sie mit der rechten Maustaste auf das Verbindungssymbol in der Taskleiste (neben der Uhr) klicken, und Trennen wählen.**

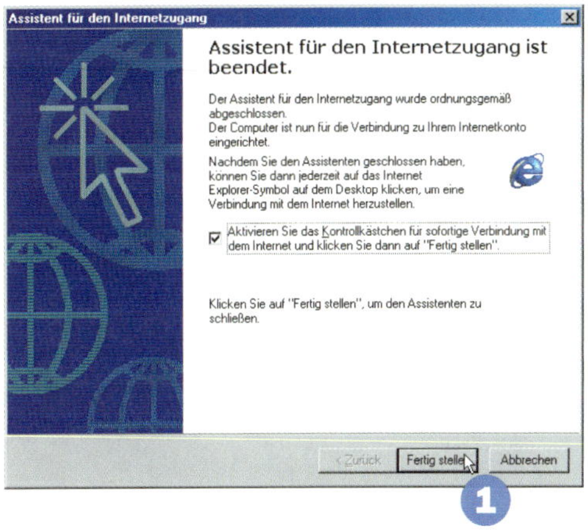

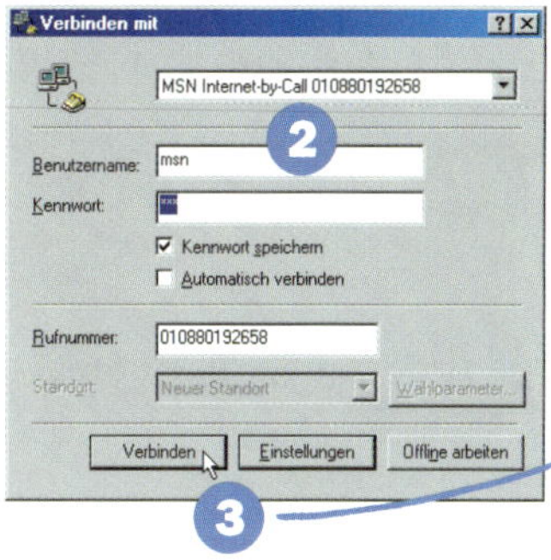

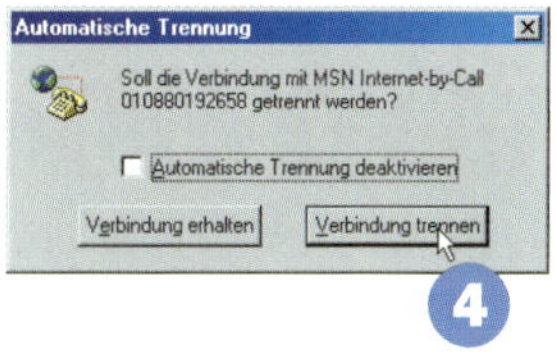

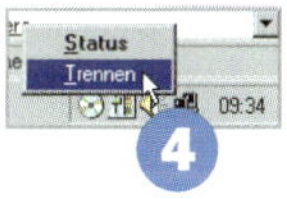

Die Software für MSN Easysurfer herunterladen und installieren

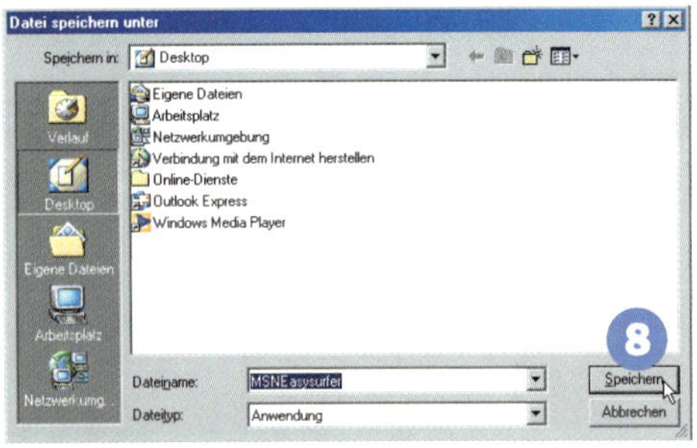

Nach diesen Vorbereitungen sind Sie nun bereit für den ersten „richtigen" Surftrip. Dabei können Sie sich auch gleich ein nützliches Tool herunterladen: die Zugangssoftware für MSN Easysurfer.

Mit dieser Konfigurationssoftware wird Ihr PC automatisch für die Nutzung des MSN Easysurfer-Zugangs eingerichtet. So steht Ihnen danach eine praktische Verknüpfung direkt auf dem Desktop zur Verfügung, mit der Sie per Mausklick ins Internet gelangen.

MSN Easysurfer Software herunterladen

1. **Stellen Sie eine Verbindung zum Internet her.**
2. **Starten Sie den Internet Explorer.**
3. **Geben Sie als URL in die Adresszeile www.msn.de ein.**
4. **Klicken Sie auf den Hyperlink Mit MSN Easysurfer für ...**
5. **Klicken Sie auf Download der Zugangssoftware.**
6. **Wählen Sie im Dialogfeld die Option Das Programm speichern.**
7. **Klicken Sie auf OK.**
8. **Wählen Sie einen Speicherort aus, etwa den Desktop, und klicken Sie auf Speichern.**
9. **Die Software wird geladen.**
10. **Beenden Sie die Verbindung, und schließen Sie den Microsoft Internet Explorer.**

Nach dem Download liegt eine Verknüpfung zur Easysurfer-Zugangssoftware auf Ihrem Desktop bereit. Die Installation ist in wenigen Schritten erledigt.

MSN Easysurfer installieren

11. **Doppelklicken Sie auf die Verknüpfung MSN Easysurfer.**
12. **Das Programm erledigt alles Weitere für Sie.**
13. **Am Ende der Installation zeigt Ihnen ein Dialogfeld, dass alles geklappt hat. Bestätigen Sie mit OK.**
14. **Auf dem Desktop finden Sie nun die neue Verknüpfung MSN Easysurfer-online by call vor.**
15. **Per Doppelklick auf dieses Symbol starten Sie zukünftig ins Web.**

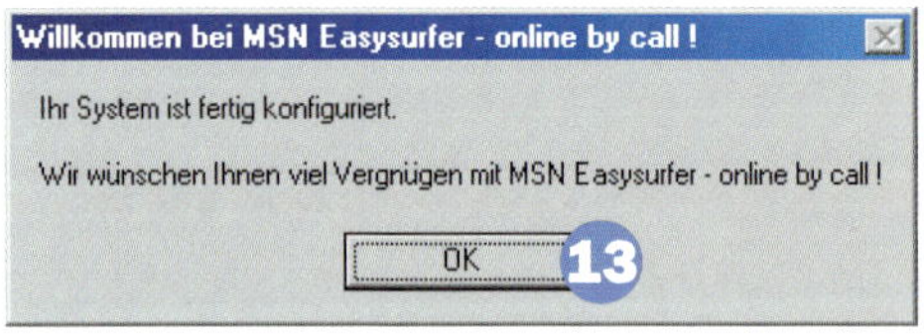

Mit MSN Easysurfer ins Web

Jetzt haben Sie alles, was Sie zum Surfen brauchen, installiert und konfiguriert: Modem, Browser und Internetzugang.

Per MSN Easysurfer ins Web

1. **Doppelklicken Sie auf die Desktopverknüpfung MSN Easysurfer-online by call.**
2. **Im darauf folgenden Dialogfeld klicken Sie auf Verbinden.**
3. **Die Verbindung wird aufgebaut.**
4. **Der Microsoft Internet Explorer wird automatisch gestartet und das Portal von MSN aufgerufen.**
5. **Per Mausklick auf Hyperlinks können Sie nun durchs Web surfen.**

Die Easysurfer-Verbindung beenden

6. **In der Taskleiste am Bildschirm ganz unten rechts sehen Sie das Verbindungssymbol für Easysurfer.**
7. **Klicken Sie mit der rechten Maustaste darauf.**
8. **Im Popupmenü klicken Sie auf Trennen.**
9. **Die Verbindung wird getrennt.**

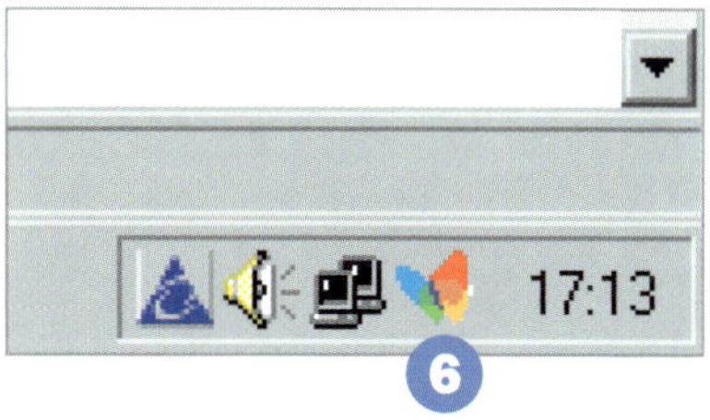

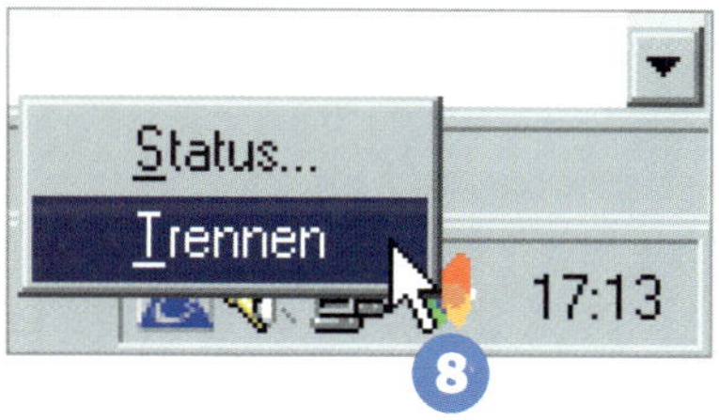

Portal

Eine Website, die als „Tor" zum Internet dient. Eine Portal-Website ist eine Zusammenstellung von Verknüpfungen, Inhalten und Diensten, die dem Benutzer interessante Informationen bereitstellt, wie Nachrichten, Wetterberichte, Unterhaltung, Chaträume usw.

Outlook Express starten

E-Mail ist wohl der beliebteste Bestandteil, genauer: „Dienst“, des Internet.

Ihre „Poststelle“ ist Ihr E-Mail-Client. In Windows integriert ist Outlook Express.

Das Wichtigste beim Kommunizieren per E-Mail ist die richtige Angabe der Adresse. Kennzeichnend ist das Zeichen „@“, zum Beispiel in der Adresse „Hans.Mustermann@hotmail.com“. Dieses Trennzeichen wird „ät“ ausgesprochen und oft auch salopp „Klammeraffe“ genannt. Es steht zwischen dem Benutzernamen (Hans.Mustermann) und der Adresse des Servers (hotmail.com), auf dem Ihre Mail abgelegt wird.

Hier ist leider nicht der Platz, Details in Sachen E-Mail-Kommunikation aufzuzeigen, deshalb folgt auf den nächsten Seiten nur ein kurzer Einblick:

Outlook Express starten

1. **Doppelklicken Sie auf dem Windows-Desktop auf das Symbol Outlook Express.**
2. **Oder wählen Sie im Startmenü die Befehlsfolge Programme/Outlook Express.**
3. **Oder klicken Sie im Internet Explorer auf die Schaltfläche E-Mail und wählen dort den Eintrag E-Mail lesen.**

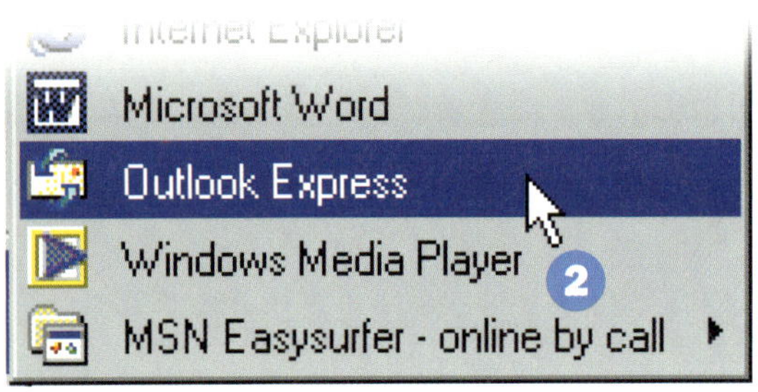

sidestep

Virtuelle Postberge: Während Sie diese Zeilen lesen, werden weltweit rund 1 Million E-Mails verschickt. Tendenz steigend!

Der Outlook Express-Bildschirm

Nach dem ersten Start wird Outlook Express in der Standardansicht auf Ihrem Bildschirm geöffnet, etwa so wie unten abgebildet. Zunächst werden hier anhand der Standardansicht die wichtigsten Bildschirmelemente vorgestellt:

Die Vorstellung beginnt in der rechten, oberen Ecke des Bildschirms mit den Schaltflächen **Schließen**, **Maximieren** oder **Wiederherstellen** und **Minimieren** (von rechts nach links) in der **Titelleiste** von Outlook Express.

Unterhalb der Titelleiste befindet sich die **Menüleiste**. Über die Menüs haben Sie Zugriff auf alle Funktionen des Programms.

Unterhalb der Menüleiste wiederum sehen Sie die **Symbolleiste**. Darin sind die wichtigsten Grundfunktionen des Programms verfügbar.

Die **Ordnerleiste** enthält die Bezeichnung des aktuell geöffneten Ordners, hier den Hauptordner **Outlook Express**.

Am linken Rand befindet sich die **Outlook-Leiste** mit Schaltflächen für alle Standardordner.

Der Bereich rechts daneben ist in mehrere Felder aufgeteilt: Links oben die **Ordnerliste**, darunter die **Kontaktliste**. Rechts daneben sehen Sie im Hauptordner einen „Startbildschirm“ mit Zugang zu den wichtigsten Grundfunktionen des Programm, einer Suchfunktion und den „Tipps des Tages“.

Sobald Sie in der Ordnerliste auf den **Posteingang** klicken, sehen Sie anstelle des Startbildschirms die **Nachrichtenliste** mit dem Inhalt des Posteingangsordners. Darunter befindet sich der **Vorschaubereich**. Darin wird die zur Zeit in der Nachrichtenliste ausgewählte Nachricht angezeigt.

Ganz unten am Bildschirmrand befindet sich schließlich die **Statusleiste** mit Informationen zum aktuellen Programmstatus und zu ausgewählten Ordnern.

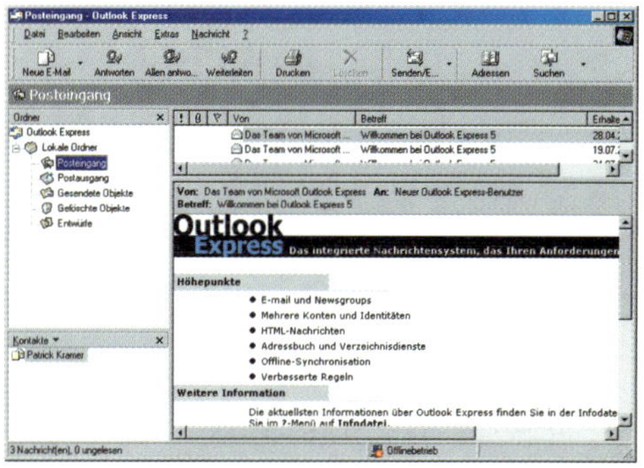

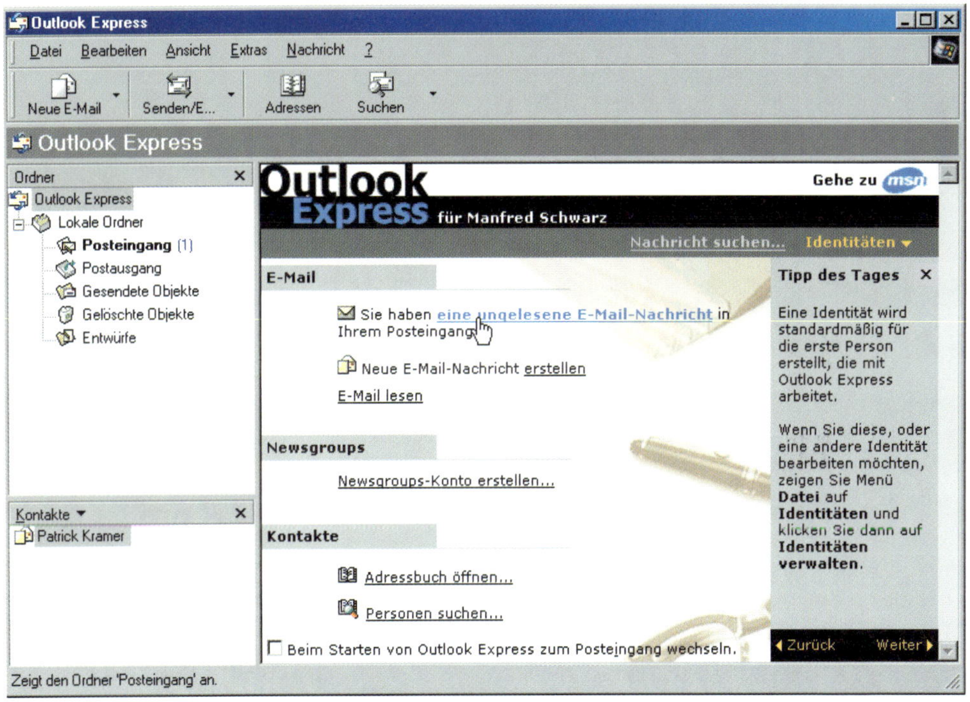

Ein Hotmail-Konto einrichten

Die Hauptfunktion von Outlook Express besteht in der Verwaltung von elektronischen Nachrichten (E-Mails). Das Programm bietet komfortable Funktionen, um Ihre Nachrichten aus dem Internet abzurufen und auf Ihrem PC im lokalen Postfach abzulegen, um sie zu sichten und zu verteilen.

Dazu holt Outlook Express Ihre Nachrichten aus dem Postfach des Mail-Servers ab. Dieser Server wird entweder von Ihrem Online-Provider (T-Online etc.) betrieben oder Sie benutzen einen Mail-Server in einem lokalen Netzwerk.

Je nach Verbindungsart können Sie die Nachrichten manuell von Ihrem Mail-Server abrufen oder automatisch bzw. zyklisch abholen lassen.

Im Folgenden sehen Sie, wie Sie einfach und schnell ein E-Mail-Konto bei Hotmail einrichten können. Hotmail ist ein kostenloser, webbasierter E-Mail-Dienst, der von Microsoft betrieben wird. Die Finanzierung dieses Dienstes erfolgt über den Verkauf von Werbeflächen. Die Homepage von Hotmail können Sie unter der Webadresse **http://www.hotmail.com** aufrufen.

Ein Hotmail-Konto einrichten

1. **Doppelklicken Sie auf dem Windows-Desktop auf das Symbol Outlook Express.**
2. **Oder wählen Sie im Startmenü die Befehlsfolge Programme/Outlook Express.**
3. **Wählen Sie im Menü Extras den Eintrag Neues Konto einrichten/Hotmail.**
4. **Folgen Sie den Anweisungen des Assistenten.**
5. **Informationen zu Hotmail erhalten Sie per E-Mail nach der Anmeldung Ihres Hotmail-Kontos.**
6. **Vergessen Sie nicht, die Verbindung nach Abschluss der Installation zu beenden.**

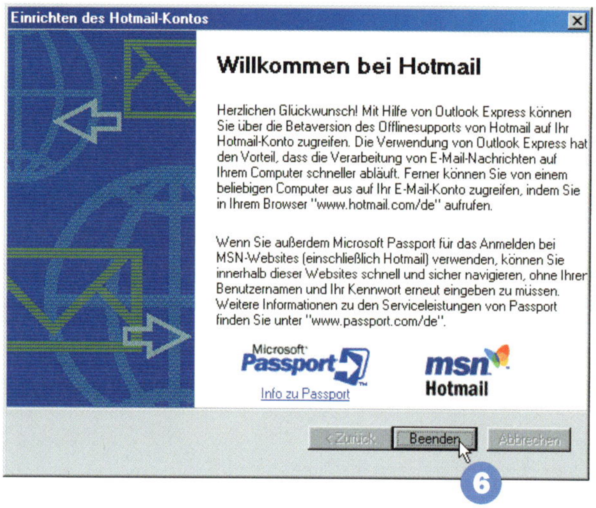

Der MSN Messenger Service

Zum Abschluss dieses Kapitels noch ein Blick auf eine sehr komfortable Neuerung in Windows Me: den MSN Messenger Service. Er zeigt Ihnen zum Beispiel, ob gerade Freunde oder Bekannte von Ihnen online sind. Falls ja, können Sie Sofortnachrichten austauschen oder mit mehreren Personen gleichzeitig chatten, eine Einladung zur Teilnahme an einem Spiel über das Internet verschicken oder eine audiovisuelle Konferenz mithilfe von NetMeeting abhalten. Oder Sie halten Ihre Freunde auf dem Laufenden, indem Sie ihnen Nachrichten auf Mobiltelefone und Pager senden.

Außerdem benachrichtigt Sie der MSN Messenger Service, wenn in Ihrem Hotmail-Posteingang eine neue E-Mail-Nachricht eingetroffen ist.

Sie können den MSN Messenger Service sogar verwenden, um eine Unterhaltung mit Stimmübertragung zu führen. Sprechen Sie von Computer zu Computer oder von Computer zu Telefon, und nutzen Sie die Möglichkeit zu kostengünstigen Ferngesprächen.

Und schließlich können Sie über den MSN Messenger Service Bilder, Musik, Dokumente und vieles mehr austauschen.

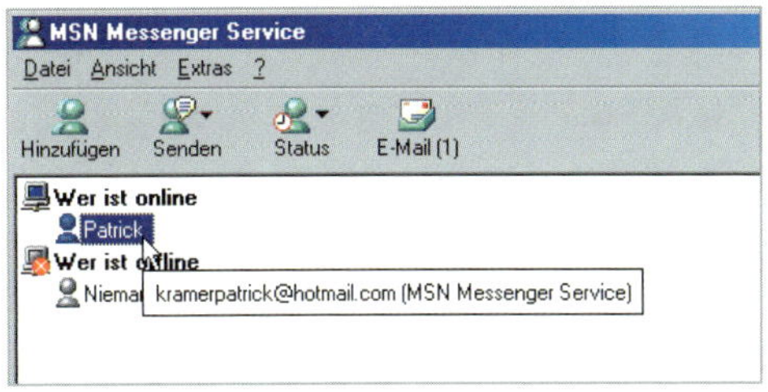

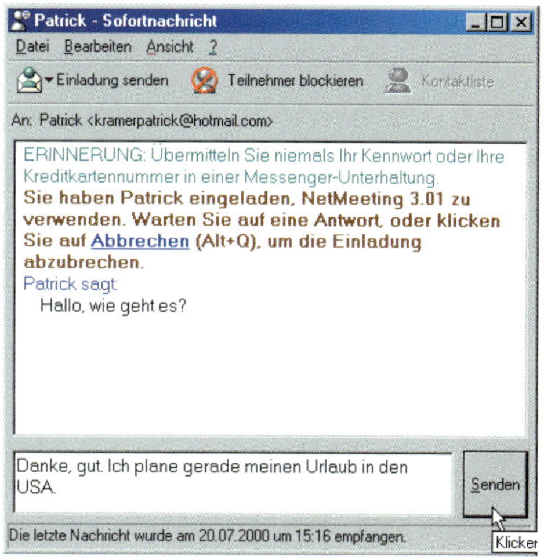

MSN Messenger Service starten

1. **Wählen Sie im Startmenü die Befehlsfolge Programme/Zubehör/Kommunikation/ MSN Messenger Service.**
2. **Falls der MSN Messenger Service zuvor noch nicht ausgeführt wurde, unterstützt Sie der Assistent für den MSN Messenger Service beim Einrichten dieses Dienstes.**

tipp

Wenn Sie die Verbindung mit dem Internet über einen Internetdienstanbieter herstellen, besteht die Möglichkeit, dass MSN Messenger Service von diesem Anbieter umbenannt wurde.
Weitere Informationen über die Verwendung des MSN Messenger Service erhalten Sie, indem Sie in MSN Messenger Service auf das Menü ***?*** *klicken.*

NetMeeting

Dieses Programm bietet die Möglichkeit, direkt vom PC aus über das Internet zu telefonieren, Videokonferenzen abzuhalten, zu chatten und gemeinsam an Dokumenten zu arbeiten.

good to **know**

Kapitel 1

Blickkontakt: erstes Kennenlernen von Windows Me

Kapitel 2

Schnelldurchlauf: die wichtigsten Grundlagen

Kapitel 3

Den Überblick behalten: Laufwerke, Dateien und Ordner

Kapitel 9

Wartung muss sein: *Festplatten- und Systempflege*

Im Laufe der Zeit verändert sich Ihr System: Es kommen Dateien hinzu, neue Programme und, und, und. Deshalb gilt es, das System „fit" zu halten. In diesem Kapitel lernen Sie wichtige Tools und Funktionen dazu kennen. Dazu zählen:

1. **ScanDisk**
2. **Datenträgerbereinigung**
3. **Defragmentierung**
4. **Systemwiederherstellung**
5. **Wartungs-Assistent**
6. **Backup.**

Fit sein – und fit bleiben

Jedes noch so zuverlässige und leistungsfähige System bedarf von Zeit zu Zeit der Wartung und Inspektion.

Von einer cleveren Wartungsfunktion in Windows Me bekommen Sie im Normalfall rein gar nichts mit: der System File Protection (SFP). Diese neue in Windows Me integrierte Funktion verhindert, dass die für den Systembetrieb erforderlichen Dateien durch ältere oder nicht von Microsoft zugelassene Versionen ersetzt werden. Derart „geschützte" Dateien können daher nicht versehentlich gelöscht werden.

Für viele andere wichtige Wartungsaufgaben bietet Ihnen Windows Me gleich einen ganzen „Werkzeugkoffer" an. Damit können Sie die Ausführungsgeschwindigkeit Ihrer Programme erhöhen, die Festplatte auf Probleme untersuchen, Speicherplatz auf der Festplatte freigeben und das System (in einem früheren Zustand) wiederherstellen. Alle diese Programme rufen Sie im **Startmenü** unter **Programme/Zubehör/Systemprogramme** ab. Wenn Sie diese Dienstprogramme regelmäßig ausführen, stellen Sie sicher, dass Ihr PC stets mit optimaler Leistung arbeitet.

Es empfiehlt sich, regelmäßig oder nach größeren Veränderungen wie Soft- oder Hardwareinstallationen das System zu checken. Zur Vereinfachung stellt Ihnen das System sogar einen eigenen Wartungs-Assistenten zur Seite.

Und last but not least: Datensicherung sollten Sie ohnehin groß schreiben.

Doch der Reihe nach.

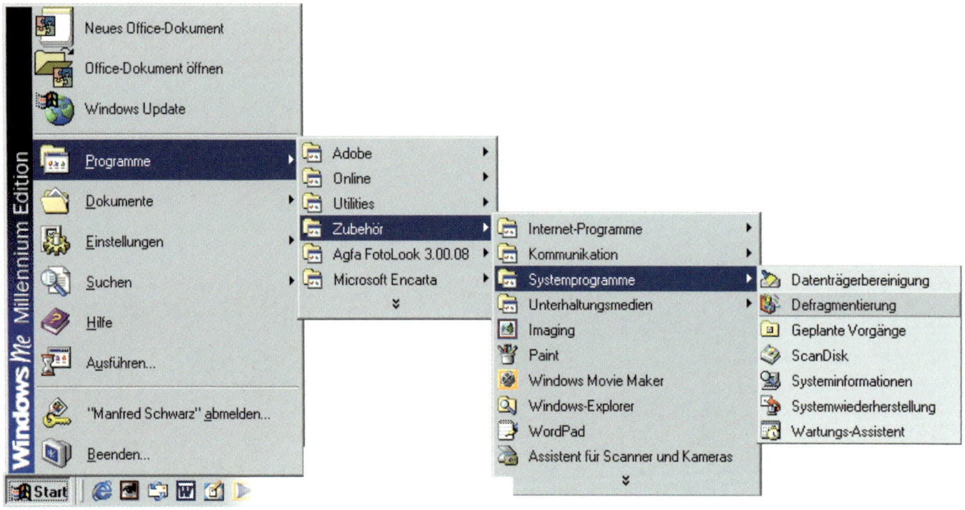

readyset...

Zur Datensicherung sollten Sie entsprechende Backup-Medien bereithalten.

tipp

Achtung, Viren! Zu einem umfassenden Schutz des Computers, insbesondere innerhalb von Netzwerken und bei Internetanbindung, zählt der Schutz gegen Computerviren. Viele Softwarehersteller bieten hierzu leistungsfähige Programme an. Achten Sie darauf, diese Programme aktuell zu halten, denn nur so ist Ihr PC jederzeit gegen die neuesten Gefahren gewappnet.

Virus

Kopien dieser Programme nisten sich in Computerdateien ein und „infizieren" diese. Sobald eine solche Datei geöffnet wird, „befällt" der darin enthaltene Virus meist auch andere Dateien. Viren zerstören oft ganze Datenbestände. Einige Viren können sogar die Festplatte Ihres Computers beschädigen.

Mit ScanDisk die Festplatte überprüfen

Beim Betrieb von Windows Me können die benutzten Datenträger verschiedene Fehler wie defekte Sektoren, Probleme im Dateisystem und dergleichen aufweisen. Über die Funktion **ScanDisk** können Sie Ihre Festplatten auf solche Fehler prüfen und diese eventuell auch beheben.

ScanDisk starten

1. **Schließen Sie alle Dateien auf dem zu prüfenden Datenträger.**
2. **Wählen Sie im Startmenü die Befehlsfolge Programme/Zubehör/Systemprogramme/ScanDisk.**
3. **Wählen Sie im Feld Zu prüfende(s) Laufwerk(e) den gewünschten Datenträger.**
4. **Durch Klicken auf die Schaltfläche Erweitert können Sie weitere Einstellungen vornehmen (Informationen finden Sie unter anderem über die Direkthilfe). Bestätigen Sie die Optionen mit OK.**
5. **Aktivieren Sie die Option Fehler automatisch korrigieren.**
6. **Klicken Sie auf die Schaltfläche Starten, um ScanDisk zu starten.**
7. **Bestätigen Sie das Dialogfeld ScanDisk-Ergebnisse mit Schließen.**
8. **Lassen Sie weitere Laufwerke prüfen, oder beenden Sie ScanDisk mit einem abschließenden Klick auf Schließen.**

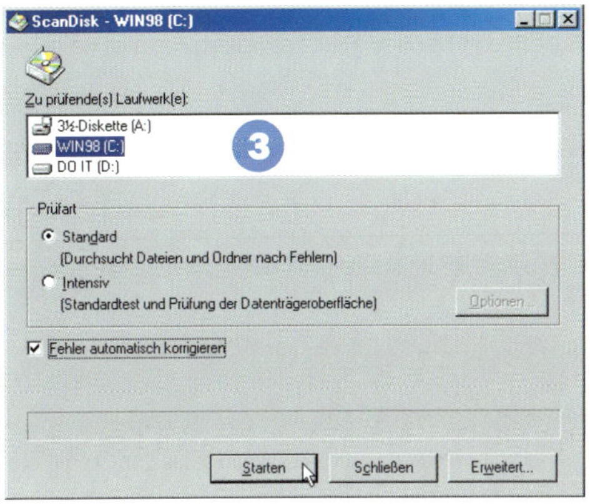

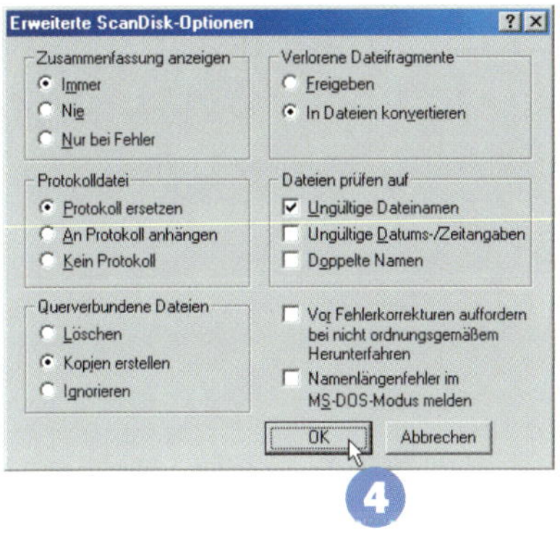

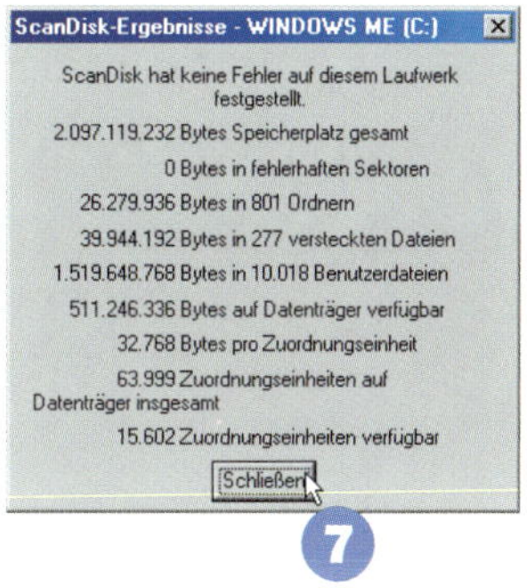

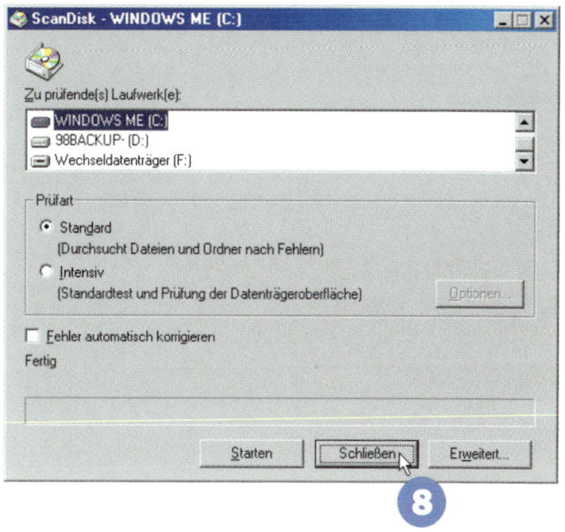

sidestep

Eigenwillige Rechtschreibung: Viele Computerprogramme und -funktionen tragen in ihren Namen orthografisch nicht korrekte Großbuchstaben in der Mitte: ScanDisk, FrontPage, AutoFormat und dergleichen mehr. Das sind Überbleibsel aus den frühen Tagen des Programmierens, als man in der Software noch keine Leerzeichen verwenden konnte. Heute findet man diese Schreibweise auch außerhalb der PC-Branche – vielleicht um sich ganz trendy zu geben.

Sektor

Ein Teil des Datenspeicherbereichs auf einem Datenträger.

Mit Datenträgerbereinigung Speicherplatz freigeben

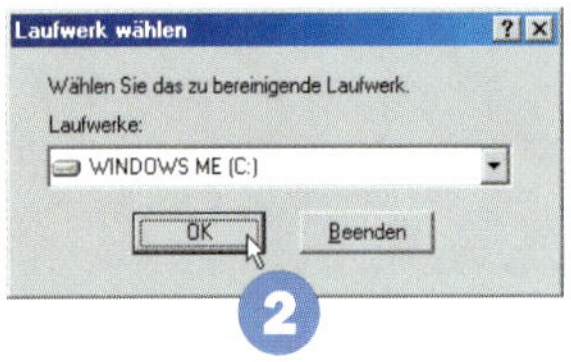

Um Speicherplatz auf Ihrer Festplatte freizugeben, können Sie eine so genannte Datenträgerbereinigung ausführen. Die Datenträgerbereinigung untersucht Ihre Festplatte und zeigt dann eine Liste der „temporären" Dateien und Internetdateien sowie der nicht mehr benötigten Programmdateien an, die ohne weiteres gelöscht werden können. Zum Beispiel den Papierkorb (siehe Kapitel 3 „Den Überblick behalten: Laufwerke, Dateien und Ordner") oder den Cache des Internet Explorer (siehe Kapitel 8 „Ab ins Datenmeer: mit dem Internet Explorer ins Web").

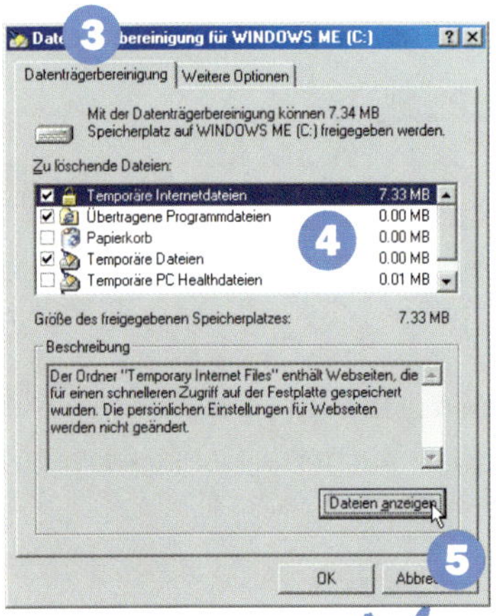

Datenträgerbereinigung starten

1. **Wählen Sie im Startmenü die Befehlsfolge Programme/Zubehör/Systemprogramme/Datenträgerbereinigung.**
2. **Wählen Sie im Feld Laufwerke den gewünschte Datenträger.**
3. **Bestätigen Sie mit OK.**
4. **Auf der Registerkarte Datenträgerbereinigung werden Ihnen die Dateien angezeigt, die gelöscht werden könnten.**
5. **Durch Aktivieren der entsprechenden Gruppe und Klicken auf die Schaltfläche Dateien anzeigen können Sie einen genauen Blick auf die Dateien werfen, um sicher zu gehen, keine wichtigen Dateien zu löschen. Schließen Sie das Ordnerfenster.**
6. **Klicken Sie auf OK, um die Datenträgerbereinigung zu starten.**
7. **Bestätigen Sie die Warnmeldung mit Ja.**

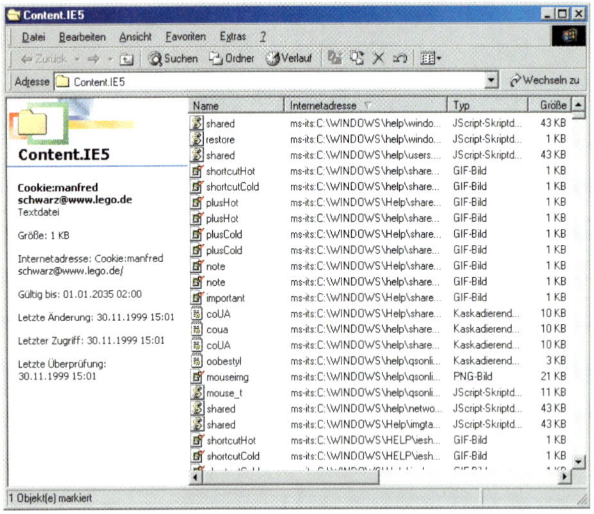

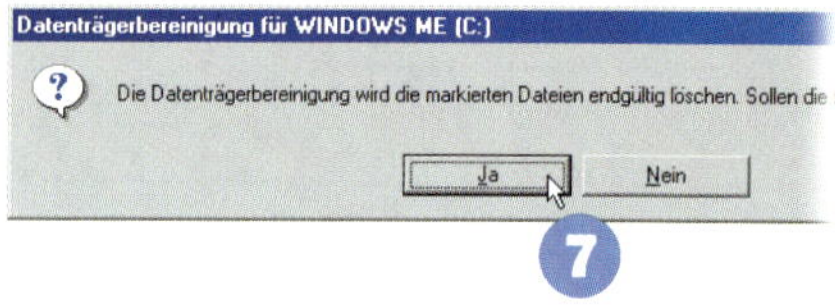

Temporäre Internetdateien

Ein spezieller Speicher (auch Cache), in dem schon einmal im Web angeforderte Daten zwischengespeichert werden, damit sie beim nächsten Zugriff auf diese Daten schnell verfügbar sind.

Datenträger defragmentieren

Eine der Eigenarten der von Windows benutzten Dateisysteme besteht darin, dass der Zugriff auf Dateien mit der Zeit langsamer wird. Mit dem Programm Defragmentierung lässt sich dieses Problem korrigieren.

Ein wenig Theorie zum Verständnis: Windows-Dateisysteme fassen mehrere Sektoren zu so genannten Clustern zusammen. Ein Cluster ist dabei die kleinste Speichereinheit. Ideal ist es, wenn eine Datei in aufeinander folgenden Clustern abgelegt wird. Wird jedoch beispielsweise eine derart optimal abgelegte Datei öfters verändert, kann es sein, dass Windows die neu hinzugekommenen Informationen an einer anderen Stelle auf der Festplatte ablegen muss, da die benachbarten Cluster bereits von anderen Dateien belegt sind. Diese Streuung der Daten einer Datei über die Cluster der Festplatte wird als Fragmentierung bezeichnet. Sie reduziert die Systemleistung, da Programme fragmentierte Dateien nicht mehr in einem „Rutsch" lesen können.

Mit der Funktion Defragmentierung werden den Dateidaten in benachbarte Cluster umkopiert: Die Dateien werden auf der Festplatte neu angeordnet, sodass Ihre Programme wieder schneller darauf zugreifen können.

Die Dauer der Defragmentierung hängt von der Größe des Laufwerks, vom Fragmentierungsgrad, vom freien Speicherplatz und von den verfügbaren Systemressourcen ab. Die Optimierung eines größeren Laufwerks kann mehrere Stunden dauern. Während der Defragmentierung sollten Sie keine anderen Programme laufen lassen, die auf die Dateien des Datenträgers zugreifen.

Defragmentierung starten

1. **Wählen Sie im Startmenü die Befehlsfolge Programme/Zubehör/Systemprogramme/Defragmentierung.**
2. **Wählen Sie das zu defragmentierende Laufwerk aus.**
3. **Über die Schaltfläche Einstellungen rufen Sie Optionen für die Defragmentierung auf. Bestätigen Sie Änderungen mit OK.**
4. **Starten Sie die Defragmentierung durch Klicken auf OK.**
5. **Im nun angezeigten Dialogfeld können Sie per Klick auf die Schaltfläche Details einblenden sehen, wie „zerstückelt" Ihre Dateien angeordnet sind.**
6. **Durch Klicken auf Ja beenden Sie die Defragmentierung.**

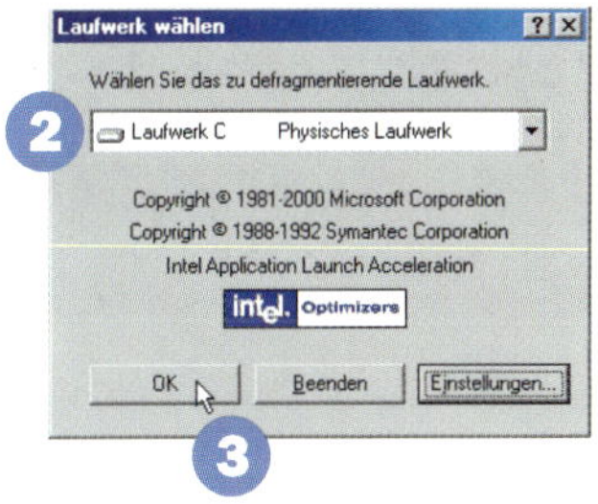

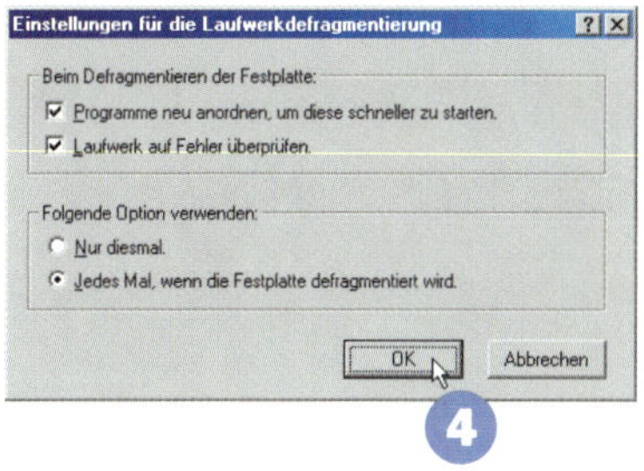

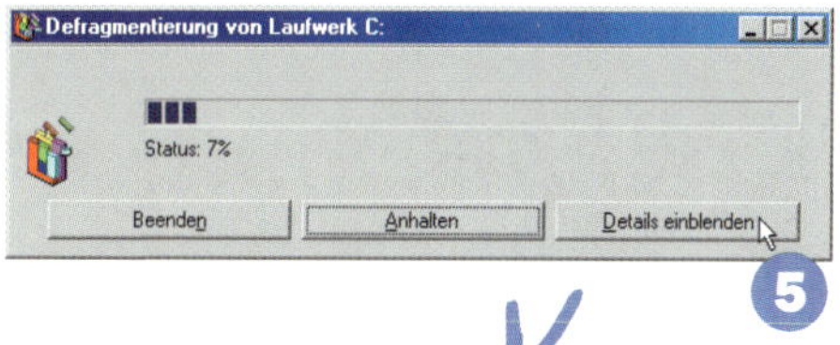

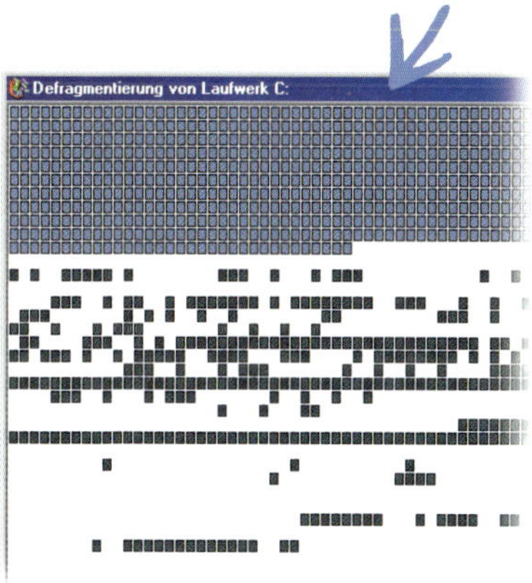

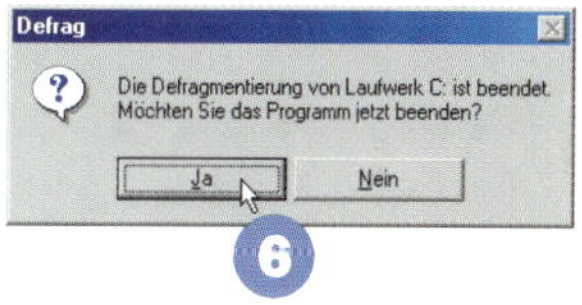

tipp

*Der „rechte" Klick zur Defragmentierung: Öffnen Sie das Eigenschaftenfenster eines Laufwerks, etwa indem Sie mit der rechten Maustaste auf das Laufwerkssymbol klicken und im Kontextmenü den Befehl **Eigenschaften** wählen. Klicken Sie auf der Registerkarte **Extras** auf die Schaltfläche **Jetzt defragmentieren**.*

Die Systemwiederherstellung I

Eine der wichtigsten Neuerungen in der Microsoft Windows Millennium Edition ist die Funktion **Systemwiederherstellung**. Hinter diesem trockenen Begriff verbirgt sich eine Funktion, die sicher nicht soviel „Glamour“ hat wie etwa der Windows Media Player, dafür aber mindestens genauso überzeugende Funktionen.

Falls beispielsweise nach der Installation neuer Hard- oder Software oder durch andere Änderungen der Systemeinstellungen Ihr Computer nicht mehr die gewünschte Leistung bringt bzw. ordnungsgemäß funktioniert, können Sie die Änderungen mit Hilfe der Systemwiederherstellung rückgängig machen.

Durch Auswahl eines vor dem Änderungsdatum liegenden Wiederherstellungspunktes können Sie Ihr System einfach wieder in den letzten stabilen Zustand zurückversetzen.

Natürlich ist, wenn ein Zustand wiederhergestellt wird, der vor der Installation eines bestimmten Programms gültig war, das Programm nach der Wiederherstellung nicht funktionsfähig. Um das Programm wieder verwenden zu können, müssen Sie es also nochmals installieren.

Beim Ausführen der Systemwiederherstellung gehen keine Ihrer persönlichen Dateien verloren. Dokumente, E-Mail-Nachrichten und Browserverlaufsdateien werden gespeichert, wenn Sie mit Hilfe der Systemwiederherstellung einen früheren Zustand wiederherstellen. Doch dazu müssen Sie natürlich erst einmal einen so genannten Wiederherstellungspunkt Ihrer optimalen Konfiguration erstellen.

Systemwiederherstellungspunkt erstellen

1. **Wählen Sie im Startmenü die Befehlsfolge Programme/Zubehör/Systemprogramme/ Systemwiederherstellung.**
2. **Aktivieren Sie das Kontrollkästchen Einen Wiederherstellungspunkt erstellen.**
3. **Klicken Sie auf Weiter.**
4. **Geben Sie einen Namen für den Wiederherstellungspunkt ein.**
5. **Klicken Sie auf Weiter.**
6. **Bestätigen Sie den neuen Wiederherstellungspunkt durch Klick auf OK.**
7. **Beenden Sie den Assistenten über OK.**

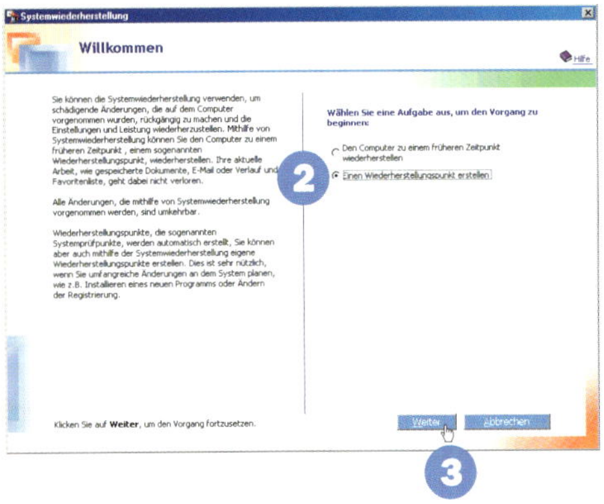

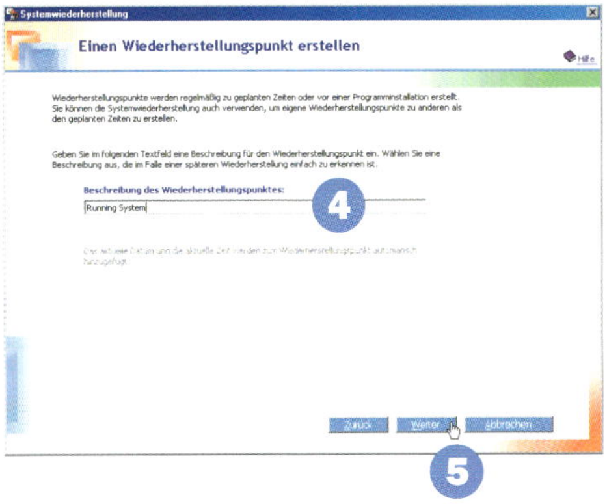

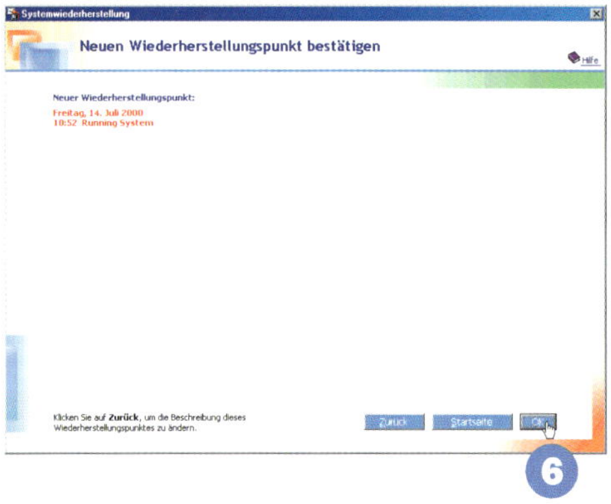

tipp

Weg damit – aber richtig: Die Systemwiederherstellung kann nicht als Ersatzlösung für die Deinstallation eines Programms angesehen werden. Siehe hierzu Kapitel 10 „Me for you: Windows an eigene Anforderungen anpassen“.

move on

Allzeit bereit: Immer wenn Sie Änderungen am Computer planen, die ein gewisses Risiko bergen oder zu einem instabilen Systembetrieb führen könnten, empfiehlt es sich, vorab einen neuen Wiederherstellungspunkt zu erstellen.

Die Systemwiederherstellung II

Beim Ausführen der Systemwiederherstellung wird ein Kalender angezeigt, der Ihnen die Suche eines Datums mit einem Wiederherstellungspunkt erleichtert.

Falls sich Ihr Computer nach der Wiederherstellung nicht in dem gewünschten Zustand befindet, können Sie die Wiederherstellung rückgängig machen oder einen anderen Wiederherstellungspunkt auswählen. Dabei gilt: Alle erfolgreichen Wiederherstellungen können rückgängig gemacht werden, fehlgeschlagene Wiederherstellungen werden von der Systemwiederherstellung automatisch rückgängig gemacht.

System wiederherstellen

1. **Wählen Sie im Startmenü die Befehlsfolge Programme/Zubehör/Systemprogramme/Systemwiederherstellung.**
2. **Aktivieren Sie das Kontrollkästchen Den Computer zu einem früheren Zeitpunkt wiederherstellen.**
3. **Klicken Sie auf Weiter.**
4. **Wählen Sie per Mausklick einen Wiederherstellungspunkt aus.**
5. **Klicken Sie auf Weiter. Bestätigen Sie die Wiederherstellung durch Klick auf OK.**
6. **Beenden Sie den Assistenten durch Klicken auf OK.**

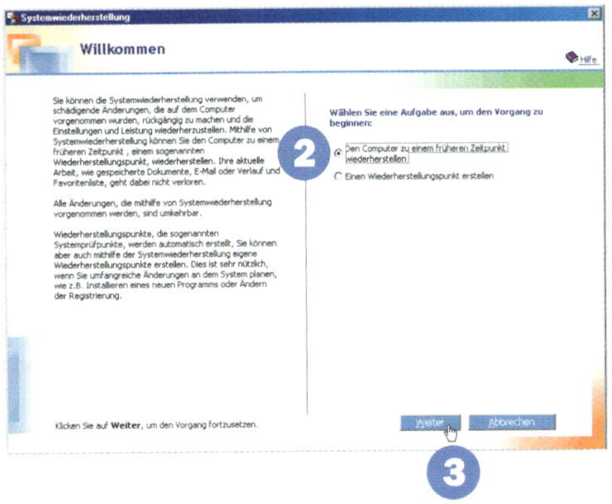

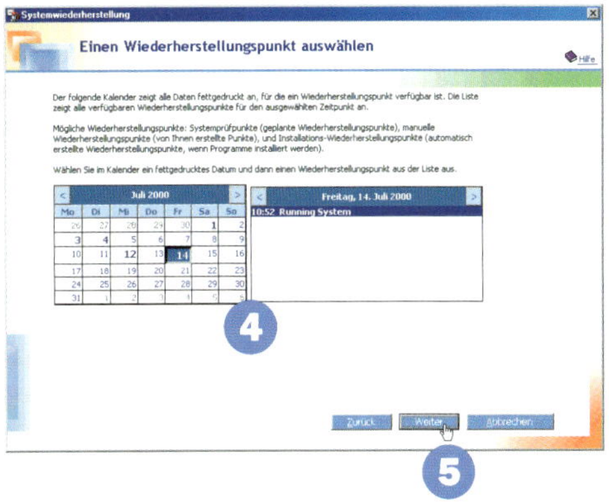

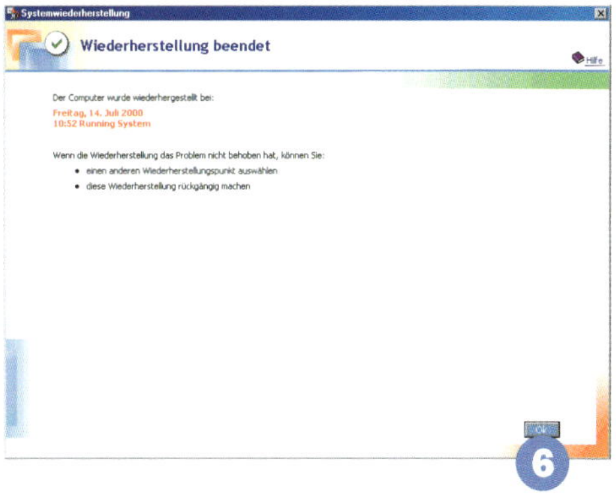

move on

Eingebaute Sicherheit: Wenn Sie ein Programm mit Hilfe der neuesten Installationsprogramme von InstallShield (6.1 Pro oder höher) oder ein automatisches Windows-Update installieren, wird automatisch von der Systemwiederherstellung ein Wiederherstellungspunkt angelegt. Um Änderungen rückgängig zu machen, die von einem Programm vorgenommen wurden, das keines der angegebenen Installationsprogramme verwendet, wählen Sie den unmittelbar vor der Installation liegenden Systemprüfpunkt aus.

Der Wartungs-Assistent

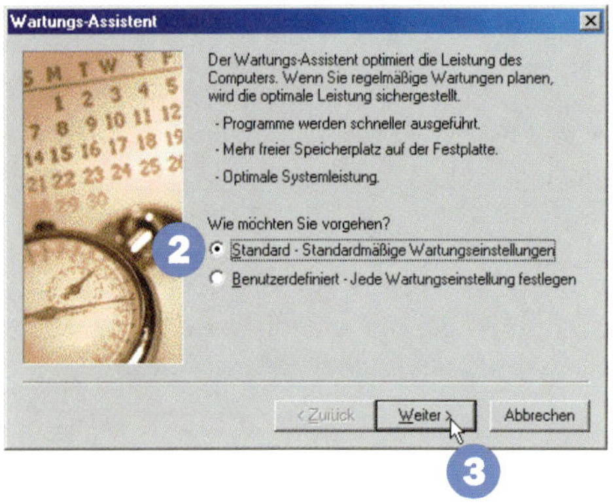

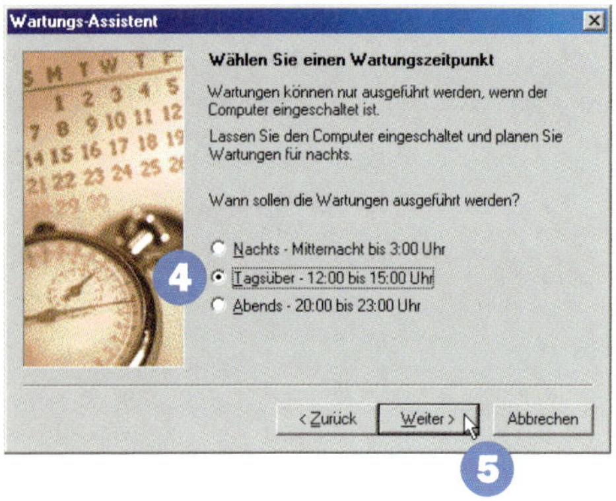

Nun, da Sie die wesentlichen Funktionen zur Sicherung und Wartung Ihres Systems anwenden können, lernen Sie noch einen Weg kennen, gleich drei Wartungsfunktionen auf einmal aufzurufen: über den Wartungs-Assistenten. Er startet zu festgelegten Zeitpunkten der Reihe nach die Funktionen Defragmentierung, ScanDisk und Datenträgerbereinigung. Damit die vorgegebenen Wartungstasks ausgeführt werden können, muss Ihr Computer natürlich eingeschaltet sein.

Den Wartungs-Assistenten aufrufen

1. **Wählen Sie im Startmenü die Befehlsfolge Programme/Zubehör/Systemprogramme/Wartungs-Assistent.**
2. **Aktivieren Sie das Kontrollkästchen Standard – Standardmäßige Wartungseinstellungen.**
3. **Klicken Sie auf Weiter.**
4. **Wählen Sie per Mausklick einen Wartungszeitpunkt aus.**
5. **Klicken Sie auf Weiter.**
6. **Bestätigen Sie mit Klick auf die Schaltfläche Fertig stellen.**

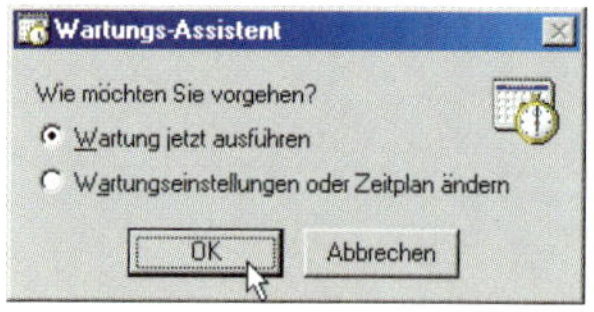

tipp

*Außer der Reihe: Um sofort eine Wartung durchzuführen, können Sie den Wartungs-Assistenten auch jederzeit über **Startmenü/Programme/Zubehör/Systemprogramme** aufrufen.*

Backups: auf Nummer Sicher

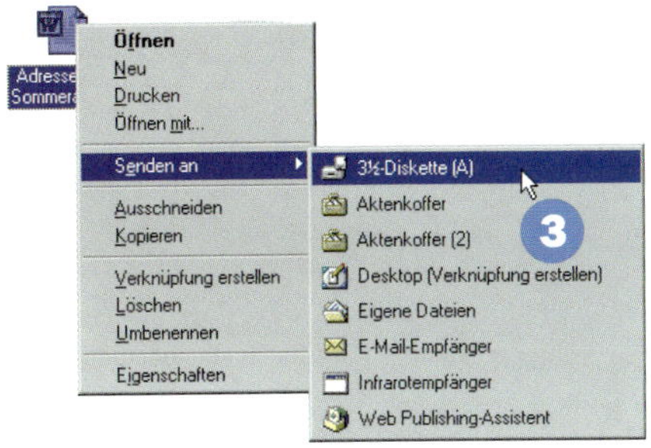

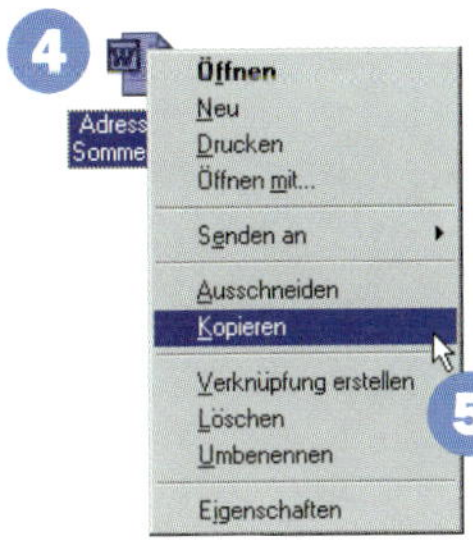

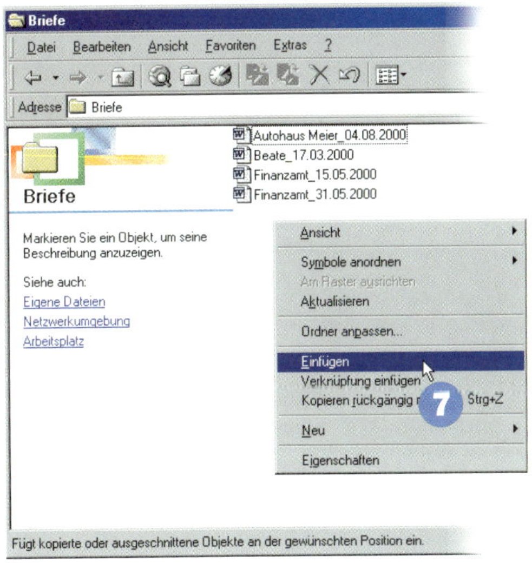

Ihre Festplatte ist defekt? Sie haben sich einen Computervirus eingefangen? Oder eine Datei aus Versehen gelöscht oder überschrieben?

Daten können irrtümlich, durch fehlerhafte Hard- und Software oder durch bewusste Manipulation verloren gehen. Da hilft nur eine Datensicherung per Backup. Richtig sicher können Sie sich dabei nur mit einer umfassenden Backup-Strategie und entsprechenden professionellen Programmen fühlen, die Sie im Fachhandel erwerben können. Oft reicht aber schon eine Diskette aus, um wichtige Textdokumente darauf zu sichern. Alternativ können Sie eine zweite Festplatte oder zusätzliche Datenträger wie ein Zip-Laufwerk wählen.

Sobald Sie Ihre Sicherungskopie benötigen, holen Sie sie einfach per Datenkopie zurück in Ihren Ordner **Eigene Dateien**.

Auf Diskette sichern

1. **Legen Sie eine Diskette mit ausreichend Speicherkapazität in das entsprechende Laufwerk Ihres PCs ein.**
2. **Klicken Sie das zu sichernde Dokument mit der rechten Maustaste an.**
3. **Wählen Sie im Kontextmenü den Eintrag Senden an/3,5"-Diskette (A) aus.**

Datei an einen beliebigen Ort kopieren

4. **Klicken Sie das zu sichernde Dokument mit der rechten Maustaste an, um das Kontextmenü zu öffnen.**
5. **Wählen Sie den Eintrag Kopieren.**
6. **Öffnen Sie den Ordner, in den die Datei kopiert werden soll.**
7. **Klicken Sie mit der rechten Maustaste in dessen Fenster, und wählen Sie den Eintrag Einfügen.**

move on

Kopieren allein genügt nicht: Was nützt es Ihnen bei einem Brand, wenn Sie zwar eine komplette Kopie aller Dateien erstellt haben, diese aber neben dem Computer aufbewahren. Ein Totalverlust ist so garantiert. Um wirklich sicher zu gehen – auch bei Diebstahl – sollten Sie Ihre Backups an einem anderen Ort aufbewahren.

tipp

Gut verpackt: Auch der Aktenkoffer, den Sie in Kapitel 3 „Den Überblick behalten: Laufwerke, Dateien und Ordner" kennen gelernt haben, bietet eine Möglichkeit, Dateien zu sichern.

good to **know**
Alle vorherigen Kapitel

Windows an eigene

Kapitel 10

Me for you:

Anforderungen anpassen

Sobald Sie sich mit Windows Me vertraut gemacht haben, können Sie daran gehen, das System an Ihre Vorstellungen anzupassen. Lesen Sie in diesem Kapitel, wie Sie

1. **den Desktop anpassen**
2. **Bildschirmschoner nutzen**
3. **den Ordner Eigene Dateien anpassen**
4. **die Taskleiste konfigurieren**
5. **Benutzerprofile nutzen**
6. **Energiesparoptionen einstellen**
7. **neue Hardware installieren**
8. **neue Software installieren**
9. **Windows aktualisieren.**

Ihr ganz persönliches Windows

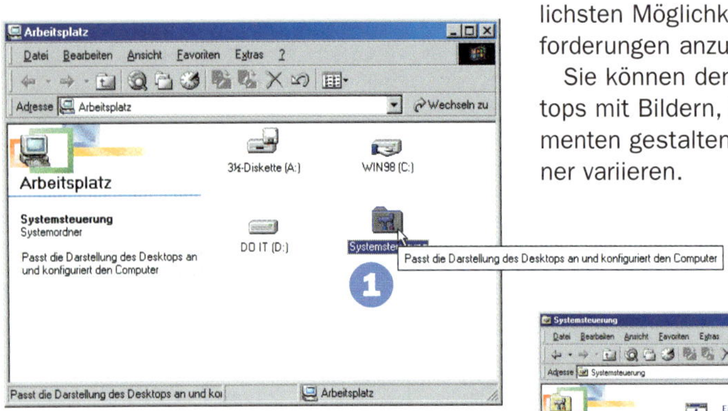

Windows Me bietet Ihnen die unterschiedlichsten Möglichkeiten, Ihren PC an Ihre Anforderungen anzupassen:

Sie können den Hintergrund Ihres Desktops mit Bildern, Mustern oder HTML-Dokumenten gestalten oder den Bildschirmschoner variieren.

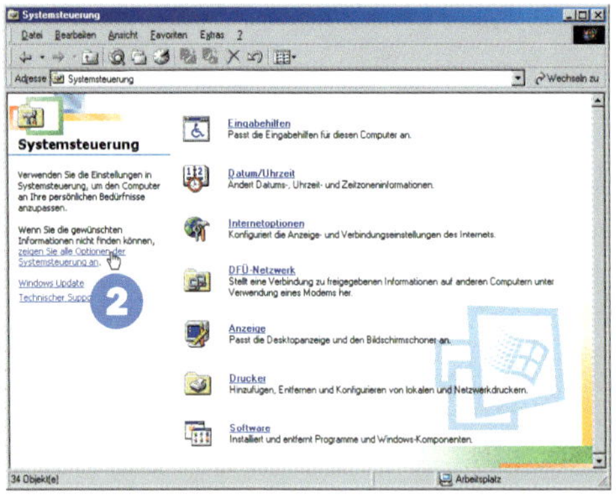

Benutzen Sie Desktopeffekte gezielt für Ihre Zwecke, und passen Sie die Grafikauflösung oder die Farbtiefe optimal an Ihre Geräteausstattung an.

Verwenden Sie den Active Desktop, um eigene Inhalte zu definieren, und nutzen Sie zur Effizienzsteigerung die Möglichkeiten der Taskleiste und von benutzerdefinierten Symbolleisten.

Wählen Sie die Energiesparfunktionen. Installieren Sie neue Hardware und Software, oder aktualisieren Sie Ihre Windows-Installation. Sie haben die Wahl – und alle Möglichkeiten.

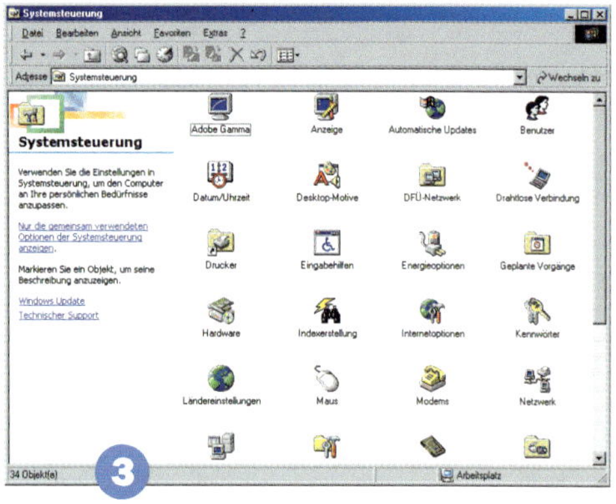

tipp

Wo sind Sie denn? Für viele der in diesem Kapitel anfallenden Einstellungen ist die Systemsteuerung (Abbildung 1) die zentrale „Anlaufstelle". Sie rufen Sie auf über die Befehlsfolge ***Startmenü/ Einstellungen/Systemsteuerung****. Falls Sie nicht alle Symbole sehen, klicken Sie auf den angezeigten Hyperlink* ***zeigen Sie alle Optionen der Systemsteuerung an*** *(Abbildung 2 und 3).*

Den Desktop anpassen I

... schließlich ist es Ihr Desktop. Neben der Möglichkeit, Verknüpfungen und Ordner oder Dateien auf dem Desktop abzulegen, können Sie den Hintergrund des Desktops mit einem Muster, einem Bild oder einem HTML-Dokument gestalten. Die Verwendung eines HTML-Dokuments als Desktophintergrund bedingt, dass die Funktion des Active Desktops (siehe später in diesem Kapitel) eingeschaltet ist.

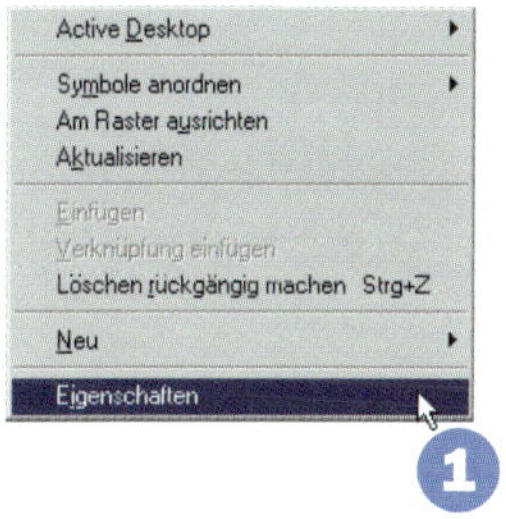

Den Desktophintergrund definieren

1. **Klicken Sie mit der rechten Maustaste auf eine freie Stelle des Desktops, und wählen Sie im Kontextmenü den Befehl Eigenschaften.**
2. **Aktivieren Sie im Dialogfeld Eigenschaften von Anzeige die Registerkarte Hintergrund.**
3. **Hier finden Sie einen stilisierten Bildschirm mit der Vorschau des eingestellten Desktophintergrundes sowie die Liste Welches HTML-Dokument oder Bild soll angezeigt werden.**
4. **Wählen Sie in der Liste ein Motiv für den Hintergrund aus.**
5. **Haben Sie ein Bild als Hintergrund gewählt, stellen Sie im Listenfeld Bildanzeige ggf. den Modus der Bildanzeige über die drei Einträge Zentriert, Strecken und Nebeneinander ein. Die Wirkung sehen Sie sofort in der Vorschau.**
6. **Klicken Sie auf die Schaltfläche Übernehmen, um die Wirkung auf dem Desktop zu sehen.**
7. **Mit der OK-Schaltfläche schließen Sie das Dialogfeld.**

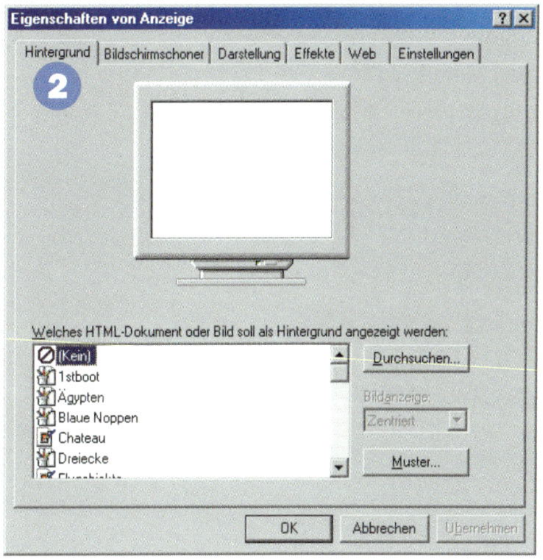

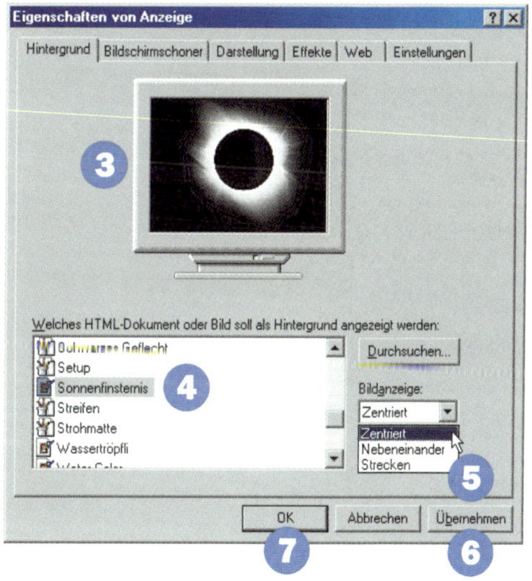

tipp

*Probieren geht über Studieren: Bei der Auswahl der Desktopmotive müssen Sie ggf. etwas experimentieren, um die geeigneten Einstellungen zu finden. Ist das Motiv nur wenig kleiner als der Desktop, empfiehlt sich die Option **Strecken**. Windows passt damit die Bildproportionen den Abmessungen Ihres Desktops an.*

Den Desktop anpassen II

Standardmäßig sehen Sie auf der Registerkarte **Hintergrund** in der Liste **Welches HTML-Dokument oder Bild soll angezeigt werden** nur einige vordefinierte Motive. Sie können jedoch Dateien aus anderen Ordnern über die Schaltfläche **Durchsuchen** als Desktopmotive nutzen, etwa das „Mondgesicht“ aus Kapitel 5 „Punkt, Punkt, Komma, Strich: Malen und Zeichnen“.

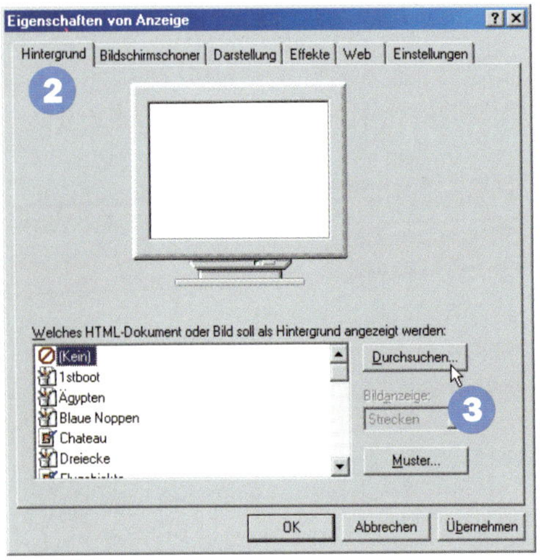

Eigene Bilder und HTML-Dokumente als Hintergrund verwenden

1. **Klicken Sie mit der rechten Maustaste auf eine freie Stelle des Desktops, und wählen Sie im Kontextmenü den Befehl Eigenschaften.**
2. **Aktivieren Sie im Dialogfeld Eigenschaften von Anzeige die Registerkarte Hintergrund.**
3. **Klicken Sie auf die Schaltfläche Durchsuchen.**
4. **Im Dialogfeld Durchsuchen wählen Sie den entsprechenden Ordner aus und markieren eine gewünschte Datei im Format BMP, GIF, JPEG oder HTML.**
5. **Verlassen Sie das Dialogfeld über die Öffnen-Schaltfläche.**
6. **Windows nimmt die neu gewählte Datei in die Liste Welches HTML-Dokument oder Bild soll angezeigt werden auf.**
7. **Sie können die Datei als Motiv auswählen und als Hintergrund übernehmen.**

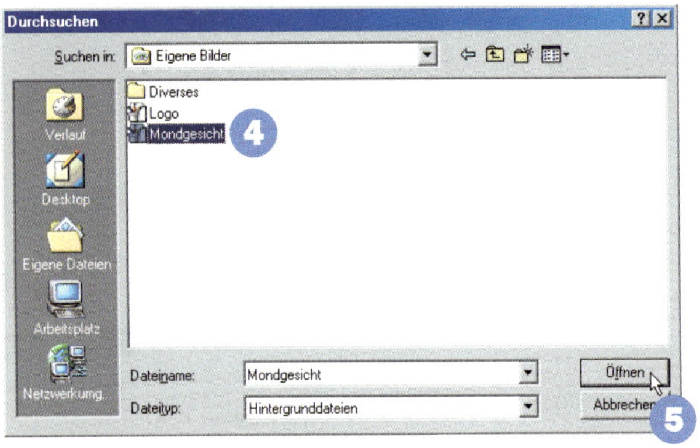

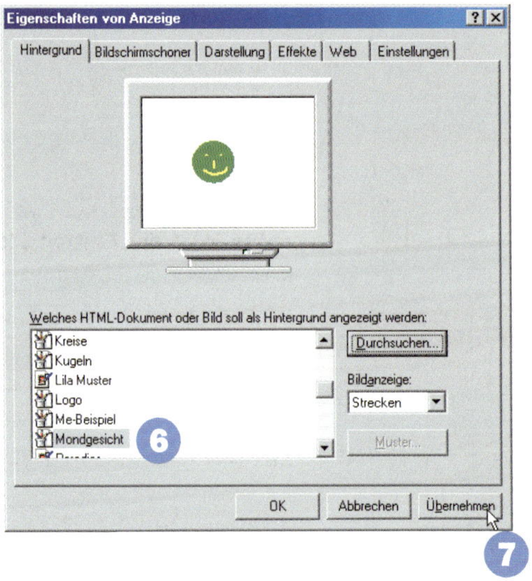

Den Desktop anpassen III

Möchten Sie ein Muster als Desktophintergrund nutzen? Oder eine andere Hintergrundfarbe festlegen?

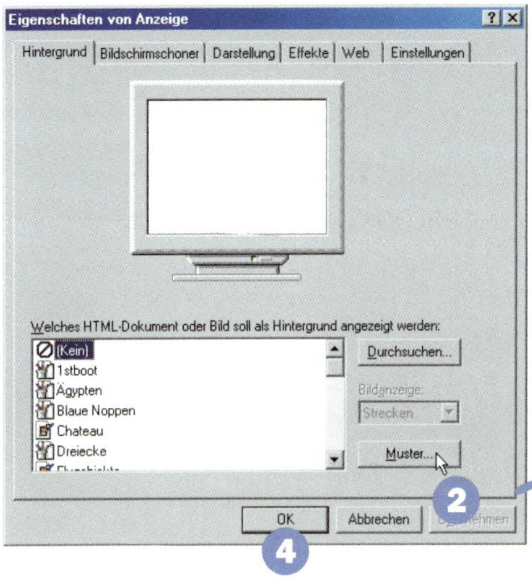

Ein Muster als Desktophintergrund definieren

1. Klicken Sie mit der rechten Maustaste auf eine freie Stelle des Desktops, und wählen Sie im Kontextmenü den Befehl Eigenschaften.
2. Aktivieren Sie im Dialogfeld Eigenschaften von Anzeige die Registerkarte Hintergrund und dort die Schaltfläche Muster.
3. Wählen Sie im Listenfeld Muster das gewünschte Muster aus, und schließen Sie das Dialogfeld über die OK-Schaltfläche.
4. Schließen Sie die Registerkarte Hintergrund über die OK-Schaltfläche.

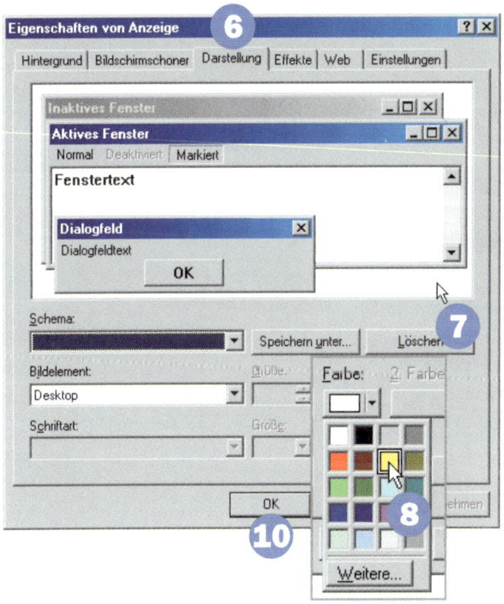

Die Hintergrundfarbe einstellen

5. Klicken Sie mit der rechten Maustaste auf eine freie Stelle des Desktops, und wählen Sie im Kontextmenü den Befehl Eigenschaften.
6. Aktivieren Sie im Dialogfeld Eigenschaften von Anzeige die Registerkarte Darstellung.
7. Klicken Sie dort auf den Desktophintergrund der Vorschau. Im Feld Bildelement sollte jetzt der Eintrag „Desktop" erscheinen. Notfalls können Sie diesen Eintrag auch direkt über das Listenfeld Bildelement abrufen.
8. Öffnen Sie über die Schaltfläche Farbe die Farbpalette, und klicken Sie anschließend auf das Farbfeld für die Farbe Ihrer Wahl.
9. In der Vorschau auf der Registerkarte sollte jetzt der Desktophintergrund in Ihrer Farbe dargestellt werden.
10. Schließen Sie die Registerkarte über die OK-Schaltfläche.

Der Active Desktop

Sie können Ihren Desktop auch so einrichten, dass er wie eine Webseite „funktioniert". So können Sie Webinhalte direkt auf dem Desktop anzeigen und automatisch aktualisieren lassen. Dies macht aus Ihrem Desktop einen aktiven Arbeitsbereich, eben einen Active Desktop. Beispielsweise können Sie einen so genannten Channel für Börseninformationen oder für eine Wetterkarte aus der Active Desktop-Galerie bzw. aus einer Seite hinzufügen, die Sie im Web gefunden haben.

Den Active Desktop aktivieren oder deaktivieren

1. **Wählen Sie im Startmenü den Eintrag Einstellungen/Systemsteuerung, und klicken Sie dort auf das Symbol Ordneroptionen (wenn das gewünschte Objekt nicht angezeigt wird, klicken Sie auf den Hyperlink zeigen Sie alle Optionen der Systemsteuerung an).**
2. **Um den Active Desktop zu starten, aktivieren Sie auf der Registerkarte Allgemein das Kontrollkästchen Webinhalte auf dem Desktop aktivieren.**
3. **Um den Active Desktop zu deaktivieren, aktivieren Sie das Kontrollkästchen Den herkömmlichen Windows-Desktop verwenden.**
4. **Bestätigen Sie mit OK.**

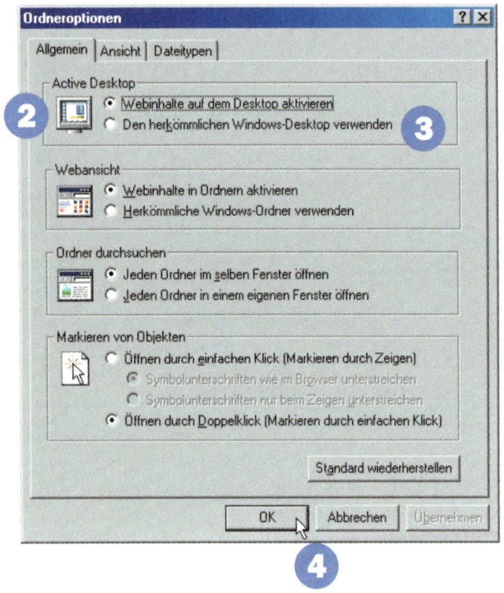

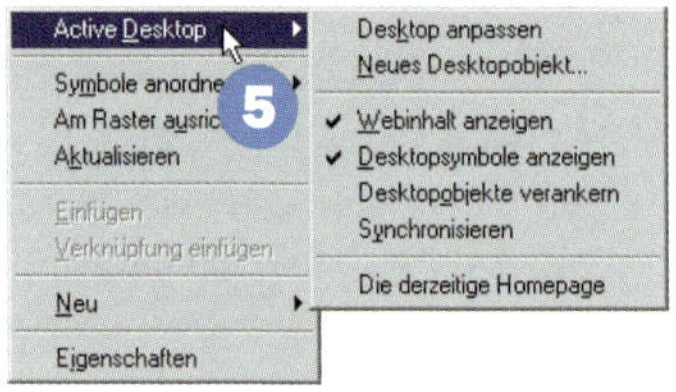

Wenn Sie mit der rechten Maustaste auf eine leere Stelle auf dem Desktop klicken und im Kontextmenü auf **Active Desktop** zeigen (Abbildung 5), sind zusätzliche Optionen verfügbar, über die Desktopobjekte hinzugefügt, angepasst und aktualisiert werden können.

Die Option **Desktop anpassen** bietet Möglichkeiten wie Aktivieren der Active Desktop-Funktion, Hinzufügen von Webinhalten und Festlegen, ob die Inhalte auch offline (ohne bestehende Internetverbindung) verfügbar sein sollen.

Mit **Neues Desktopobjekt** können Sie Live-Webinhalte oder -bilder auswählen, die in der Active Desktop-Galerie oder unter einer anderen Internetadresse angeboten werden.

Durch **Webinhalt anzeigen** wird der Active Desktop aktiviert.

Durch **Desktopsymbole anzeigen** werden Symbole auf dem Desktop angezeigt oder verborgen.

Durch **Desktopobjekte verankern** werden Größe und Position der Active Desktop-Objekte fest verankert.

Durch **Synchronisieren** werden Webseiteninhalte aktualisiert.

Bildschirmschoner nutzen

Bildschirmschoner schützen Ihren Monitor vor dem „Einbrennen“ von Bildmotiven, da sie auch im unbenutzten Zustand, das heißt, wenn Sie keine Tastatureingaben oder Mausbewegungen durchführen, auf Ihrem Monitor ein wechselndes Motiv anzeigen.

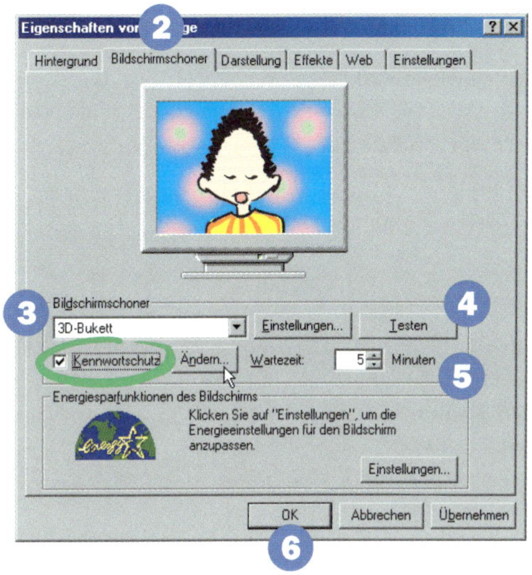

Einen Bildschirmschoner einrichten

1. **Klicken Sie mit der rechten Maustaste auf eine freie Stelle des Desktops, und wählen Sie im Kontextmenü den Befehl Eigenschaften.**
2. **Aktivieren Sie die Registerkarte Bildschirmschoner.**
3. **Wählen Sie im Listenfeld Bildschirmschoner einen Eintrag (die Zahl der Einträge hängt dabei von den installierten Bildschirmschonern ab).**
4. **Sie können sich das Motiv über die Schaltfläche Testen in der Vollbilddarstellung ansehen.**
5. **Stellen Sie die gewünschte Verzögerungszeit zur Aktivierung des Bildschirmschoners im Feld Wartezeit ein.**
6. **Schließen Sie die Registerkarte über die OK-Schaltfläche.**
7. **Der Bildschirmschoner wird aktiviert, sobald Sie Ihren PC für die angegebene Wartezeit nicht benutzt haben.**

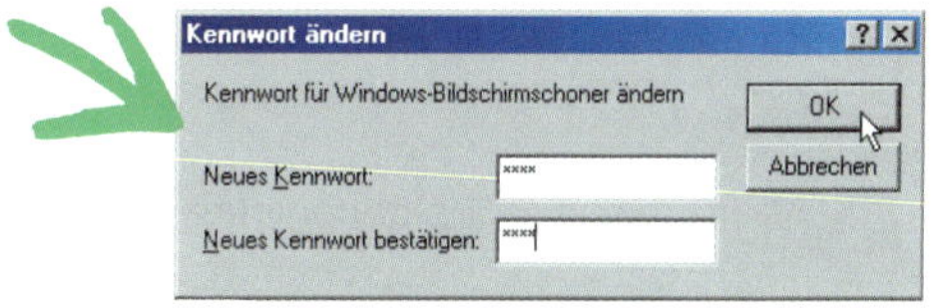

move on

Auf Nummer Sicher: Möchten Sie den Bildschirmschoner per Kennwort schützen? Hierzu brauchen Sie nur das Kontrollkästchen ***Kennwortschutz*** *auf der Registerkarte* ***Bildschirmschoner*** *zu markieren. Bei aktivierter Bildschirmschonerfunktion drücken Sie eine Taste oder bewegen die Maus. Der Anmeldedialog* ***Computer entsperren*** *erscheint mit Ihrem eingeblendeten Benutzernamen. Nun müssen Sie Ihr Kennwort in das eingeblendete Dialogfeld eintippen und dieses über die* ***OK****-Schaltfläche bestätigen, um wieder zum Desktop zu gelangen.*

Desktopeffekte gestalten

Über die Registerkarte **Effekte** können Sie die Symbole für die Desktopelemente **Arbeitsplatz**, **Netzwerkumgebung**, **Eigene Dateien** und **Papierkorb** anpassen sowie bestimmte Effekte auf Desktopelemente anwenden. Zuerst ein Blick auf die „Effekthascherei“:

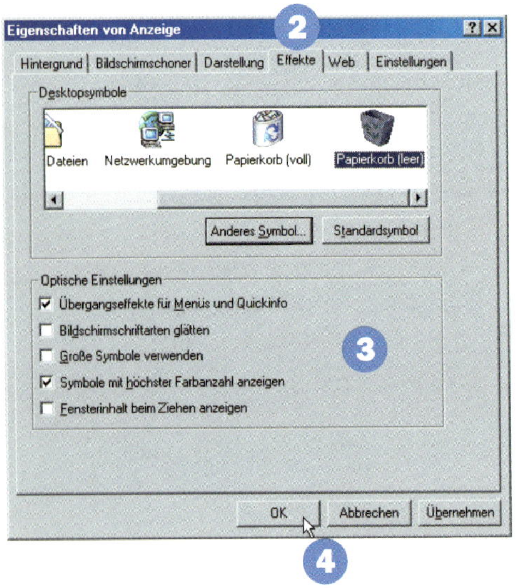

Desktopeffekte einstellen

1. **Klicken Sie mit der rechten Maustaste auf eine freie Stelle des Desktops, und wählen Sie im Kontextmenü den Befehl Eigenschaften.**
2. **Aktivieren Sie die Registerkarte Effekte.**
3. **Markieren Sie die gewünschten Kontrollkästchen der Gruppe Optische Einstellungen.**
4. **Schließen Sie das Dialogfeld über die OK-Schaltfläche.**

Mit **Übergangseffekte für Menüs und Quickinfo** beeinflussen Sie, wie die Anzeigeelemente angezeigt werden. Ist die Option nicht markiert, blendet Windows die Anzeigeelemente sofort ein.

Mit **Bildschirmschriftarten glätten** weisen Sie Windows an, die Buchstaben großer Schriftgrößen zu glätten.

Mit **Große Symbole verwenden** erreichen Sie, dass Windows Me große Symbole (48x48 Bildpunkte anstatt 32x32 Bildpunkte) für den Desktop verwendet, was besonders für Anwender mit Sehbehinderungen hilfreich ist, aber den verfügbaren Platz zur Anzeige reduziert.

Abhängig von der aktuellen Farbtiefe besteht die Möglichkeit, die Zahl der Farben eines Symbols zu beeinflussen. Haben Sie eine entsprechende Farbtiefe vorgegeben, bewirkt die Option **Symbole mit höchster Farbanzahl anzeigen**, dass Windows das Motiv aus der Bilddatei mit der höchsten Farbzahl verwendet.

Die Option **Fensterinhalt beim Ziehen anzeigen** erlaubt Ihnen festzulegen, ob ein Fenster beim Ziehen lediglich als Rahmen (benötigt minimale Systemressourcen) oder als komplettes Bild auf dem Desktop verschoben wird.

Desktopsymbole anpassen

Um die Symbole für den **Arbeitsplatz**, die **Netzwerkumgebung**, den Ordner **Eigene Dateien** oder für den **Papierkorb** zu ändern, gehen Sie folgendermaßen vor:

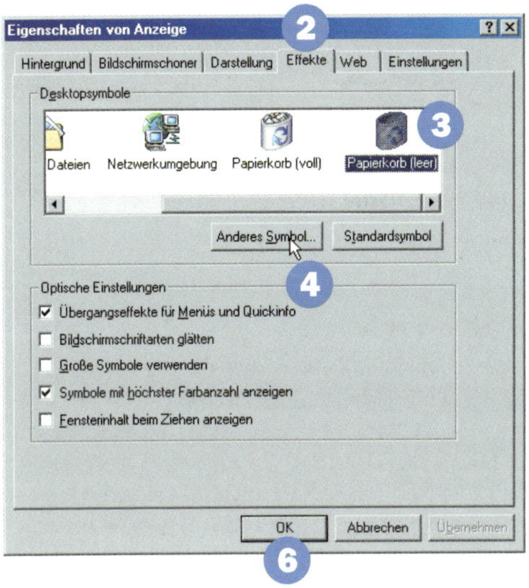

Desktopsymbole ändern

1. **Klicken Sie mit der rechten Maustaste auf eine freie Stelle des Desktops, und wählen Sie im Kontextmenü den Befehl Eigenschaften.**
2. **Aktivieren Sie die Registerkarte Effekte.**
3. **Markieren Sie das zu ändernde Symbol in der Liste Desktopsymbole.**
4. **Klicken Sie auf die Schaltfläche Anderes Symbol.**
5. **Wählen Sie das neue Symbol im Dialogfeld Anderes Symbol.**
6. **Schließen Sie das Dialogfeld und die Registerkarte Effekte über die jeweiligen OK-Schaltflächen.**
7. **Anschließend zeigt der Desktop das angepasste Symbol für das betreffende Desktopobjekt an.**

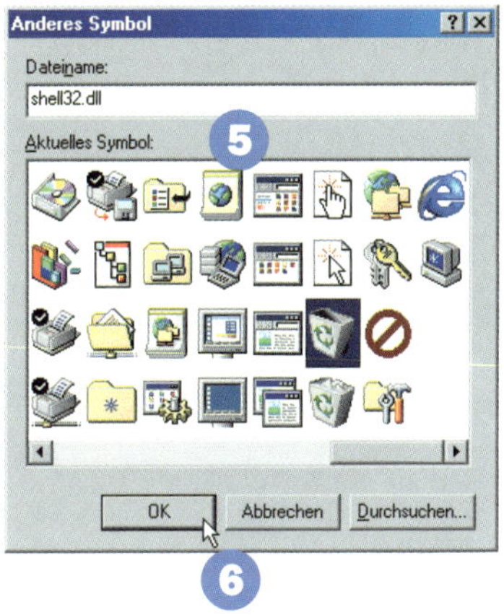

tipp

Zurück zu den Wurzeln: Über die Schaltfläche ***Standardsymbol*** *der Registerkarte* ***Effekte*** *erhalten Sie das ursprüngliche Windows-Symbol zurück.*

Den Ordner „Eigene Dateien“ anpassen

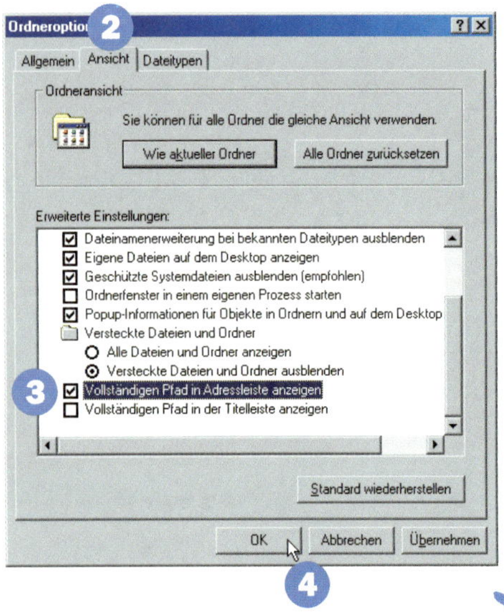

Standardmäßig wird jedem Benutzer unter Microsoft Windows Me ein persönlicher Ordner **Eigene Dateien** zugewiesen. So wird verhindert, dass sich mehrere am selben PC arbeitende Benutzer mit ihren Ordnern und Dateien „in die Quere“ kommen. In einigen Fällen kann es jedoch hilfreich sein, wenn Sie die Lage des Ordners **Eigene Dateien** kennen bzw. anpassen können.

Den Pfad des Ordners „Eigene Dateien“ anzeigen

1. **Öffnen Sie das Ordnerfenster Eigene Dateien.**
2. **Wählen Sie den Menübefehl Extras/Ordneroptionen, und aktivieren Sie die Registerkarte Ansicht.**
3. **Markieren Sie entweder das Kontrollkästchen Vollständigen Pfad in Adressleiste anzeigen oder Vollständigen Pfad in der Titelleiste anzeigen.**
4. **Sobald Sie die Registerkarte über die OK-Schaltfläche schließen, erscheint die Pfadangabe in der Anzeige. Sie sehen dann sofort, in welchem Pfad der Ordner hinterlegt ist.**

Eine zweite Variante gibt Ihnen auch die Möglichkeit, den Ordner **Eigene Dateien** zu verschieben:

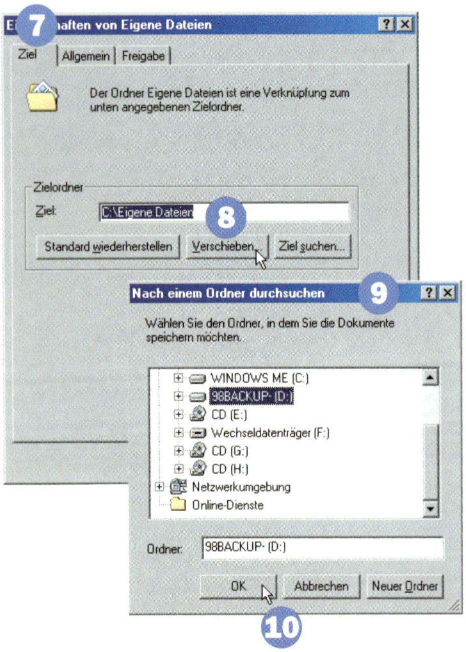

Den Ordner „Eigene Dateien“ verschieben

5. **Klicken Sie das Desktopsymbol Eigene Dateien mit der rechten Maustaste an.**
6. **Wählen Sie im Kontextmenü den Befehl Eigenschaften.**
7. **Auf der Registerkarte Ziel wird der Pfad zum Ordner direkt eingeblendet.**
8. **Hier haben Sie auch die Möglichkeit, die Lage des Ordners Eigene Dateien zu verändern. Hierzu klicken Sie auf die Schaltfläche Verschieben.**
9. **Im daraufhin eingeblendeten Dialogfeld Nach einem Ordner durchsuchen können Sie ein anderes Laufwerk oder einen anderen Unterordner festlegen.**
10. **Bestätigen Sie mit OK.**

Eigenschaften von Anzeige

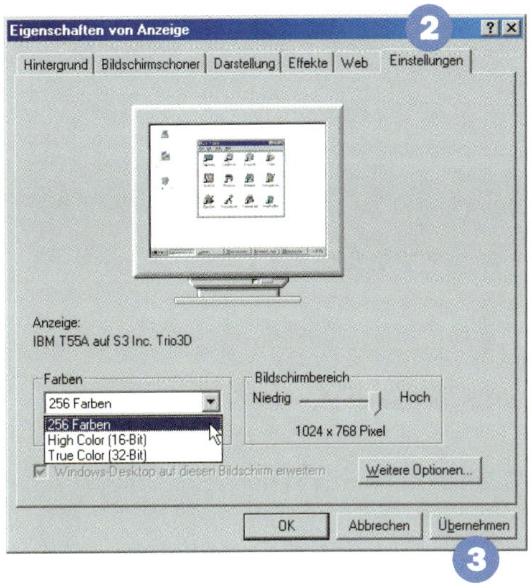

Über die Registerkarte **Einstellungen** des Fensters **Eigenschaften von Anzeige** können Sie die Farbtiefe, den Bildschirmtreiber, die Bildschirmauflösung und so weiter anpassen. Eine höhere Bildschirmauflösung vergrößert die Anzeigefläche des Desktops. Dies bedeutet, dass alle Symbole und Fenster auf Ihrem Monitor etwas kleiner angezeigt werden.

Die Farbtiefe bestimmt die Anzahl der anzeigbaren Farben für Desktopelemente und Bildinhalte. Je nach Grafikkarte lassen sich 256 Farben oder die Einstellungen „High Color“ (ca. 65.000 Farben) sowie „True Color“ (16,8 Millionen Farben) einstellen.

Die Farbtiefe wechseln

1. **Klicken Sie mit der rechten Maustaste auf eine freie Stelle des Desktops, und wählen Sie im Kontextmenü den Befehl Eigenschaften.**
2. **Aktivieren Sie die Registerkarte Einstellungen.**
3. **Wählen Sie die gewünschte Farbzahl im Listenfeld Farben aus, und klicken Sie auf die Schaltfläche Übernehmen.**
4. **Sobald Windows die neue Farbtiefe eingestellt hat, erscheint ein Dialogfeld, in dem Sie durch Anklicken der Ja-Schaltfläche die neue Monitoreinstellung bestätigen müssen.**
5. **Wenn Sie einige Sekunden lang nichts tun oder die Schaltfläche Nein anklicken, schaltet Windows zur vorherigen Einstellung zurück.**

Wechsel der Bildschirmauflösung

6. **Klicken Sie mit der rechten Maustaste auf eine freie Stelle des Desktops, und wählen Sie im Kontextmenü den Befehl Eigenschaften.**
7. **Aktivieren Sie die Registerkarte Einstellungen.**
8. **Ziehen Sie den Schieberegler von Bildschirmbereich auf die gewünschte Stufe. Die Auflösung wird unterhalb des Schiebereglers angezeigt. Welche Auflösungen zulässig sind, hängt von Ihrer Grafikkarte ab. Die Auswirkungen der gewählten Auflösung werden im Fenster der Vorschau sichtbar.**
9. **Klicken Sie auf die Schaltfläche Übernehmen.**
10. **Schließen Sie das Dialogfeld über die OK-Schaltfläche.**
11. **Windows übernimmt anschließend die neue Grafikauflösung (während der Umschaltung bleibt der Bildschirm für einige Sekunden dunkel).**
12. **Anschließend erscheint der Desktop mit der geänderten Auflösung. Bestätigen Sie das Dialogfeld Bildschirmeinstellungen mit der Ja-Schaltfläche.**

move on

Probleme? Sollte es bei Änderungen der Bildschirmauflösung oder der Farbtiefe bzw. anderweitig zu Problemen mit der Anzeige kommen, können Sie die Schaltfläche ***Problembehandlung*** *der Registerkarte* ***Einstellungen*** *anklicken. Windows öffnet das Fenster der Hilfe und blendet einen Ratgeber zur Diagnose und Behebung der Probleme ein.*

tipp

Halbe Sache? Wenn bei Ihrem System nach dem Wechsel der Bildschirmauflösung ein Teil des Bildschirms unbenutzt bleibt, ist die Monitoreinstellung nicht ganz optimal gewählt. Sie sollten dann versuchsweise die Bildschirmfrequenz des Monitors über die Registerkarte ***Einstellungen*** *und deren Schaltfläche* ***Weitere Optionen*** *erhöhen.*

Die Taskleiste konfigurieren

Sie können die Taskleiste sowohl in der Lage als auch hinsichtlich der Anzeigeoptionen verändern. Weiterhin können Sie verschiedene Symbolleisten in der Taskleiste einfügen (siehe Kapitel 2 „Schnelldurchlauf: die wichtigsten Grundlagen“).

Lage und Größe der Taskleiste anpassen

1. **Zeigen Sie mit der Maus auf eine freie Stelle der Taskleiste.**
2. **Ziehen Sie die Taskleiste zum gewünschten Rand des Desktops (oben, unten, rechts oder links).**
3. **Sobald Sie die linke Maustaste loslassen, verankert Windows die Taskleiste am betreffenden Bildschirmrand.**
4. **Um die Breite der Taskleiste zu reduzieren oder zu erhöhen, ziehen Sie den Rand der Leiste in die gewünschte Richtung.**

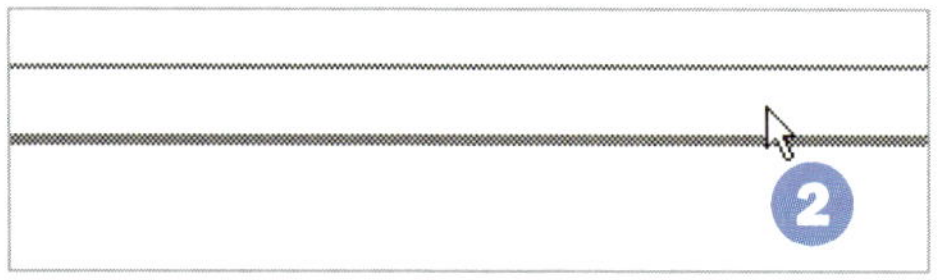

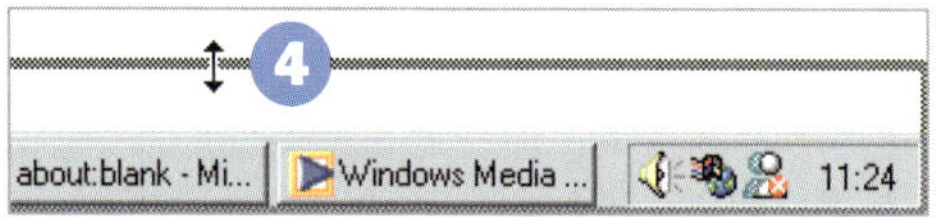

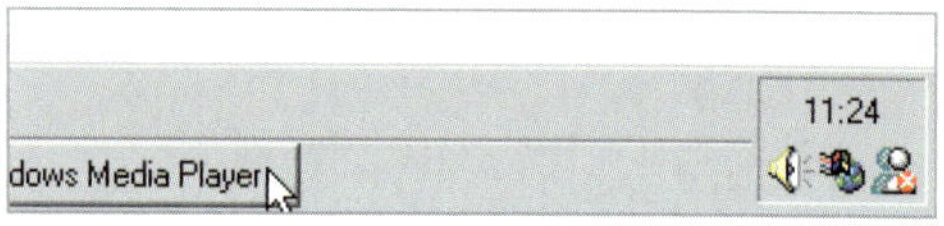

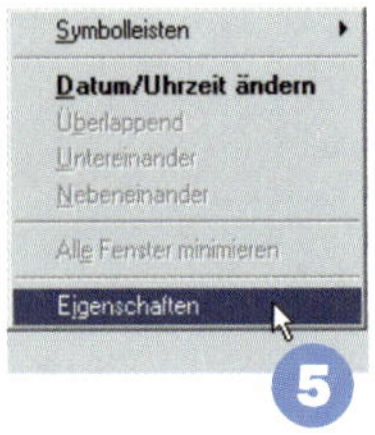

Die Taskleiste konfigurieren

5. **Wählen Sie im Startmenü den Befehl Einstellungen/Taskleiste und Startmenü oder im Kontextmenü der Taskleiste den Befehl Eigenschaften.**
6. **Nehmen Sie die gewünschten Einstellungen vor, und bestätigen Sie Ihre Eingaben mit OK oder Übernehmen.**

Die Einstellmöglichkeiten im Überblick:

Immer im Vordergrund: Die Taskleiste bleibt immer auf dem Desktop sichtbar.

Automatisch im Hintergrund: Windows blendet die Taskleiste standardmäßig aus. Der betreffende Desktopbereich steht den Anwendungsfenstern zur Verfügung. Nur beim Zeigen auf den Rand des Desktops blendet Windows die Taskleiste in der Anzeige ein.

Kleine Symbole im Menü "Start": Die Größe des Startmenüs wird durch eine verminderte Symbolgröße reduziert.

Uhr anzeigen: Die Uhrzeit wird in der rechten unteren Ecke der Taskleiste angezeigt.

Persönlich angepasste Menüs verwenden: „Lernende“ Menüs zeigen die Menübefehle abhängig von der Nutzung an. Ist das Kontrollkästchen nicht markiert, enthalten die Menüs immer sämtliche Befehle.

tipp

*Ausreißer: Die Wirkung der Option **Immer im Vordergrund** wird von eingen Anwendungen wie dem Internet Explorer ignoriert. Schalten Sie deren Anzeige über **F11** in den Vollbildmodus, verschwindet die Taskleiste. Durch erneutes Betätigen von **F11** können Sie wieder zur Fensterdarstellung zurückschalten.*

Symbolleisten konfigurieren

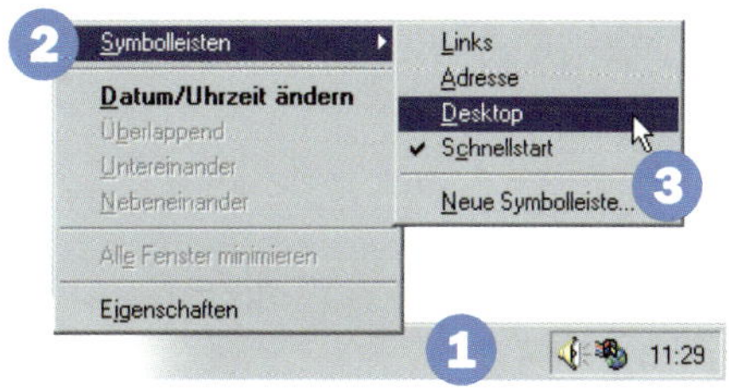

In Windows können Sie Symbolleisten frei auf dem Desktops anordnen (man spricht auch von „schwebenden Symbolleisten"). Die in der Taskleiste definierten Symbolleisten lassen sich wahlweise ein- oder ausblenden. Bei einer schwebenden Symbolleiste genügt ein Mausklick auf die Schaltfläche **Schließen**, um die betreffende Leiste auszublenden.

Symbolleisten ein-/ausblenden

1. **Klicken Sie mit der rechten Maustaste auf eine freie Stelle innerhalb einer Symbolleiste.**
2. **Wählen Sie im Kontextmenü den Befehl Symbolleisten.**
3. **Klicken Sie auf den Namen der Symbolleiste, die ein- oder ausgeblendet werden soll.**

Symbolleisten frei positionieren

4. **Zeigen Sie auf eine freie Stelle der Symbolleiste.**
5. **Halten Sie die linke Maustaste gedrückt, und ziehen Sie die Symbolleiste in den Desktopbereich.**
6. **Windows erzeugt ein Fenster für die Symbolleiste, dessen Titelleiste den Namen sowie die Schaltfläche Schließen enthält. Sie können die Größe dieser schwebenden Symbolleiste durch Ziehen der Ränder anpassen.**
7. **Schieben Sie die Symbolleiste in die Taskleiste zurück, wird sie dort erneut verankert.**

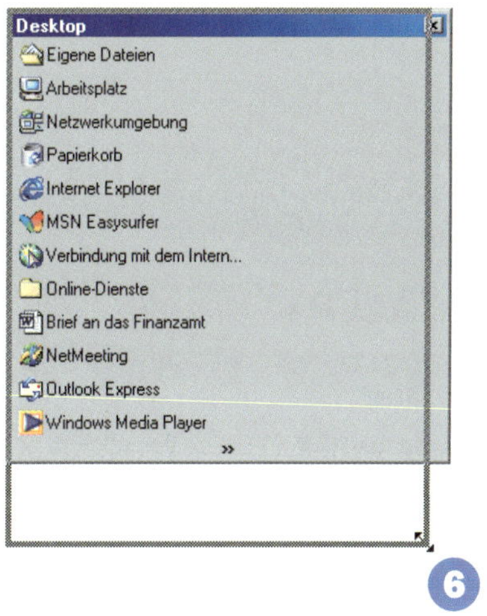

move on

Neue Symbolleiste anlegen: Sie können auch eigene Symbolleisten in der Taskleiste anzeigen. Klicken Sie mit der rechten Maustaste auf eine freie Stelle der Taskleiste. Wählen Sie im Kontextmenü den Befehl ***Symbolleisten/Neue Symbolleiste****. Geben Sie im Dialogfeld* ***Neue Symbolleiste*** *einen Ordner oder eine Internetadresse an. Sobald Sie das Dialogfeld über die* ***OK****-Schaltfläche schließen, legt Windows die neue Symbolleiste in der Taskleiste an.*

Benutzerprofile einsetzen

Benutzerprofile ermöglichen es Ihnen, Desktop-Einstellungen sowie andere Daten, etwa E-Mail-Einstellungen, individuell für jeden Benutzer zu verwalten. Windows Me legt automatisch ein Benutzerprofil für jeden Benutzer an, der sich auf dem System einmal angemeldet hat.

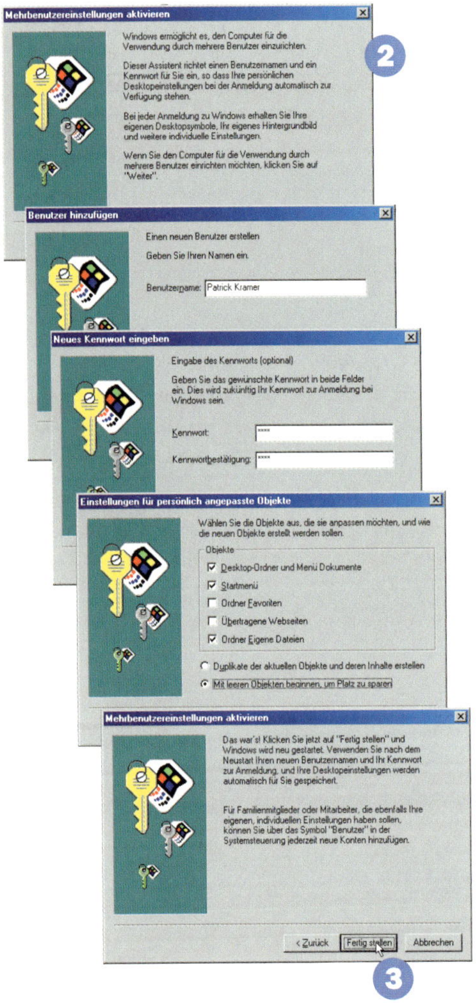

Benutzerprofile anlegen

1. **Wählen Sie im Startmenü den Eintrag Einstellungen/Systemsteuerung, und klicken Sie dort doppelt auf das Symbol Benutzer.**
2. **Falls Sie noch nicht mehrere Benutzer angemeldet haben, öffnet sich das Dialogfeld Mehrbenutzereinstellungen aktivieren. Klicken Sie auf Weiter.**
3. **Folgen Sie den Anweisungen der Dialogfelder. Abschließend klicken Sie auf Fertig stellen.**
4. **Windows erstellt die neuen Dateien.**
5. **Bestätigen Sie mit Ja, um einen Neustart zu veranlassen.**

Benutzerprofile bearbeiten

6. **Wählen Sie im Startmenü den Eintrag Einstellungen/Systemsteuerung, und klicken Sie dort auf das Symbol Benutzer.**
7. **Im Dialogfeld Benutzereinstellungen sehen Sie alle gespeicherten Profile.**
8. **Zum Löschen markieren Sie das entsprechende Profil und betätigen die Schaltfläche Löschen.**
9. **Um einen neuen Benutzer anzumelden, klicken Sie auf die Schaltfläche Neuer Benutzer; Windows führt Sie durch die Anmeldung.**
10. **Sobald Sie ein Profil aktiviert haben, können Sie über die Schaltflächen Kennwort ändern und Einstellungen ändern alle Einstellungen aktualisieren.**
11. **Schließen Sie das Dialogfeld mit Schließen.**

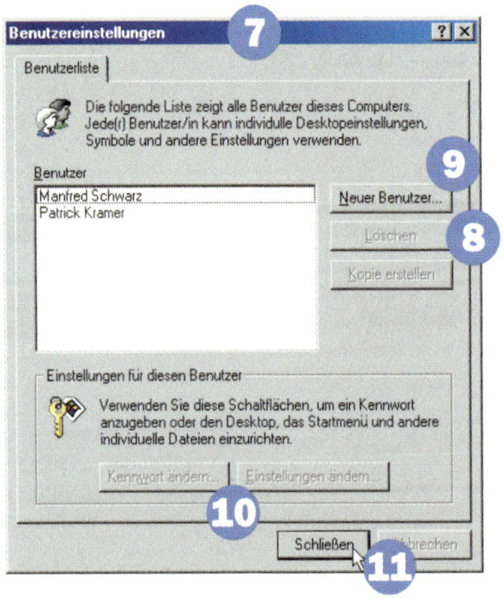

tipp

Kennwörter, die keiner kennt: Anstatt nur Buchstaben für Ihr Kennwort zu benutzen, die sich womöglich aus Ihrem Namen ableiten, sollten Sie immer eine Kombination aus Buchstaben, Zahlen und Sonderzeichen wählen. Also nicht nur Ihre Initialen „MS“, sondern „I-u-me2“.

sidestep

Ganz schön durchsichtig: Die Wahrscheinlichkeit, dass ein männlicher PC-Benutzer als Kennwort entweder den Namen der Frau, Freundin oder Tochter wählt, ist laut Umfragen ziemlich hoch. Etwas einfallsreicher sollte man schon sein.

Energieoptionen einstellen

Stellen Sie sich vor, Sie arbeiten gerade am PC, werden aber von Ihrem Nachwuchs oder von einem Anruf veranlasst, den Rechner zu verlassen. Bislang hatten Sie zwei Möglichkeiten: Den Rechner ausschalten und später wieder neu starten. Oder den laufenden Computer verlassen und darauf vertrauen, dass sich bis zu Ihrer Rückkehr nichts ändert.

Windows Me bietet Ihnen nun zwei neue Möglichkeiten, effizienter zu arbeiten und dazu auch noch Energie zu sparen: Standbymodus und Ruhezustand.

Der Standbymodus dient in erster Linie zum Energiesparen, insbesondere von Batteriestrom bei Laptops und anderen tragbaren Computern. Er bietet Ihnen außerdem die Möglichkeit, Ihre Arbeit direkt fortzusetzen, ohne auf den Neustart des Computers warten zu müssen. Im Standbymodus werden Monitor und Festplatten ausgeschaltet. Bei Ihrer Rückkehr beenden Sie den Standbymodus und stellen den Desktop wieder her, indem Sie den Rechner aufwecken, das heißt einschalten, wobei Windows nicht erneut geladen werden muss. Sie können nun sofort weiterarbeiten.

Nicht gesicherte Daten können jedoch im Standbymodus bei einem Stromausfall verloren gehen. Deshalb sollten Sie Ihre Dateien vor dem Umschalten in den Standbymodus unbedingt speichern.

Oder Sie versetzen Ihren PC in den Ruhezustand, was jedoch nicht bei allen Hardwarekonfigurationen möglich ist. Nach dem Einschalten des Ruhezustands können Sie sich darauf verlassen, dass beim erneuten Einschalten nach Ihrer Rückkehr alles genauso wie zuvor wiederhergestellt wird – sogar Programme und Dokumente, die Sie aus Zeitgründen nicht mehr speichern oder schließen konnten. Der gesamte Inhalt des Arbeitsspeichers wird auf dem Datenträger gespeichert, Monitor und Festplatte werden ausgeschaltet. Auf diese Weise wird außerdem Energie gespart und der Computer geschont.

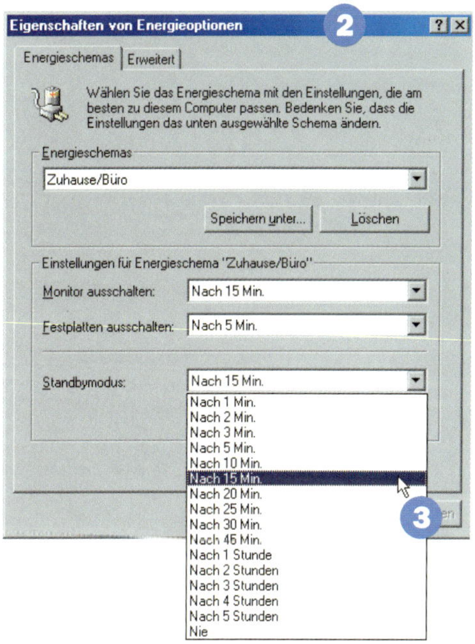

Energieoptionen einstellen

1. **Wählen Sie im Startmenü den Eintrag Einstellungen/Systemsteuerung, und klicken Sie dort auf das Symbol Energieoptionen (wenn das gewünschte Objekt nicht angezeigt wird, klicken Sie auf den Hyperlink zeigen Sie alle Optionen der Systemsteuerung an).**
2. **Me blendet die Registerkarte Eigenschaften von Energieoptionen ein, die je nach Rechnerkonfiguration anders aussieht.**
3. **In der Abbildung wird beispielhaft die Zeit eingestellt, nach der der Standbymodus aktiviert werden soll**
4. **Klicken Sie auf OK.**

Neue Hardware installieren

Die Industrie bietet immer neue Technologien und Möglichkeiten für PC-Nutzer an. So verlockend diese sind, so schrecken viele vor deren Installation zurück. Dabei ist es heute – auch dank Windows Me – sehr einfach geworden, etwa einen neuen Scanner oder Drucker anzuschließen. Zum einen bietet es ein ausgefeiltes Assistenten-Konzept, zum anderen haben es sich viele Hersteller von Hard- und Software für Peripheriegeräte zum Ziel gesetzt, die Technologien zur Einbindung neuer Geräte zu vereinheitlichen.

So unterstützt Windows Millennium Edition den sich in der Computerindustrie immer mehr durchsetzenden USB-Anschluss (Universal Serial Bus). Damit können Geräte auf einfache Weise hinzufügt werden: Es ist ab sofort nicht mehr erforderlich, ein bestimmtes Gerät in einen bestimmten Anschluss zu stecken. Da alle Anschlüsse identisch sind, können Sie einen beliebigen Anschluss auswählen.

Windows Me unterstützt aber auch eine Reihe „klassischer“ Hardwarekomponenten.

Vielen Hardwarekomponenten liegt ein eigenes Setup-Programm bei, mit dem sich die Installation durchführen lässt. Dies ist vor allen bei nicht Plug-und-Play-kompatiblen Komponenten hilfreich. Weitere Hinweise finden Sie in der Gerätebeschreibung des Herstellers.

In jedem Fall stellt Ihnen Windows Me einen Hardware-Assistenten zur Installation, Fehlerbehebung, Wartung und Deinstallation der Geräte bzw. Treiber zur Seite. Dieser Assistent führt Sie durch die einzelnen Schritte und erleichtert die Einbindung neuer Geräte bzw. das Beheben von Problemen. Auch aktualisierte Gerätetreiber können Sie nachträglich per Hardware-Assistent installieren.

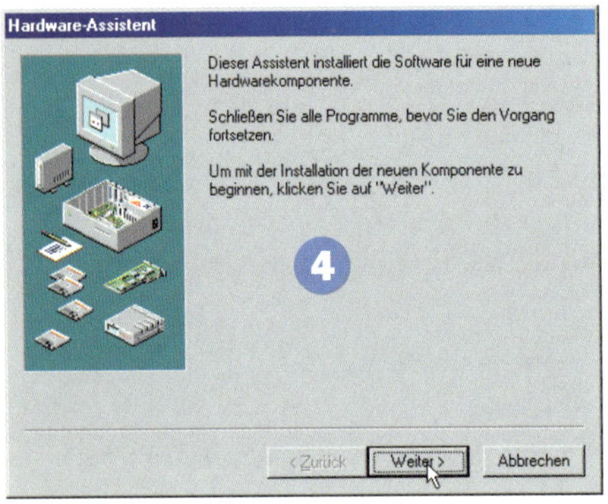

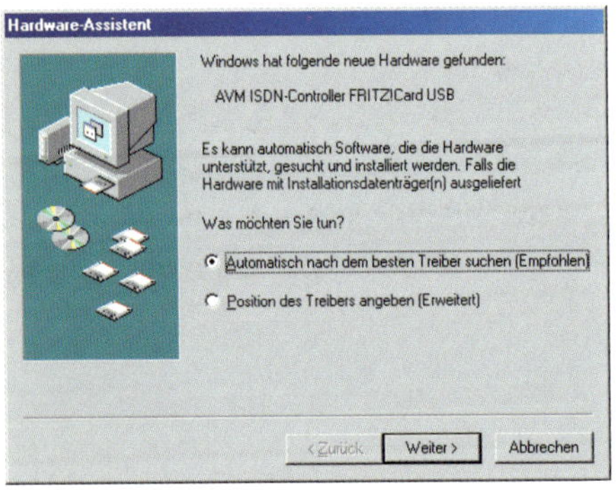

Den Hardware-Assistenten nutzen

1. **Beenden Sie alle aktiven Anwendungen, da diese die Installation beeinflussen könnten.**
2. **Zum manuellen Aufruf des Assistenten öffnen Sie die Systemsteuerung (etwa im Startmenü über den Eintrag Einstellungen/Systemsteuerung) und wählen das Symbol Hardware per Doppelklick an.**
3. **Beim Anschließen eines Plug-und-Play-Gerätes wird der Hardware-Assistent automatisch eingeblendet.**
4. **Folgen Sie den Anweisungen des Hardware-Assistenten.**
5. **In den einzelnen Schritten legen Sie die vom Assistenten angeforderten Optionen fest.**
6. **Der genaue Ablauf hängt dabei von der aktuellen Konfiguration ab.**

ISA

Ein Steckplatz für ein Peripheriegerät, das dem ISA-Standard (Industry Standard Architecture) entspricht.

Plug-und-Play

Der Einsatz von Plug-und-Play (etwa Anschließen und Starten, auch PnP) ermöglicht es einem PC, sich automatisch selbst zu konfigurieren, um mit Peripheriegeräten wie Bildschirmen, Modems und Druckern zu kommunizieren.

Treiber

Als Treiber werden kleine Programme bezeichnet, die zur Steuerung einer Hardwarekomponente benutzt werden. Treiber stellen die Verbindung zwischen dem Gerät und den Windows-Komponenten her. Durch Austausch der Treiber lassen sich (ohne größeren Aufwand) Geräte unterschiedlicher Hersteller unter Windows betreiben.

Neue Software installieren

Zum Installieren neuer Software haben Sie mehrere Möglichkeiten. Viele Softwarepakete werden mit eigenen Installationsprogrammen ausgeliefert, die Namen tragen wie „Setup.exe“ oder „Install.exe“. In diesem Fall genügt es, diese Datei im Windows-Explorer per Doppelklick aufzurufen. Das Setup-Programm wird gestartet und führt Sie durch die Schritte der Installation.

Die Alternative führt über die Systemsteuerung:

Neue Software installieren

1. **Wählen Sie im Startmenü den Eintrag Einstellungen/Systemsteuerung, und klicken Sie dort auf das Symbol Software.**
2. **Auf der Registerkarte Installieren/Deinstallieren klicken Sie auf die Schaltfläche Installieren, um den Assistenten zu öffnen, der Sie durch die Installation führt.**
3. **Dabei wird unter anderem der Pfad zum Installationsprogramm (Setup.exe) abgefragt.**
4. **Klicken Sie auf Durchsuchen, und geben Sie den Pfad ein (meist auf der CD-ROM).**
5. **Folgen Sie den weiteren Anweisungen des Assistenten.**
6. **Gegebenenfalls ist ein Neustart nötig.**

Software deinstallieren

7. **Wählen Sie im Startmenü den Eintrag Einstellungen/Systemsteuerung, und klicken Sie dort auf das Symbol Software.**
8. **Auf der Registerkarte Installieren/Deinstallieren wählen Sie ein Programm aus der eingeblendeten Liste aus.**
9. **Klicken Sie auf die Schaltfläche Hinzufügen/Entfernen.**
10. **Abhängig vom gewählten Programm wird anschließend die Deinstallation durchgeführt.**
11. **Einige Programme erfordern anschließend einen Neustart des Systems oder führen diesen automatisch durch.**

tipp

Eigene Wege: Unterstützt eine Anwendung ein eigenes Setup-Programm, wie Microsoft Office 2000, startet Windows den zugehörigen Installations-Assistenten. Dieser Assistent erlaubt Ihnen auch, weitere Komponenten hinzuzufügen.

Windows-Komponenten hinzufügen oder entfernen

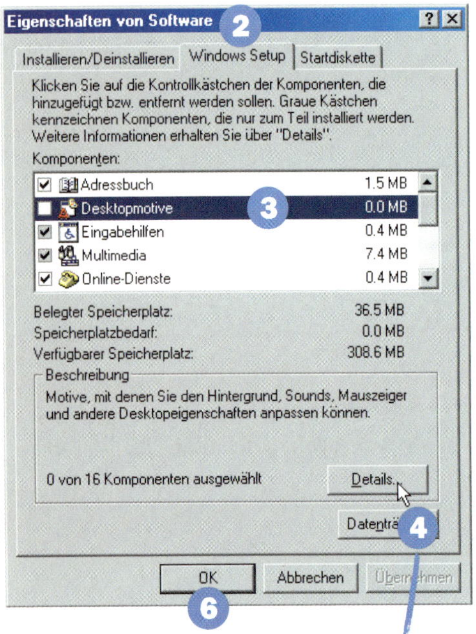

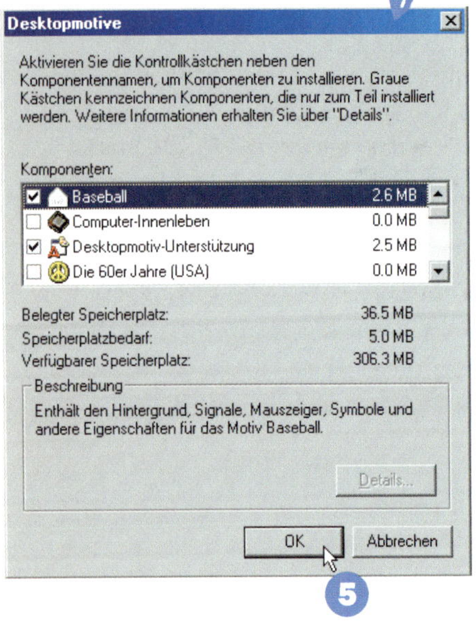

Sie können jederzeit Windows Me anpassen, um Ihr System zu optimieren und um neuen Anforderungen gerecht zu werden.

Windows-Komponenten hinzufügen/ entfernen

1. **Wählen Sie im Startmenü den Eintrag Einstellungen/Systemsteuerung, und klicken Sie dort auf das Symbol Software.**
2. **Wählen Sie im Fenster Eigenschaften von Software die Registerkarte Windows Setup.**
3. **Windows ermittelt die verfügbaren optionalen Funktionen, öffnet ein Dialogfeld und zeigt diese in der Liste Komponenten an. Installierte Komponenten enthalten im zugehörigen Kontrollkästchen eine Markierung.**
4. **Markieren Sie die gewünschte Komponente, und klicken Sie auf die Schaltfläche Details, um eine Liste der verfügbaren Teilkomponenten zu sehen. Durch Markieren der Kontrollkästchen lassen sich Teilkomponenten hinzufügen oder entfernen.**
5. **Schließen Sie nach dem Setzen bzw. Löschen der Markierung das Dialogfeld über die OK-Schaltfläche.**
6. **Klicken Sie auf der Registerkarte Windows Setup auf die Schaltfläche OK.**
7. **Windows fügt die gewählten Komponenten dem System hinzu bzw. entfernt sie.**
8. **Spätestens nach einem gegebenenfalls nötigen Systemneustart steht die geänderte Funktionalität zur Verfügung.**

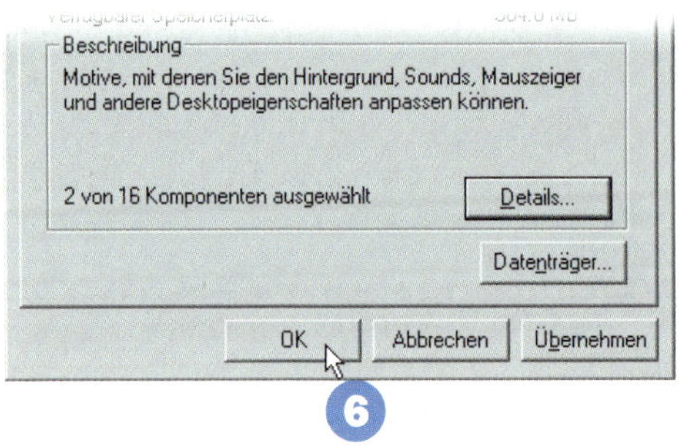

Aktualisieren von Windows

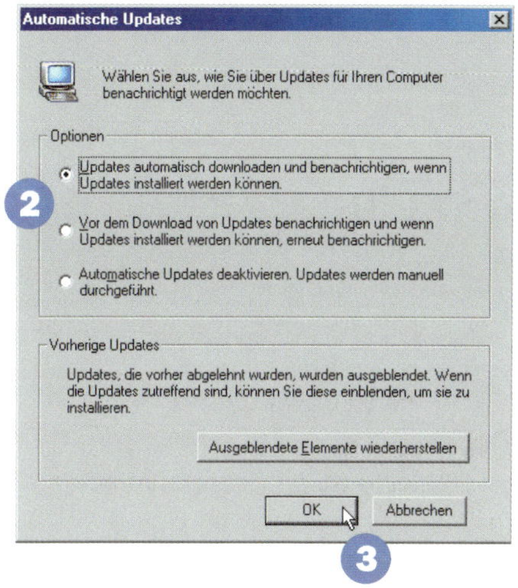

Als registrierter Nutzer haben Sie die Möglichkeit, Windows zu aktualisieren sowie über das Internet Software-Support zu erhalten.

Dabei ist Windows Update die zentrale Internetsite, über die Sie Produkterweiterungen und speziell angepasste Dateien für den Computer abrufen können. Zu den Produkterweiterungen gehören so genannte Service Packs, Systemdateien, Gerätetreiber und neue Windows-Features.

Darüber hinaus wird in Windows Update angegeben, wie viel Zeit zum Herunterladen ungefähr benötigt wird und ob bereits ein Update auf Ihrem Computer installiert ist.

Die automatische Update-Funktion aktivieren

1. **Wählen Sie im Startmenü den Eintrag Einstellungen/Systemsteuerung, und klicken Sie dort auf das Symbol Automatische Updates (wenn das gewünschte Objekt nicht angezeigt wird, klicken Sie auf den Hyperlink zeigen Sie alle Optionen der Systemsteuerung an).**
2. **Aktivieren Sie eine der ersten beiden Einstellungen.**
3. **Verlassen Sie das Dialogfeld durch Klick auf OK.**

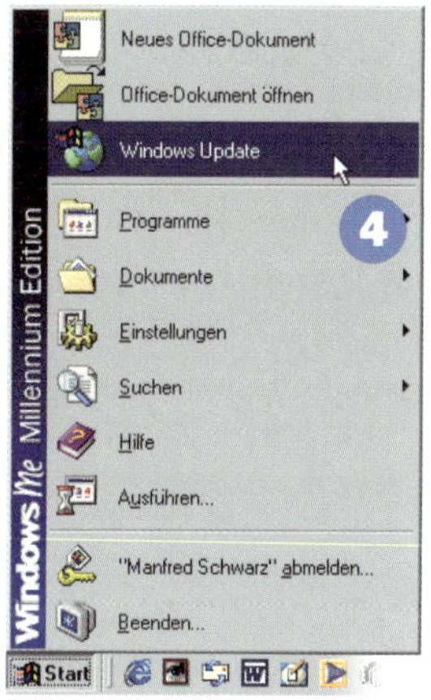

Windows-Update starten

4. **Wählen Sie im Startmenü den Eintrag Windows Update.**
5. **Windows stellt eine Verbindung zur betreffenden Leitseite im World Wide Web her.**
6. **Wählen Sie auf der Webseite die gewünschten Einträge aus. Über den Eintrag Produkt-Updates dieser Leitseite gelangen Sie beispielsweise zu einer Webseite mit den für Windows Me verfügbaren Aktualisierungen.**
7. **Auf den Seiten werden Sie durch die Schritte zum Aktualisieren des Systems sowie zum Herunterladen und Installieren von Zusatzkomponenten geführt.**
8. **Vergessen Sie nicht, die Internetverbindung nach dem Download zu beenden.**

A

Abgestürzte Programme beenden 44
Abmelden von Windows 22
Active Desktop 39, 150
Aktenkoffer 60, 143
Alt Gr-Taste 28
Alt-Taste 28
Anmeldung 11
Anwendung 13
Arbeitsgruppe 112
Arbeitsplatz 12, 31, 51
Arbeitsspeicher 10
Assistent 16
Assistent für das Heimnetzwerk 110-116
Assistent für den Internetzugang 125-127
Audiorecorder 98-99
Ausrichtung 74-75
Ausschneiden 79
Automatische Updates 163
AVI 96

B

Backup 18, 143
Benutzerfreundlichkeit 20
Benutzername 11
Benutzerprofile
Benutzerprofile anlegen 158
Benutzerprofile bearbeiten 158
Betriebssystem 10, 109
Bildbereiche
– kopieren 91
– markieren 91
Bildlaufleiste 37, 76
Bildlaufpfeil 76
Bildpunkt 85
Bildschirmauflösung 155
Bildschirmschoner 17, 151
Binär 16
Bit 31
Bitmaps 85
Blättern in Fenstern 37
BMP 85
Browser 124
Byte 31

C

Cache 138
CD-ROM-Laufwerk 31
Chat 18, 105
Cluster 139
Computername 112
Computervirus 136

D

Dateien
– kopieren 59
– löschen 61
– öffnen 65
– suchen 64
– synchronisieren 60
– umbenennen 56
Dateien und Drucker freigeben 113
Dateiformat 70
Dateinamenerweiterung 71
Dateisystem 52
Datensicherung 18, 143
Datenträger defragmentieren 139
Datenträgerbereinigung 138
Defragmentierung 139
Desktop 12
– anpassen 147-149
– anzeigen 32
Desktopeffekte einstellen 152
Desktophintergrund 147-149
Desktopsymbole
– ändern 153
– anordnen 32
DFÜ-Netzwerk 122
Dialogfeld 11
Digitale Medien 16-17
DirectX 104
Direkthilfe 47
Diskette
– formatieren 53
– kopieren 54
Diskettenlaufwerk 31
Dokument
– anlegen 70
– öffnen 72
– speichern 71
Doppelklicken 29
Drag-und-Drop 29, 58-59, 61
Drucken 80

E

Editor 70
Eigene Bilder 103, 148
Eigene Dateien 12, 154
Eigenschaften von Anzeige 155
Einfg-Taste 27
Einfügemarke 27, 73
– positionieren 73
Einfügen 79
Einfügetaste 28
Eingabetaste 27
Ellipse zeichnen 89
E-Mail 12, 102
E-Mail-Anlage 102
E-Mail-Client 130
Energieoptionen 159
Enter-Taste 27
Entf-Taste 27
Ersetzen 78
Escape-Taste 28
Esc-Taste 28

F

F1 28
Farben 88
Farbpalette 88
Farbtiefe 85, 155
Faxen 81
– übers Web 81
Faxmodem 81
Fenster
– Anzeigeoptionen 38-39
– öffnen 34
– schließen 34
– verschieben 35
Fensterausschnitt verändern 76
Fenstergröße verändern 36
Festplatte 31
Feststelltaste 27
Fett 75
FireWire 101
Fragmentierung 139
Freecell 104
Freihandlinien zeichnen 90
Funktionstasten 28

G

Gelöschte Objekte wiederherstellen 62
GIF 85
Gigabyte (GB) 31
Grafikformate 85
Grundfarben 88

H

Hardware installieren 160
Hardware-Assistent 123, 160
Heimnetzwerk 18, 108-119
Helligkeit 88
Herunterfahren 23
Hilfe im Web 46
Hilfe und Support 20, 45-47
Hintergrundfarbe 149
Hotmail 19, 132
Hotmail-Konto 132
HTML 124
HTML-Dokumente 148
Hyperlink 45

I

IEEE-1394 101
Im Dokument navigieren 76
Installationsdiskette
für das Heimnetzwerk 114
InstallShield 141
Internet 12, 19, 122-133
Internet Explorer 12, 124
Internet-by-Call 125
Internetdienstanbieter 126
Internet-E-Mail-Konto 126
Internetradio 97
Internetspiele 105
Internetverbindung 111
Internetverbindung herstellen 127
Internetverbindung trennen 127
Internetverbindungsfreigabe 18, 109, 111
ISA 160
ISDN 123

J

Jokerzeichen 64
JPEG 85

K

Kaltstart 44
Kapazität 51
Kennwort 11, 158
Kennwortschutz 151
Kilobyte (KB) 31
Klammeraffe 130
Klassisches Solitär 104
Klicken 29
Kommunikation 110
Komprimierung 85
Konfiguration 51
Kontaktliste 131
Kontextmenü 29
Kopieren 79

L

LAN 109
Laufwerke 31
Laufwerkseigenschaften anzeigen 52
Laufwerksinhalte anzeigen 51
Lautstärke 98
Linien zeichnen 90
Listenfeld 23
Löschtaste 27

M

Markieren 30
Maus 29
Megabyte (MB) 31
Menü 12, 40
Menüleiste 40
Microsoft Internet Explorer 19, 124
Microsoft Outlook Express 19, 130
Minesweeper 104
Modem 81, 123
Modem installieren 123
MPEG 96
MSN – Internet Access Installation 123
MSN 125
– Easysurfer 128-129
– Easysurfer-online by call 129
– Gaming Zone 105
– Messenger Service 19, 133
Multimedia 16, 94
Multiplayerspiele 105
Muster als Desktophintergrund 149

N

Nachrichtenliste 131
Navigationstasten 28
NetMeeting 19, 133
Netzwerkadapter 109
Netzwerkanmeldung 117
Netzwerkrechner suchen 119
Netzwerkspiele 105
Netzwerkumgebung 12, 119
Neu starten 44
Neue Datei erstellen 57
Neuen Ordner anlegen 55
Neues WordPad-Dokument anlegen 70

O

Objekte markieren 30
Optionsfelder 39
Ordner 33
– freigeben 118
– löschen 61
– suchen 64
– umbenennen 56
Ordneroptionen 59, 154
Outlook Express 12, 130
Outlook Express-Bildschirm 131

P

Paint 86-91
Paint-Grafik einfügen 91
Papiergröße 80
Papierkorb 12, 61-63
Papierkorb leeren 63
Peripherie 10
Pfeiltasten 28
Pinball 104
Pixel 85
Plug und Play 20, 160
Portal 129
Posteingang 131
Produkt-Updates 163
Programme 14
– beenden 21
– starten 15
– starten 42
– wechseln 43
Programm-Menü „Datei“ 65
Pulldownmenü 111

Q
QuickFormat 53
QuickInfo 45
QuickTime 96

R
Radioempfänger 97
RAM 10
Registerkarte 39
Ressourcen 108
Return-Taste 27
Rücktaste 27
Ruhezustand 159

S
Sättigung 88
ScanDisk 137
Scanner 17
Scanner und Kameras 103
Schaltflächen 11
Schnellstartleiste 42
Schriftart 74
Schriftgröße 75
Schriftschnitt 75
Scrollen 37
Sektor 137
Sendersuche 97
Server 109
Shift Key 27
Sich anmelden 11
Sicherungskopie 143
Software deinstallieren 161
Software installieren 161
Sondertasten 28
Speicherplatz freigeben 138
Spider Solitär 104
Spielen 104-105
Standbymodus 159
Start 13-14
Startmenü 12, 14, 64-65
Statusbereich 13
Statusleiste 38
Strg-Taste 28
Suchen 64, 77
Supportunterstützung 46
Symbol 13
Symbolleisten 38, 157
– ein- und ausblenden 157
– frei positionieren 157
– konfigurieren 157
Systemprogramme 136-142
Systemsteuerung 17, 146
Systemwiederherstellung 140-141

T
Tabstopptaste 27
Tabulatortaste 27
Task 43
Taskleiste 12, 13, 42
Taskleiste anpassen 156
Task-Manager 43
Taskschaltflächen 13
Tastatur 27-28
Tastenkombination 73
Temporäre Internetdateien 138
Text
– ersetzen 78
– markieren 73
– suchen 77
Textfeld 11
Textformatierung 74-75
Textverarbeitung 68-79
Titelleiste 21
Tondokumente aufzeichnen 99
Touren und Lernprogramme 46
Tragbares Gerät 97
Treiber 160
Trennen 127

U
Umschalttaste 27
Unterhaltungsmedien 98
USB 20
USB-Anschluss 160

V
Verbinden 127
Verknüpfungen erstellen 41
Video per E-Mail senden 102
Videokamera 101
Videorecorder 101
Virus 136
Vorschaubereich 131

W
Warmstart 44
Wartungseinstellungen 142
Wartungs-Assistent 142
WAV 96
Wav-Datei 99
Web 19
Webinhalte auf dem Desktop aktivieren 39
Werkzeugleiste 87
Wiederherstellen 62
Wiederherstellungspunkt 140-141
Windows
– aktualisieren 163
– beenden 23
– neu starten 44
– starten 11
– Media Player 12, 95-97
– Millennium Edition-Vorschau 15
– Movie Maker 100-102
– Setup 162
– Update 163
Windows-Explorer 33
Windows-Komponenten entfernen 162
Windows-Komponenten hinzufügen 162
WordPad 69-79
– starten 69
WordPad-Dokument öffnen 72
– speichern 71
World Wide Web 19
WYSIWYG 26

Z
Zahlenblock 28
Zeichnen 89
Zeilenvorschubtaste 27
Zentrieren 75
Ziehen 29
– und Ablegen 29
Zip 53
Zubehör 69, 86, 98, 100, 110, 136
Zugangssoftware für MSN Easysurfer 128
Zwischenablage 69

Manfred Schwarz: go!Das Einsteigerbuch Microsoft Windows Millennium Edition
Microsoft Press Deutschland, Edisonstraße 1, D-85716 Unterschleißheim

15 14 13 12 11 10 9 8 7 6 5 4 3 2
01

ISBN 3-86063-575-1

Herausgeber: Manfred Schwarz (www.koko-net.de)
Fachlektorat: Georg Weiherer
Umschlaggestaltung: HommerDesign, Haar (www.HommerDesign.com)
Gestaltung, Illustration, Satz: Johannes Groht
Gesamtherstellung: Kösel, Kempten (www.KoeselBuch.de)